ÇETİN ÇETİNTAŞ

HAYVANLARDAN DESTEK ALMANIN GİZEMLİ SANATI

DESTEK yayınları

DESTEK MEDYA GRUBU

DESTEK YAYINLARI: 1430
KİŞİSEL GELİŞİM: 232

ÇETİN ÇETİNTAŞ / HAYVANLARDAN DESTEK ALMANIN GİZEMLİ SANATI

İmtiyaz Sahibi: Yelda Cumalıoğlu
Genel Yayın Yönetmeni: Ertürk Akşun
Yayın Koordinatörü: Özlem Esmergül
Editör: Özlem Esmergül
Son Okuma: Devrim Yalkut
Kapak Tasarım: İlknur Muştu
Sayfa Düzeni: Melike Doğan
Sosyal Medya-Grafik: Tuğçe Budak - Mesud Topal

Destek Yayınları: Mart 2021
15. Baskı: Mart 2021
25. Baskı: Nisan 2021
Yayıncı Sertifika No. 13226

ISBN 978-625-441-196-0

Abdi İpekçi Caddesi No. 31/5 Nişantaşı/İstanbul
Tel. (0) 212 252 22 42
Faks: (0) 212 252 22 43
www.destekdukkan.com
info@destekyayinlari.com
facebook.com/DestekYayinevi
twitter.com/destekyayinlari
instagram.com/destekyayinlari
www.destekmedyagrubu.com

Destek Dukkan

Deniz Ofset – Çetin Koçak
Sertifika No. 48625
Maltepe Mahallesi
Hastane Yolu Sokak No. 1/6
Zeytinburnu / İstanbul

DESTEK yayınları KARAKARGA BEYAZ BAYKUŞ genç DESTEK

ÇETİN ÇETİNTAŞ

HAYVANLARDAN DESTEK ALMANIN GİZEMLİ SANATI

Kurmanadyam

DESTEK
yayınları

İÇİNDEKİLER

Hayvanlarla Yol Arkadaşlığı / 9

İnsanla hayvan arasındaki bağ nasıl çalışır? / 12

İnsanla hayvan arasındaki bağ neden çalışmalıdır? / 14

Kurmanadyam / 16

Kurmanadyam nedir, nerededir ve nasıl çalışır? / 17

Hangi hayvana karşı ne hissediyorsun? / 18

Arketip nedir, nasıl çalışır? / 20

Arketip ve sembol ilişkisi / 20

Hayvan arketipleri insan üzerinde tam olarak nasıl çalışır ve neyi uyandırır? / 21

Semboller nasıl kullanılmalı? / 25

Hayvan isimleri taşıyan insan lakapları ne ifade eder? / 27

Hayvanın Ruhuyla Bağ Kurma Meditasyonu / 29

1. Aşama / 30

Davet Etme ve Bağ Kurma / 30

2. Aşama / 32

Resmetme / 32

Birleşme Ritüeli / 33

HAYVANLAR VE ELEMENTLER I

ATEŞ ELEMENTİ / 35

ATEŞ HAYVANLARI
ARKETİPLER, GÜÇ DENGESİ VE DESTEK / 36

ANKA KUŞU / 40

ASLAN / 47

ATEŞBÖCEĞİ / 55

KARGA / 60

EJDERHA / 67

KOBRA / 74

TİLKİ / 79

SİNEK / 85

LEYLEK / 93

HAYVANLAR VE ELEMENTLER II

TOPRAK ELEMENTİ / 100

TOPRAK HAYVANLARI
ARKETİPLER, GÜÇ DENGESİ VE DESTEK / 101

ÇEKİRGE / 102

DEVE / 109

FARE / 114

HOROZ / 120

KAPLUMBAĞA / 125

KÖPEK / 129

KURT / 134

TAVŞAN / 139

KARINCA / 144

YUSUFÇUK / 148

BOĞA / 152

HAYVANLAR VE ELEMENTLER III

HAVA ELEMENTİ / 156

HAVA HAYVANLARI
ARKETİPLER, GÜÇ DENGESİ VE DESTEK / 157

AT / 158

KARTAL / 165

CENNETKUŞU / 170

FİL / 175

GEYİK / 181

GÜVERCİN / 187

İNEK / 192

TİMSAH / 197

KAPLAN / 201

KUĞU / 206

ÖRÜMCEK / 210

ZÜRAFA / 214

HAYVANLAR VE ELEMENTLER IV

SU ELEMENTİ / 218

SU HAYVANLARI

ARKETİPLER, GÜÇ DENGESİ VE DESTEK / 219

AKREP / 220

AYI / 225

BAYKUŞ / 229

KEDİ / 234

KERTENKELE / 239

KİRPİ / 244

YUNUS / 248

KURBAĞA / 251

YILAN / 256

TAVUS KUŞU / 260

KELEBEK / 264

TURNA / 268

SON SÖZ / 271

Hayvanlarla Yol Arkadaşlığı

Dünya üzerinde yalnız değiliz. Sayısız canlıyla çevrili hayatımız. Bitkiler ve hayvanlar özellikle yakınlık kurabildiğimiz, temas edebildiğimiz varlıklar... Onları izlemek, insanın kendini izlemesidir bir yerde. Ne de olsa "beşer" (birey) olma yolculuğumuz boyunca dünya üzerindeki her hayvanın, her canlının içinden geçtik. Onlar dünya üzerindeki yolculuğumuzdan bize kalan adımlarımız oldular. Hepimiz oradaydık. Hâlâ bir parçamız orada, onların içinde... Ne yazık ki hayvanın ruhundaki varlığımızı unutmaya başladık zaman içinde.

Hayvanlarla iletişimimizi kaybettik. Doğadan uzaklaşıp şehirler kurdukça, bıraktığımız izlere yabancılaştık. Diğer bir deyişle kendimize yabancılaşmış olduk.

İletişimimizi kaybettiğimiz, aramızdaki bağı artık hissedemediğimiz noktada bile hâlâ durmaya ve yaşamaya devam ediyor niteliklerimiz. Ne yazık ki artık niteliklerimize ulaşmakta öylesine zorlanır hale geldik ki çoğumuz, sahip olduklarımızın farkında bile değiliz. Oysa "insan" doğada var olan her canlının niteliklerini benliğinde taşır. Dışarıda gördüğümüz her şey, içimizde de gerçekleşir. Gözümüzün algıladığı evrenin bir parçası olmakla beraber, evrenin tam da kendisiyizdir aynı zamanda.

Her hayvan, içimizde türlü manalarla tezahürünü gerçekleştirir. Onlarla ilişkimiz, kendimizle ilişkimizi anlamamıza fırsat verir.

Hangi yönümüzü bastırıyoruz?

Hangi niteliklerimizi kullanmaya hevesliyiz?

Hangi niteliklerimizden yana endişeliyiz?

Bütün bunları hayvanlarla aramızdaki görünmez bağa bakarak anlamak mümkün. Üstelik sadece anlamak da değil, hayvanlarla aramızdaki görünmez güç bağlarını şifalandırabilir hatta yeniden yapılandırabiliriz de.

Tarihte hayvan arketipleri pek çok yerde hayvanın temel nitelikleriyle ve tinsel gücüyle işbirliği kurmak ve ondan destek almak amacıyla kullanılmıştır. Binlerce yıldır kullanılagelen bir bilgiden söz ediyoruz aslında.

Mısır'daki hayvan arketiplerine, kostümlere, Kuzey'in druidlerinin hayvanlarla konuşmalarına, seçtikleri hayvanlara dönüşmelerine, mitolojideki yarı hayvan yarı insan arketiplere bak lütfen... Hayvanlarla bağını fark etmiş kişiler bu arketipleri kullanarak önce kendine sonra içinde bulunduğu topluma yol göstermiştir her daim.

Toplumun ihtiyacı olan arketipleri kimi kostüm şeklinde üzerine giymiş, kimi destek hayvanıyla ilgili sembolleri toplum içinde görünür hale getirmiştir.

Tabii bir de Şamanların kadim geleneklerine de bakmak gerekir.

Şamanlar, hayvan arketiplerini yoğun şekilde kullanmakta ve günümüzde de varlıklarını halen devam ettirmektedirler. Çok eski zamanlardan beri hayvanlarla derin bağlar kurarak yaşamlarını sürdürür Şamanlar.

Her Şaman, bir hayvanın ruhuna bürünür. Kimi kurt, kimi ayı, kimi kartal... Hayvanların ruhuyla bütünleşerek, büründükleri hayvanın niteliklerini canlandırırlar. Ruhuna büründükleri hayvanın postunu giyerler, kemiklerini taşırlar, onunla aynı sesleri çıkarırlar ve tıpkı o hayvan gibi davranırlar. Böylece hayvanın ifade ettiği anlamları, onun bilgeliğini kendi yaşamlarına bütünüyle katarlar.

Şamanizm'de "erk hayvanı" kavramını işitmişsindir.

Erk, kelime anlamı açısından "iş yapabilme gücü" demektir. Aslında daha çok ruhsal gücü anlatır. Diğer bir deyişle ruhu güçlü olanda erk gücü vardır.

Şamanizm'de erk hayvanları koruyucu ruhlardır, ruhsal güç sağlayan hayvanlardır. Şamanlar her insanın bir erk hayvanıyla doğduğuna inanırlar. Erk hayvanı, kişinin temel olarak hangi niteliklerini çalıştırmakta olduğunun da ifadesidir. Şamanların sonradan edindikleri erk hayvanları da vardır elbette. Sonradan edinilen erk hayvanları, sundukları güçle, bilgiyle ve niteliklerle kişiyi hem korur hem de gözetirler.

Şamanlar ritüeller sırasında giydikleri elbiselerde de erk hayvanlarının parçalarını taşırlar. Kemik, diş, tüy ya da erk hayvanını temsil eden birtakım semboller kullanırlar. Bu nesneler, erk hayvanının gücünü uyandırır ve Şaman'ın, erk hayvanının ruhuna bürünmesine olanak sağlar.

Ruhsal yolculuklarında transa girmeleriyle hayvanın niteliklerine tamamen kendilerini bırakarak adeta erk hayvanının kendisine dönüşürler. Tıpkı kendi erk hayvanı gibi davranır, onun seslerini çıkarır ve onun bütün özelliklerini kullanırlar.

Şamanlar, sadece hayvanı temsil etmekle kalmazlar, hayvanın ruhuyla manevi dünyayı da deneyimlerler. Böylesi bir deneyim ancak içimizdeki doğa ile dışımızdaki doğayı dengede tuttuğumuzda gerçekleşir. Böylece kişiyle hayvan arasında hayat boyu sürecek bir güç birliği başlamış olur.

Erk hayvanıyla "destek hayvanı" aynı şey değildir.

Bu kitapta sözünü ettiğimiz destek hayvanlarıyla Şamanların hayatındaki "erk hayvanı" disiplini arasında büyük fark var.

Bu kitapta bir erk hayvanı arayışı yok!

Desteğe ihtiyaç duyulan hayvana ulaşıp onun gücünden yardım alma, birlikte işbirliği kurma disiplini var.

Erk hayvanı seçilmez, kişiyi kendi seçer. Destek hayvanı ise öyle değildir. Seçim yapmaz, desteğe ihtiyacı olan kişi tarafından seçilir ve onunla güç birliği yapar.

Yüzlerce yıldır süregelen Şaolin geleneğinde de rahipler hayvanların davranışlarını taklit ederek günümüzde halen hayvanların güçlerini kendi içlerinde uyandırmaya devam ederler.

Bir yılanı izleyerek tıpkı onun gibi hareket eden ya da bir maymunu gözlemleyerek bedenini, hatta sesini bile maymuna dönüştüren Şaolin rahipleri, hayvanların sunduğu niteliklere hayatlarında yer açarak ve bu nitelikleri kullanarak kendi yeteneklerini geliştiriyorlar.

Yoga da binlerce yıldır hayvan duruşlarını kullanarak içimizde o hayvanla ilgili uyuyan nitelikleri çalıştıran, şifalandıran ve ortaya rahatça koymaya fırsat veren öğretilerden biridir elbette.

Bir yoga pratiği boyunca hem türlü hayvan isimleri duyulur hem de hayvanların fiziksel duruşları taklit edilerek bedende çalıştırılır. Hatta bazı hayvanların sesleri taklit edilerek pratikler yapılır.

Sonuç olarak hayvanla insan arasında bir güç birliği vardır. Birçok öğreti, binlerce yıllık bu bağı çalıştırmak için çeşitli yollar kullanır. Hayvanla insan arasındaki görünmez bağı fark etsen de etmesen de güçlü şekilde çalışmaya devam eder.

İnsanla hayvan arasındaki bağ nasıl çalışır?

Hayvanlar, insanın içinden geçtiği halleri ifade ederler. Hepimiz milyarlarca yıl boyunca kuş olduk uçtuk, böcek olduk çiçeğe konduk. Günün sonunda tezahür yolculuğumuzda insan olana kadar her hayvanın içinden geçip durduk ve her hayvanın içindeyken hayattaki odağımız da birbirinden farklıydı. Şimdi insan olarak odağımız hepsini kapsıyor. Hayvanlar, geçtiğimiz sürecin manalarını bizde çalıştırmaya devam ediyorlar.

Unutmamalı ki algıladığımız bu evren, elementlerden oluşur ki beş temel element vardır dünyada.

Ateş, toprak, hava, su ve akaşa...

Elementler dünyadaki deneyim sürecimize alan sağlarlar. Bilgisayarların çalışması için nasıl ki elektronik ve mekanik birimler gerekiyorsa, bu evrenin de görünen ve görünmeyen alanı elementlerden oluşuyor. Bir tür işletim birimi...

Elementler varoluşun en kaba formudur. Düşünceler, rüyalar, kavramlar dahi elementler vasıtasıyla algılanabilir hale gelirler.

Her canlının bu yaşamda tabi olduğu ya da ilişkin olduğu birtakım konular vardır. Söz konusu bu konular, canlının kaderidir aslında. Hatta sadece o canlının değil, o canlıyla muhatap olan her şeyin de kaderidir aynı zamanda. Bütün bu meseleler elementlere kodlanır. Dolayısıyla her canlının tabi olduğu bir element vardır ister istemez. İnsanı bu yaşamda "beşer" mertebesine getiren şey, beş elementin bir bedende vücut bulmasıdır.

"Beşer" insan demek olduğu gibi beşi bir arada tutan da demektir... Dolayısıyla bu nitelik insanı diğer hayvanlardan farklı olarak tüm elementlerin konularını bir bedende çalıştırabilir hale getirir. İnsanı hayvanlardan ayıran en temel şey budur aslında. İnsan bedeninin tüm elementlerin konularını bir arada çalıştırabilme kapasitesi vardır.

Hayvan bedenlerinin içinden bir ruhun, kendi tekâmülünü tamamlayabilmek için insan bedeninde bulunuyor olmasının nedeni de budur.

İnsan beş element üzerinde hüküm sahibidir. Dolayısıyla elementlerle birlikte hareket ederek, elementlere yön verebilirler.

İnsanla hayvan arasındaki bağ neden çalışmalıdır?

İnsanla hayvan arasındaki bağın bilinçli şekilde çalıştırılması çok önemlidir.

Bir yemek yaptığını düşünelim, örneğin çikolatalı kek...

Kekin harcına bilinçsizce soğan, sarmısak, brokoli, enginar kattığında hazırlamayı hayal ettiğin çikolatalı kek ortaya çıkmayacaktır.

Dolayısıyla hayvanlarla olan ilişkimizi bildiğimizde, bize hangi mesajlar getirdiklerini, hayatımızda hangi konuları çalıştırmakta olduklarını ve bizi nasıl bir sürece sürüklediklerini bilerek, bilinçli şekilde hareket ederiz. Ortaya çıkacak olan kek, sürpriz olmaz.

Bu bilgilere sahip olmadığımızda tıpkı çikolatalı kek örneğinde olduğu gibi, yapmak istediğimiz şeyi, kendi ellerimizle bambaşka bir sonuca dönüştürmüş oluruz.

Elementler hayatın bizimle konuşma yoludur. Her hayvanın sembolüyle niteliklerini sürekli üzerimizde çalıştırlar. Hayatla nasıl bir ilişki içinde olduğumuzun farkında olmak için, hayvan sembollerini takip etmek ve onları gerekli şekillerde kullanmak lazımdır.

Örneğin başladığın bir işi devam ettirme ve sabitleme gayesinde olduğunu düşünelim. Yani ateş elementinden bir işi, toprak elementine taşıma çabasındasın demektir bu. Çünkü ateş başlatan, toprak sürdürendir.

Dolayısıyla böylesi bir süreç yaşıyorken sürekli Anka kuşu sembolüyle muhatap olup bu arketipi bilinçaltında çalıştırdığın sürece işini sürdürülebilirliğe yani toprak elementine taşıman mümkün olmayacaktır ya da çok güçleşecektir.

İçinden bir ses sürekli, elindeki işi sonlandırmayı, bırakmayı ve yeniden yepyeni bir şeye başlamanı söyleyecektir.

Bazen öyle olmaz mı sahiden?

Her şey yolunda giderken nedensizce bir şeyleri bırakmak, kurulu bir düzeni yıkıp yok etmek gelmez mi içinden?

Durup dururken oluşmaz bu his. O süreçte muhatap olduğun birtakım semboller sende birtakım arketipleri tetikler, hayatındaki yerini bulmaya çalışır. Farkında olsan da olmasan da muhatap olduğun sembollerin çalıştırdığı arketipler, içinde vuku bulur. Bu arketipler, yani bu kodlar, ifade ettiği anlamları gerçekleştirmen için seni harekete geçirir.

Anka kuşu sana sürekli "Yık ve yok et!" derken aslında bir şey bildiğinden değil, bildiği şey bu olduğundan sana sürekli aynı şeyi söyler.

"Yık ve yok et! Küllerinden yeniden doğ."

Günün sonunda bir şeyi yıkıp yıkmayacağımız bizim seçimimize kalır. Lakin sembollere ne kadar maruz kalırsak, sembollerin ifade ettiği anlamları gerçekleştirmemiz bir o kadar kaçınılmazdır. Çünkü semboller ilişkili oldukları arketipleri uyandırıp çalıştırır.

Hayatın bizi tetiklemesinin bir yoludur bu. Karma da insanı aynı şekilde çalıştırır. Hayvan sembolleriyle bizi muhatap bırakarak, tetikler.

Örneğin karma bereketimizin artması yönünde çalışıyorsa, evimizi veya işyerimizi karıncalar ziyaret etmeye başlar. Karıncaları görmek, onlarla muhatap olmak bereketimizi artırır. Buna karşılık evindeki ya da ofisindeki karıncaları bilerek ya da bilmeyerek yok etmeye çalışan kişi, bereketini yok ediyor demektir aslında.

Elementler dünyasında dört bir yanımız manalarla çevrilidir. Gördüğümüz her şey bizde bir "şey" uyandırır ve uyanan şeyler, davranışa dökülmek için zihnimizde çalışıp durur.

Hayat anbean bizimle konuşur. Çünkü bu dünyadaki vazifemiz yaşamaktır. Hayat bizimle konuşarak, yaşamın inceliklerini paylaşır. Paylaştığı bilgileri duyanlar için, kader artık bir sır olmaktan çıkar. Yapılan ve yaşanan şeyler de tesadüften ibaret olmaz böylece...

Kurmanadyam

Kurmanadyam tüm bedenin yöneticisi olan çakradır. Enerji alanımızı ve dolayısıyla fiziksel bedenimizi kontrol eder.

Peki kurmanadyam hangi temele dayanır?

Hayvanlara...

Her hayvan, bu çakranın yönettiği bir alana karşılık gelir.

Daha önce de bahsettiğim gibi bedenimiz ve tüm bu algılanabilir dünya; elementler aracılığıyla tezahür eder.

Her hayvan, bir elementi ve o elementin spesifik bazı konularını çalıştırır.

Kurmanadyam tüm elementleri ve o elementlerin ilgili konularını çalıştıran çakradır. Yani her hayvanın ifade ettiği konular ve ilgili elementler bu çakrada ifade bulur. Dolayısıyla ilişki kurduğumuz her hayvan bu çakra üzerinde kendi konularını tetikler.

Mesela bir karınca gördüğümüzde kurmanadyam bedenimizdeki toprak elementini aktive eder. Karınca ile sağlıklı bir şekilde muhatap oldukça toprak elementimizin dengeye gelmesi için kurmanadyam ilgili konuları faaliyete geçirir.

Nedir peki karıncanın insan üzerinde çalıştırdığı konular?

Sebat, bereket, çalışkanlık, disiplin, düzen...

Kurmanadyam karınca ile bu konuları çalıştırdıkça toprak elementi bedende dengelenir. Lakin karınca ile sağlıklı bir ilişki gerçekleşmezse, yani bu nitelikleri ortaya çıkaracak gücümüz yeterli değilse ve bu yüzden mekânımızı ziyaret eden karıncaları yok etmeye kalkışıyorsak, işte o noktada kurmanadyam vücudumuzdaki toprak elementini bastırmaya başlar ve dengeyi sağlamak için başka bir elementin yoğunluğunu artırır. Tıpkı bir orkestra şefi gibi, insanın varlığını devam ettirebilmesi için canlılığı sağlayan tüm düzenleri yönetir.

Kurmanadyam nedir, nerededir ve nasıl çalışır?

Kurmanadyam çakrasının Türkçesi, kaplumbağa çakrasıdır.

Rengi su yeşilidir ve bu çakrayı ifade eden ses "lim" sesidir.

Kaplumbağa çakrasının elementi, hayvanlardır.

Hayvan görüntüleri, hayvan sesleri, hayvan derileri, hayvan kemikleri ve sembolleri yoluyla tetiklenir.

Kurmanadyam; göğüskafesinin üst kısmında, köprücükkemiklerinin ortasındaki "kaplumbağa çukurunda" yer alır.

Bu çakranın amacı, diğer çakralarla beraber çalışarak Pranamaya Koşa (Enerji Bedeni) sistemini başarıya götürmektir. Yönetimi sağlayan kurmanadyam, adeta bir şirket CEO'su gibi görev yapar. Tüm çakra sistemini yönetir.

Kurmanadyamın görevi, enerji bedenini ayakta tutarak, dharmanın yerine getirilmesini sağlamaktır. Bu çakra için bütün sistemin hedefe ulaşması çok önemlidir.

Bu yolda ödenmesi gereken herhangi bir bedel varsa ve bu bedel, yani karmik borç ödenmediği için kişi dharmasında yol alamıyorsa, kurmanadyamın onayıyla karmik borç fiziksel bedende ödenir. Tıpkı geminin batmaması için fazla yükün denize atılması gibi, bedendeki yükler fiziksel bedenin adak olarak kullanılmasıyla atılır.

Kurmanadyam dengede olmadığında, kişi yönetimi dengelemek için gerekli elementin konularıyla ilişkili olan hayvanlarla vakit geçirme eğilimi gösterir. Hayvanın kendisiyle vakit geçirme eğilimi içinde de olabilir, sembolleriyle de...

Kurmanadyam, yönetim kabiliyetinin gelişmesini sağlar. Hayvanlarla ilgili büyük hislerimiz ve tepkilerimiz de yine bu çakrayla ilgilidir.

Hepimiz, hayvanların bizde çalıştırdığı niteliklerden kaynaklanan sebeplerle tepkiler veririz. Kolayca çalıştırdığımız nitelikleri temsil eden hayvanlara yakınlık duyarken, çalıştırmaktan korktuğumuz niteliklerimizi ifade eden hayvanlardan da korkarız.

Tavşanları sevmek, köpeklerden korkmak, farelerden iğrenmek, kedilerden hoşlanmak, yılandan ürpermek çok şey ifade eder bu yüzden.

Hangi hayvana karşı ne hissediyorsun?

Ateşböceği gördüğünde heyecanlanıyor, kedi gördüğünde gülümsüyor, köpek görünce irkiliyor musun?

Hayvanlara karşı bütün bu tepkiler, o hayvanın niteliklerinin sende nasıl çalıştığının cevabıdır. Bu kitapta yer alan hayvanların sende hangi hisleri uyandırdığı, adını duyduğunda sana neler hissettirdiği bile, o hayvanla ilgili konuların hayatında ne şekilde işlediğini ya da işlemediğini anlamana yardım eder.

Diyelim ki ateşböceği seni heyecanlandırıyor.

Ateşböceğinin çalıştırdığı konulara bakalım hemen...

Görünmek ve ilham...

Bu alanlar hayatında düzgünce çalışıyor demektir. Fakat buna karşılık köpek seni ürkütüyorsa, sadakat, bağlılık ve birlikte çalışmak konularında denge sağlamıyorsundur.

Hayvanların sende uyandırdığı hisler bile hangi nitelikleri düzgün çalıştıramadığını ya da hangi nitelikleri çalıştırma eğilimi gösterdiğini anlaman açısından değerli bir yol göstericidir.

İnsanın, elementlerinde oluşan dengesizliklerden dolayı her niteliği çalıştıramaması doğaldır. Ne de olsa arzularından dolayı insan sürekli olarak dengesini kaybeder. İsteklerini karşılama yolundaki insan, sürekli "eksiklik" hissine kapılır. Bu hisle elementlerin dengesini de bozmaya başlar.

Örneğin hayatı boyunca yalnız çalışmaya alışmış, her işini kendi gören bir insanın hayatında köpek ve kurt hayvanları çalışmaz hale gelir. Bu süreç doğal olarak gerçekleşir. Sonuç olarak kişi hem bu hayvanlardan hem de bu hayvanlarla ilgili sembollerden, farkında bile olmadan kendini uzak tutar.

Peki, bu ne anlama gelir?

Örnekteki kişinin toprak elementinde ortaya çıkmış bir sorun olduğu anlamına gelir. Toprak elementi zayıf düşmüştür ve onu "birlikte" hareket etme duygusundan uzaklaştırmıştır. Diğer bir deyişle bu kişinin artık kimseyle birlikte hareket etmeye yetecek kadar toprağı yoktur.

Peki bu sonucun sebebi nedir?

Kişinin ateş elementine fazla yüklenmesi ve böylece hayatında ateşi yükselterek toprağı azaltmış olmasıdır.

Hepimiz her hayvanla kadim bir ilişkinin içerisindeyizdir. İlişkilerimiz zayıfladığında ya da koptuğunda hayatımızda hayvanların bize sunduğu niteliklerle olan ilişkilerimizi de kaybederiz. Böylece çoğunlukla hep bir "eksiklik" duygusu hissederiz.

Hayvanlarla bağını dengeli kurmuş, her hayvanı duyabilen ve evrendeki tezahürüne gönlünün kapısını açmış olan kişi, mutlak bir varoluş haline geçmiştir. O kişi artık ne eksilebilir ne de artar.

Bu kitapta hayvanlarla kurduğumuz görünmez bağları birlikte güçlendireceğiz. Gerektiğinde yaşamımızda ortaya çıkmaya çalışan bir hayvana, eski bir dosta tıpkı bir druidin yaptığı gibi dönüşeceğiz ve o nitelikleri tamamen sahipleneceğiz. Gerektiğinde hayatımızdan çekilmeye çalışan bir hayvanın baskın niteliklerini kontrol altına alacağız.

Arketip nedir, nasıl çalışır?

Arketip ve sembol ilişkisi

Arketip, "ilk örnek" anlamına gelir. İlk kalıp, ilk şablon, ilk tiptir... Kültürlerin, bilginin, oluşumun, hislerin, düşüncenin, etki tepkinin, ifadenin ilk örneği... Dört buçuk milyar yaşındaki bir dünyanın ilk örnekleri, ilk kalıpları elbette ki kullandığımız dillerden, sonradan icat edip birbirimize öğrettiğimiz yazılardan, sayılardan, davranışlardan çok ama çok daha eski...

Psikolojide ilk defa Carl Gustav Jung tarafından kullanılan "arketip" kavramı, kolektif bilinçaltını oluşturan öğelerdir. Kolektif bilinçaltının ilk öğeleri, yani arketipler bilinçaltında çalışmaya ve sonuç üretmeye devam eder. Uyuyan arketipler de sembollerle hemen aktive olurlar çünkü sembolün bilinçaltında bir karşılığı vardır.

Bilinçaltındaki arketipleri çalıştıracak olan semboller günlük hayatımızda bir nesne, bir ses, bir resim hatta bir işaret olarak bulunabilir. Semboller, bilinçaltımızdaki hayvanın arketipini uyandırarak çalışmasını ve sonuç vermesini sağlar.

Bilinçaltındaki hayvanın arketipini çalıştırabilecek her şey bir semboldür. Hayvanın sesi bile...

Örneğin bir güvercinin sesi, tüyü, güvercinin resmi ya da güvercini hatırlatan bedensel bir duruş bile güvercinin sembolüdür ve içimizdeki bu hayvanın ilgili olduğu konuları yani arketipleri çalıştırır.

Rüyamıza giren hayvanlar da desteğine ihtiyaç duyduğumuz hayvanlardır. Rüyaya gelen hayvan insanda uyuyan arketipi uyandırmaya çalışıyordur. Bu durumda yapılması gereken ilk iş hayvanın hangi elementle ilişkisi olduğunu ve hangi nitelikleri çalıştırdığını anlamaktır. Sonrasında bu hayvana ruhumuzda ve yaşamımızda bilinçli olarak yer açmak için sembollerini kullanmaya başlayabiliriz.

Hiçbir hayvan durup dururken kapımızı çalmaz. Yaşamda, hayvanın ilgili olduğu niteliklerimiz ya bir şekilde zarar görmüştür ya da doğru kullanmıyoruzdur. Bu yüzden rüyalarımızda özellikle sıkça karşımıza çıkan hayvanlara ruhumuzu açarak onlarla bilinçli bir çalışma yapmamız çok önemli.

Hayvan arketipleri insan üzerinde tam olarak nasıl çalışır ve neyi uyandırır?

Bu kitapta hayvan arketiplerini ilim açısından ele alıyor olacağız. Her hayvan arketipinin hem hangi elementi temsil ettiğini hem de o elementin hangi özelliklerini çalıştırdığını tek tek inceleyeceğiz.

İki kitaptan oluşacak "Hayvanlarla Yol Arkadaşlığı" serisinin bu ilk kitabında yaşam yolculuğunda birlikte yürümeye en çok ihtiyaç duyacağın, ruhunda nefes almasına ve sana destek olmasına yer açacağın destek hayvanlarını ele alıyor olacağız. Yani elementlerin bizler için en güçlü konularını taşıyan hayvanlarla yol arkadaşlığı edeceğiz.

Serinin ikinci kitabında ise sıklıkla karşına çıkan, hayatına girmek için adeta fırsat kollayan hayvanlarla ilgili arketipleri aktive etme çalışmaları yapacağız.

Hangi hayvana ihtiyacın olduğuna karar vermek için öncelikle her hayvanın elementiyle bağlı olarak ilgili olduğu konulara bakmanı öneririm. Eğer hayatında ortaya koymakta güçlük çektiğin veya yaşamındaki engelleri aşmana yardımcı olacak konulara rastladıysan, sana destek olabilecek hayvanla karşılaşmışsın demektir. Desteğine ihtiyacın olan hayvanı bulduğunda bilinçaltındaki arketipinin nasıl aktive edilip hangi alanlarda ne şekilde çalıştırılacağıyla ilgili yeterince açık bilgiler bulacaksın zaten kitapta.

Örneğin yepyeni bir şeye başlamak istiyorsan ve bir türlü başlama enerjisini çalıştıramıyorsan, harekete geçemiyorsan "karga" arketipini aktive etmen yerinde olacaktır. Fakat yıllardır yaptığın bir işte, artık usta olduğun bir konuda icat boyutunda ortaya bir şey çıkarmak istiyorsan, o halde desteğine ihtiyaç duyacağın hayvan at olacaktır. Yaptığın işte ustalaşmadan ortaya icat boyutunda bir şeyler çıkarmak için atla çalışmaya başlarsan, ne yaparsan yap at arketipi uyanmayacaktır. Çünkü at arketipi sadece ustalarla çalışır.

Zaten halihazırda devam eden bir işte ortaya yeni bir şeyler çıkarma ihtiyacındaysan, leylekle çalışmayı tercih ederek nokta atışı yapmış olursun.

Bazı hayvan arketiplerini birlikte çalıştırmak, çok daha güçlü sonuçlar doğurur. Örneğin işinde usta biri atla sıra dışı bir sonuç ortaya koyarken, yaptığı işte bütün potansiyelini ortaya koymak isteyip yanına ejderha arketipini de alırsa çok büyük fayda görür.

Tıpkı benim de bu kitabı yazarken yaptığım gibi...

Kitabı yazdığım süre boyunca masamda at figürü taşıyan bir mum sürekli yandı, renkli ışıkları olan at figürlü lambam da hep yanı başımda durdu. Ayrıca ejderha şekilli bir saksı da eşlik ediyordu çalışma masamdaki mesaime.

At, sıra dışı bir şey ortaya çıkarmam için sahip olduğum bilgiyi en iyi şekilde çalıştırmam için ruhumda hareket ederken, ejderha da "Keşke şöyle yapsaydım!" dememem için içimde alev alev yanıp durdu.

Böylece ateş ve hava elementinin muhteşem dansıyla elindeki kitabın benim yapabileceğim en iyi halini ortaya çıkarabildim.

Doğru hayvan arketipiyle çalışmak için önce ihtiyacının farkında olmalısın. İhtiyacını belirledikten sonra destek hayvanını bu kitapta bulman ve ondan nasıl faydalanabileceğini öğrenmen çok kolay...

- Hangi hayvanın arketipi hangi şartlarda kullanılır?
- Hangi hayvanın arketipinden hangi şartlarda uzak durulmalıdır?

Bütün bu soruların cevaplarını da bilerek destek hayvanınla birlikte yol almana rehberlik edecek bir kitapla birlikte olduğundan emin olmanı isterim.

Semboller, bilinçaltındaki arketipleri aktive eden anahtarlardır.

Bu yüzden açılması istenen kapılara doğru anahtarlarla gitmek gerekir.

Farkında olsak da olmasak da hayatta karşımıza çıkan her obje aslında birer sembol niteliğindedir. Bilimsel araştırmalar milyarlarca nöronun birleşiminden oluşan beynimizin içinden her an milyonlarca duyusal görüntünün geçtiğini ve bunlardan ortalama 40 tanesinin algılanabilir olduğunu söylüyor. Tahmin edileceği gibi algılanamayan semboller, görünmeyen alanda varlığını sürdürerek bilinçaltındaki arketipleri çalışmaya devam ediyor. Bu açıdan bakıldığında, sembollerin önemi bir kez daha çıkıyor ortaya.

Sembolleri yaşam alanlarımıza bilinçli şekilde yerleştirmek birçok konuda hayatımızı kolaylaştıracaktır. Bilinçsizce kullanımı da keza birtakım zorluklar oluşturmaya devam edecektir.

Semboller, eski zamanlarda büyü çalışmaları sırasında asalarda, tılsımlarda ve birçok yerde kullanılmış olsa da, semboller elementleri çalıştırdığından ve bir farkındalık uyandırdığından temelde büyüyle hiç ilgisi yoktur.

Sembollere yaşamımız içinde zaten sürekli olarak maruz kalıyoruz. Majik etkiler söz konusu olsaydı her kedi ya da güvercin gördüğümüzde bir büyüye maruz kalıyor olurduk.

Her sembol, ilişkili olduğu element sayesinde bizde bir şeyleri çalıştırır. Hangi sembolün hangi elementle hayatımızda hangi konuları çalıştırdığını bilirsek, sembollerle karşılaştığımızda hayatın bizi neye maruz bırakmakta olduğunun veya bizi nelerin beklediğinin işaretini okumuş oluruz.

Aynı zamanda gerekli durumlarda hayatımıza farkındalık getirmek ve ilgili nitelikleri beslemek amacıyla da sembolleri kullanabiliriz.

Öyle ki evimizi basan karıncalar bile bir manayla ortaya çıkarlar. Karıncaları öldürmek, bereketi öldürmektir, düzeni bozmak manasına gelir. Evinde dolaşan kertenkele boş yere gelmemiştir ziyaretine. Hayatında bırakamadığın, içine attığın ve seni artık sıkıştıran şeyleri bırakman için seni tetiklemeye gelmiştir.

Hayatımızda görünen hayvanlara savaş açarak yaşamımızda da bir savaş başlatırız. Hayvanlara zarar verirken aslında kendimizde neye zarar veriyor olduğumuzu öğrenirsek, artık onlara bambaşka bir farkındalıkla ve özenle yaklaşırız. Ve inan, hayvanlara göstereceğin özen, hayatına büyük bir değer katacaktır.

Her hayvanın hem doğada hem de iç doğamızda muazzam bir ifadesi vardır. Hayvanların ifadelerini bilmek, kendi muazzam doğamızı tanımak için büyük bir kaynaktır. Doğadaki hiçbir sembol bizden bağımsız değildir. Doğadaki her sembolü içimizde arketip olarak zaten barındırırız, sadece gerektiği zamanda gerektiği şekilde ortaya çıkarırız. Diğer tüm hallerde hepsi dinlenme halindedir.

Bu kitap aracılığıyla içinde yatan güçlerle tanışacak ve o güçleri gerektiği zaman yerinden çekip çıkararak yaşamın içine katacaksın.

Hayvan sembolleri Uzakdoğu'da bedensel uygulamalarda da sıkça kullanılır. Hayvanın ifade ettiği anlamı uyandırmak, bedendeki ilgili elementi yükseltmek ve elementle ilgili konuları ve nitelikleri canlı tutmak için çeşitli şekillerde hayvan duruşları taklit edilir. Bu kitapta çeşitli yöntemlerle söz konusu nitelikleri hayatında çalıştırmanın yollarından da söz ediyor olacağım.

Semboller nasıl kullanılmalı?

Bir hayvanın sembolünü hayatında kullanmak istiyorsan, öncelikle mümkünse o hayvanın kendisiyle muhatap olmalısındır. Örneğin kedinin niteliklerini daha güçlü ortaya çıkarmak için evde bir kedi besleyebilirsin. İçindeki ineği uyandırmak istediğinde yani sahip olduğun tüm nitelikleri hakkıyla çalıştırmak istediğinde bir ineğin beslenmesine katkıda bulunabilirsin.

Hayvanlara nasıl davrandığın, o hayvanın senin ruhundaki yansımalarına nasıl davrandığını da gösterir. Hayvanın ifade ettiği şeylere sahip çıkmak için, ona gereken değeri vermelisin. Lakin her hayvanın bizzat kendiyle muhatap olmak elbette her zaman mümkün değil. Bu durumda destek hayvanın doğal ortamındaki davranışlarını içeren videolar izlemeyi tercih etmen yanlış olmaz. Bu şekilde zihinsel olarak zihnindeki arketip zaten tetiklenmiş ve uyandırılmış olur.

Desteğine ihtiyaç duyduğun hayvanın resmini telefon ekranında ya da bilgisayar ekranında kullanabilirsin, dilersen çalışma masana yerleştirebilirsin. Evinin bir köşesinde ama özellikle de gözünün görebileceği şekilde desteğine ihtiyaç duyduğun hayvanın sembolünü kullanabilirsin.

Sembolün işlenmiş olduğu objeleri (defter, kalem, tişört, cüzdan vs.) kullanmayı tercih edebilirsin. Bir kâğıda ya da deftere elle çizimini yaparak destek hayvanını pratik edebilirsin.

Seçtiğin hayvanın niteliklerini hayatında görmek konusunda zorlanıyorsan, düzenli şekilde, her gün o hayvanı resmederek niteliklerini kendinde uyandırabilirsin. Ne kadar iyi veya kötü çizdiğinin bir önemi yok. Çiziyor olman başlı başına işe yarayacaktır. Fakat sadece çiziyor olmak için ilgisizce bir şeyler karalaman elbette işe yaramayacaktır. Çizdiğin şeye baktığında destek hayvanını seçebiliyor olmalısın.

Bedeninde destek hayvanının duruşunu gerçekleştirmek, ondaki niteliklerin sende hızlıca uyanmasına yardımcı olacaktır. Özellikle yoga duruşları, bu konuda oldukça işlevseldir.

Yoga disiplini, çeşitli hayvan duruşlarını içerdiğinden çalıştığın destek hayvanının niteliklerinin içinde uyanmasını sağlar.

Destek hayvanının sesini taklit ederek de etkili sonuçlar alman mümkün. Ses taklidi arketiplerin uyandırılması yolunda çok güçlü bir yöntemdir.

Çalıştırmak istediğimiz semboller gözümüzün görebileceği alanlarda kullanılmalıdır. Mesela iş potansiyeli için ejderha sembolünü bilgisayarda kullanıyorsan, sembolü bilgisayarın altına değil de üzerine ya da ekranına yerleştirmek çok daha işe yarayacaktır.

Bir şeyi başlatırken ateş elementi kullanmak lazım olduğu için, bunun yerine toprak elementini kullanmayı seçersen, işi başlatmakta çok güçlük çekersin, hatta başlatamayabilirsin bile.

Sembollerin doğru konularda çalıştırılması çok önemli...

Bir sembolle işin bittiğinde onu artık gözünün önünden kaldırman, elbette isabetli bir karar. Mümkünse görmeyeceğin bir yerde saklayabilirsin.

Unutma ki her sembol, bilinçaltında bir arketipi uyandırıp çalıştırır.

Eğer tercih ettiğin sembol zarar görüyorsa, kırılıyorsa ya da kayboluyorsa söz konusu sembolün enerjisini taşımakta zorlanıyor olabilirsin. Bu durumda sembolden ziyade desteğine ihtiyaç duyduğun elementin kendisiyle genel bir çalışma yapman gerekiyordur. Elementlerle ilgili derinlikli çalışmalar yapabilmen konusunda *Hayat Sana Ne Anlatıyor* adlı kitabımdan faydalanabilirsin.

Hayvan isimleri taşıyan insan lakapları ne ifade eder?

Niteliklerimizin eksik çalıştığı konularda bazen etrafımızdaki insanlar bize o konuyla ilgili nitelikleri çalıştıracak bazı hayvan lakapları takarlar ya da hayvanın adını kullanarak hakaret ederler. Üstelik bunu hiç fark etmeden, bilinçaltlarından aktarılan bir bilgiyle yaparlar.

Bazen de niteliklerini çok yoğun çalıştırdığımız hayvan arketipleriyle bize seslenildiğini görürüz. Hayvanın nitelikleri bizde öyle yoğun çalışıyordur ki artık dışarıdan bakanlar bile bizde o hayvanı görür hale gelmiştir.

"O tam bir yılandır!" diye tarif edilen kişi aslında gizli kalanı açığa çıkaran, bu rolüyle de şifalandıran kişidir. Lakin gizli kalanı açığa çıkartıyor olduğu için her zaman sevilmezler ve bu yüzden "yılan" ismi bir hakaret gibi kullanılır. Oysa ona yılan diyen kişi, karşısındaki insanın getirdiği şifayı almak amacıyla yılan arketipini hem onda hem de kendinde çalıştırma gayesi içerisindedir.

Birine "Ayı!" diye seslenilmesinde de ondaki bilgece davranışı tetiklemek isteği vardır. "Ayı!" diyerek ondaki ayı arketipinin uyandırılması arzulanır bilinçaltında... Böylelikle bilgiden gelen gücü kullanarak daha anlayışlı daha farkındalıklı davranışlar sergilemesi amaçlanır.

Bir örnek daha vereyim:

"Öküz!" diye kime seslenilir?

Düşüncesiz, özel günleri hatırlamayan, ilişkide sabitlik oturtamamış kişilere değil mi?

"Öküz!" hitabıyla amaçlanan sabitlik, günlük basit şeylerden zevk almak, özel günleri önemseyen bir yapıyı ortaya çıkarmaktır. Kişideki boğa/öküz arketipini uyandırarak basit şeyleri önemseme ve bunlardan zevk alma hali desteklenmek isteniyordur.

Aklı sürekli kurnazlıklara çalışan kişiye de "Tilki!" diye hitap edilir. Çünkü tilki arketipi kişinin ruhunda öyle yoğundur ki artık onu dışarıdan gören bile çalışan niteliklerini izleyebiliyordur.

Hayvanın Ruhuyla Bağ Kurma Meditasyonu

Bir hayvanın ruhuyla tanışmak, kişinin kendindeki nitelikleriyle tanışması gibidir. Meditasyon yoluyla bir hayvanın ruhuyla tanışmak, onun tüm varoluşuna yalın ve saf bir şekilde tanıklık etmektir.

Bu tanıklığı deneyimlediğinde, kendi doğana karşı içsel bir görü kazanırsın. Hayvanın doğasını anlamaya başladıkça, onun niteliklerini ve yaşamla kurduğu bağı içselleştirirsin. Aranızdaki bağ güçlendikçe, hem sahip olduğu nitelikleri yaşamında kolaylıkla çalıştırabilirsin hem de bu hayvandan kendinle ilgili bilinç üstü mesajlarla rehberlik alırsın. Böylece ruhuyla bağ kurduğun hayvan aracılığıyla kendi doğanın saklı güçlerini fark edersin. Bir hayvanın ruhuyla bir kez bağ kurduğunda, yaşamında çalışmasına ihtiyaç duyduğun niteliklerin somut şekilde çalışmaya başladığını görürsün.

"Hayvanın Ruhuyla Bağ Kurma Meditasyonu" niteliklerine ve desteğine ihtiyaç duyduğun hayvanın ruhuyla tanışmanı ve onun bilinçaltındaki arketipinin uyanmasını sağlayacaktır. Böylece aranızda eterik boyutta bir bağ kurulmuş olacak.

İki aşamada gerçekleştirilen bu meditasyonu, istediğin konularla ilgili istediğin niyetler üzerinden uygulayabilirsin. Destek hayvanının yaşamındaki hizmeti bitmeden, onunla bağını kesmemen ve bu çalışmaya devam etmen çok önemli...

Aksi takdirde halihazırda tamamlanmayı bekleyen ihtiyacın yarım kalacaktır.

Bu meditasyonu, desteğini almayı seçtiğin hayvanla aranda güçlü bir bağ kurana dek düzenli aralıklarla haftada en az üç kez tekrarlayarak uygulayabilirsin. Çalışmayı akşam saatlerinde, loş bir alanda, yalnızken, aç ya da yarı aç bir karınla uygulaman etkili olacaktır.

1. Aşama

10 dakika

Davet Etme ve Bağ Kurma

Şimdi destek hayvanının ruhuyla tanışacak ve onunla ilk bağını kuracaksın.

Meditasyona başlamadan önce ellerini ve yüzünü yıka. Dilersen çalışmayı yapacağın alanın enerjisini mum ve tütsü yakarak temizleyebilir, çalışma boyunca sözsüz ritimsel bir davul müziği kullanabilirsin.

Rahat bir oturuş pozisyonuna geç ve bedenini gevşet. Burnundan derin ve sakin nefesler alıp ver. Bir süre nefesinin bedenindeki hareketine odaklanarak, bedenini ve zihnini mevcut olduğun ana getir.

Kendini hazır hissettiğinde derin bir nefes al ve nefes verirken üçüncü gözüne, iki kaşının ortasına odaklan. Kendini büyük ağaçlarla dolu yemyeşil bir ormanda imgele. Görüntüleri canlandırmak (imgelemek) önceleri zor gelebilir, bir şeyler görmek için zihnini zorlama, aksine yolculuğunu kontrol etmeden, çabalamadan sadece izleyici olarak yaşa. Zihinsel bir yaklaşımla böyle ruhsal bir yolculuk yapmak mümkün değildir.

Vizyonunu netleştirmek adına çevreni keşfet, ellerine bak, güneş ışığının yüzüne vurduğunu ve nasıl da bedenini ısıttığını hisset. Etrafındaki sesleri duymaya çalış; kuşların cıvıltılarına, yaprakların seslerine kulak ver. Toprağın kokusunu içine çek... Tüm duyularınla ormanı hissederek yürümeye başla. Az ileride neredeyse asırlık devasa bir çınar ağacı karşına çıkacak. Ağaca doğru yaklaş ve gövdesine dokun. Üzerindeki yarıkları, yerin altına doğru giden dev köklerini, ışıl ışıl parlayan yapraklarını gör. O ağaç, bu yolculuğun kapısı.

Ağacı selamla ve altına oturarak meditasyon duruşuna geç.

Bağ kuracağın hayvana odaklan. Onu, ormanın derinliklerinden yanına gelmesi için çağırmaya başla. İçsel olarak ona seslen, bu çağrının saygılı olmasına özen göster.

Hayvanın bir süre sonra ormanın içinden yürüyerek sana doğru gelmeye başlayacak. Karşına gelerek oturduğunda bir süre onun bedenini, tüylerini, yüzünü, bakışlarını incele. Destek hayvanın neye benziyor? Kuyruğu, bakışları, renkleri sana ne hissettiriyor? Hayvanını iyice özümse. İçinden geliyorsa onu okşa, samimi ve sıcak bir iletişim kur. Unutma, hayvanın sana kızgın ya da gerginmiş gibi gelebilir, ancak o senin ruh halini ve düşüncelerini yansıttığından sen ne kadar ona karşı güven ve sakinlikle yaklaşırsan, bağınız o kadar güçlü ve dengeli kurulur. Ondan korkmana ya da tedirgin olmana gerek yok. O sana destek olmak için geldi.

Bağın kurulduğunu hissettiğinde, gözlerini gözlerine odakla. Yaklaşık 2-3 dakika boyunca, destek hayvanınla bakış. Hazır olduğunda, sende çalıştırmasını istediğin nitelikleri 3 kez tekrarlayarak söyle ona. Ardından bu nitelikleri hangi konu ya da niyet üzerinde çalıştırmak istediğini de 3 kez tekrarla.

Örneğin ihtiyacın olan destek, yeni bir işe başlamaksa ve bunun için harekete geçirici bir güç arıyorsan destek hayvanı olarak seçtiğin kargadan bu gücünü ortaya çıkarmasını talep et.

"Karganın başlatıcı niteliğini çalıştırmak istiyorum" diyebilirsin üç kez.

"Yeni bir işe başlamak için harekete geçirici bir güç istiyorum" da diyebilirsin.

Bir süre bu niyetine odaklan ve tüm meditasyon boyunca hayvanınla bakışmaya devam et. Bağı derin bir şekilde hissettiğinde hayvanınla vedalaş ve ona teşekkür ederek meditasyonu tamamla.

Ardından hemen ikinci aşamayı uygula...

2. Aşama

Resmetme

Davet etme ve bağ kurma meditasyonunda bir araya geldiğin destek hayvanını hatırladığın bütün detaylarıyla bir kâğıda resmet. Renklerini, tüylerini ve sende yarattığı hisleri, her şeyi çiz...

İlk meditasyonda kurduğun bağı, çizimle somut alana taşıman, aranızdaki işbirliğini dünya üzerinde de hissetmeni kolaylaştıracaktır.

Çiziminin ne kadar iyi olup olmadığı önemli değil... Elinden gelenin en iyisini yapıyor olman kâfi...

Birleşme Ritüeli

15 dakika

Bu ritüeli Hayvanın Ruhuyla Bağ Kurma Meditasyonu'nu çalıştıktan bir hafta sonra uygulaman çok daha etkili olacaktır. Destek hayvanınla artık tanıştın ve aranızda bir bağ oluştu bile. Şimdi destek hayvanının sende uyandıracağı güçle birleşme zamanı.

Birleşme ritüelinde destek hayvanının arketipini beden yoluyla çalıştırıyor olacaksın. Destek hayvanını bedenine davet edecek, onun aracılığıyla dans edecek, onun gibi hareket edip sesini taklit edeceksin. Böylece destek hayvanınla ruhsal bir birleşme de yaşayacaksın.

Şimdi ritimli bir davul müziği aç ve ayakta dur. Gözlerini kapat, derin nefesler alıp ver. Ritimle birlikte bedenini yavaşça serbest bırak. Başını, ellerini ve ayaklarını salla. Ritimler güçlendikçe nefeslerini hızlandır. Ardından hayvanına odaklan. Bu kez hayvanın dışarıda değil, içinde. Hayvanın bedeninle temasa geçtiğini hissederek ona hareket etmesi için alan aç. Onun gibi nefes almaya başla, onun gibi hareket et, onun gibi yürü, uç ya da sürün... Onun gibi sesler çıkar, onun gibi hisset. Yaptığın hareketleri düşünme, sorgulama... Unutma zihinsel bir yaklaşımla bu ruhsal birleşmeye kendini bırakamazsın. Bedenine özgürce hareket etmesi için izin ver ve hayvanınla bir olarak hareket et.

Hayvanını bedenleyerek, bedeninde dans etmesine izin vermek, hayvanın ruhunu onurlandırmanın ve niteliklerinin sende uyanmaya başlamasının en mükemmel yoludur.

Örneğin bir kurdun köklü aile ruhunu bedenliyorsan, ayaklarını yere güçlü şekilde basarak, keskin ve net hareketler yapabilir, kurt gibi hırlayarak onun güçlü ve koruyucu duruşunu canlandırabilirsin.

15 dakika boyunca birleşme ritüeline devam et ve hayvanın uyandırdığı gücü içinde hissettiğinde dansını hayvanına teşekkür ederek sonlandır. Ardından eline bir defter ve kalem alarak yaşadığın deneyimi yaz. Bu deneyimi yazmak, uyandırdığın hayvan arketipinle olan ilişkini somut alana taşıyacaktır.

HAYVANLAR VE ELEMENTLER

I

ATEŞ ELEMENTİ

Ateş hem başlatandır hem sonlandıran.
Hem başlatmak içindir hem bitirmek...

ATEŞ HAYVANLARI

ARKETİPLER, GÜÇ DENGESİ VE DESTEK

Ateş elementi başlatan, yıkan, canlılık veren, hareketi sağlayan, görünmeyi, fark edilmeyi destekleyen elementtir.

İradenin elementidir.

Daha önce de söz ettiğim gibi her hayvan bir elementin çalıştırdığı konular üzerinden tezahür eder. İnsan, hayvanlar yoluyla hayatında çalışan konularla ve dolayısıyla kendisiyle derin bağlar kurar.

Ateş elementinin temsilcisi kabul edilen hayvanlar genel olarak başlatma, yıkma, canlılık, hareket kabiliyeti, ön planda olma, görünürlük, ilham, özgüven ve güç konularını çalıştırır.

Ateş elementi konularını çalıştırmaya yeltendiğinde ya da bu konuları hayatında ortaya çıkarmaya çalıştığında, ateş elementi hayvanlarına doğru çekilmeye başlarsın. Ateşin etrafında toplanan canlılar gibi bir yakınlaşma gerçekleşir. Bu yakınlaşma doğal bir ihtiyacın sonucudur. Ateş elementini çalıştırma ihtiyacının...

Ateş elementi hayvanları hakkında öncelikle şunu biliyor olmak lazımdır. Ateş elementi konuları üzerinden tezahür eden tüm hayvanların kaderi, ait oldukları konuları yaşamda tetiklemektir. Bu sebeple her biri temsil ettiği ateşi çalıştırır. Doğal olarak ateş hayvanlarıyla muhatap oldukça ateş elementimiz ön plana çıkacaktır. Bu da demek olur ki bu süreçte bedenimizde ve yaşamımızda diğer elementlerden birkaç adım önde çalışan element ateş olacaktır.

Toprak elementini çalıştırmak ve toprak elementine odaklanmak isteyen kişi, ateş elementi hayvanlarıyla muhatap olmamalıdır. Aksi takdirde toprak elementini çalıştırması için gerekli pratikleri yapsa bile ateş elementini sürekli olarak devreye sokuyor olacaktır.

Örneğin toprak elementi ile bir işte devamlılık sağlamaya çalışıyorsan, ateş elementi hayvanlarıyla muhatap olduğunda ateş elementiyle tetiklenen hislerin, elindeki işi yarım bırakıp başka bir şeye başlaman için sana yol göstermeye çalışacaktır.

Bir hayvana çekiliyor ya da ondan itiliyor olman da bedenindeki element dengesiyle ilgilidir. Ateş elementi hayvanlarına çekiliyor olmanın nedeni, bedeninde ateş elementinin ortaya çıkmaya çalışmasından dolayıdır.

Bu noktada çekildiğin hayvanın konularına bakarak, hayatında nasıl bir aksiyona ihtiyacın olduğunu gözlemleyebilirsin.

Şunu hiç unutmamak gerekir ki yaşamda gördüğümüz her şeyin bir manası vardır.

Gördüğümüz şeylerin tesadüf olduğunu zannederek ya bunların etkilerini bilinçsizce yaşamaya devam ederiz ya da gördüklerimizin manasını algılayarak onlardan güç alırız.

Yaşamda kendimizi eksik hissettiğimiz, doğru adımı atıp atmamak konusunda pek emin olamadığımız anlar olmuştur muhakkak ve daha da olacaktır. Böylesi anlarda hayvanlara kulak vermek, onların bilgeliğinden ve yol göstericiliğinden faydalanmak bizi eksik yanlarımızla birleştirir.

Nasıl destek alacağımızı bildikten sonra, hayvanları duymak, onları dinlemek ve onlarla bütünleşerek içimizde olanı çalıştırmak, oldukça kolaydır. İçimizden hangi hayvanı ortaya çıkaracağımızı bilmemiz kadar, hangisini kontrol altında tutacağımızı bilmek de dengeli bir yaşam için önemlidir.

Serinkanlı değilsen ya da fazla serinkanlıysan, şıpsevdiysen, daldan dala atlıyorsan, odaklanamıyorsan, başlayıp yarım bırakıyorsan, maymun iştahlıysan, dominantsan, şiddet eğilimliysen ya da tam tersi fazla tepkisiz ve hareketsizsen yani diğer bir deyişle ateş elementin çok düşmüşse veya fazla yüksekse bir ateş hayvanı sana destek olmak için bekliyor demektir.

Ateş elementi hem başlatma hem de bitirme enerjisine sahiptir. Hareketin, dayanıklılığın ve yeniliğin ortaya çıktığı alanda hep ateş vardır.

Nitelikleri sıcak ve soğuktur.

Süregelen bir şeyi devam ettirmek ateş elementinin işi değildir. O sadece ortaya çıkarır. Ateş yapmakla ilgilenir. Yaptığının nerelere gideceğiyle ilgilenmez.

Ateş elementinin sonlandıran, yakan enerjisi, hayatın birçok alanında kişiye hizmet eden temel bir frekansı oluşturur. Zira hayatta eski olanı yok etmeden, yeniye yer açamayız.

Bir işe, bir harekete başlamakta zorlanıyorsan ya da tam aksine sürekli olarak başlangıç yapmak, her gördüğüne atılmak (maymun iştahlı başlangıçlar) halindeysen, öfkeden çıldırıyorsan ya da tepki veremiyorsan, genel olarak fiziksel veya iradi dayanıksızlık yaşıyorsan, yememen gerektiği halde yemeye devam ediyorsan, eski sevgiline karşı koyamıyorsan, sigarayı bırakamıyorsan, kendini gösteremiyorsan, en ufak bir hatanda herkesin gözü sana dönüyorsa, gözlerden uzak kalmak istiyorsan, ateşini yavaşlatman gerekiyordur.

Ateş çok yüksekse kişi çok daha fazla göze batar. Aslan sembolü kullanıyorsan çok daha göze batıyor olursun. Ejderha daha da dikkat çekmek konusunda gerçek bir ustadır. Böylece kendini gösterme hali ortaya çıkar.

Hayatında eylem gerektiren işleri erteliyorsan, kendine vakit ayıramıyorsan, yeni bir mekâna gitmek istediğin halde gidemiyorsan, yeni bir iş kurmak istediğin halde bunun için uygun bir fırsat bulup işe başlayamıyorsan, kendi benliğini ortaya koyamıyorsan, hızlanamıyorsan, hayat akarken sen gerisinde kalıyorsan, ateş elementinin hayvanları ruhunu desteklemek için seni bekler.

Yenilikçi, maceracı kişiler, hayatına heyecan katmak isteyenler ateş hayvanlarından destek alabilirler. Yaptığı işin ses getirmesini, fark edilmesini isteyenler de...

Yaptığı işte gizlilik arayanlar da tıpkı kendi alanına sahip çıkmak isteyenler gibi ateş hayvanlarının desteğine başvurabilirler.

ANKA KUŞU

Anka kuşu irade hâkimiyetiyle bilinen, kurtarıcı, hiçbir şeye körü körüne bağlanmayan, kendini geliştiren, egosunu eğiten bir kuş olarak bilinir. Anka kuşu öleceğini hissettiği zaman kendine bir yuva yapar ve içine kapanır. Yaptığı yuvanın içinde yanarak ölür ve yeniden küllerinden doğar. Bu sebeple doğasında ateş elementinin bitirici ve yıkıcı özelliği yoğun şekilde çalışır.

Anka kuşunun özellikle irade ve ego teması üzerinde çalışmasından dolayı, varlığı ateş elementinin hükmünde ortaya çıkar.

Anka kuşu arketipinin ilgili olduğu konular: Yeniden doğum, yıkım, yok ediş

Elementi: Ateş

Anka kuşu, ateş elementini dengeleyen arketiplerden biridir. Ateş elementinin özellikle "yeniden doğum, yıkım, yok ediş ve irade" konularını çalıştırır.

Ateş elementi sürekli başlatır ama devam ettirmekle ilgilenmez. Devam ettirmek toprağın konusudur. Başlattığı şeyler yine kendi içinde yok edilir. Yani ateş elementi bir şeyi başlatır ve o konu toprağa taşınmazsa başlattığı şeyi yok eder. Bu özelliğiyle hem doğurucu hem de yıkıcı bir niteliği vardır.

Anka kuşunun olduğu yerde acı ve yıkım vardır. Çünkü Anka kuşu irade ve ego ile ilişkilidir. Egonun eğitilebilmesi ve irade kontrolünün ortaya çıkabilmesi için sınayıcıdır. Acı, iradeyi geliştiren en temel öğelerdendir. Bu yüzden kendi kendinin ölümünü bekleyen, bedeninin yanması için zemini hazırlayan, çektiği acıyla yeniden doğan ve bir gün yeniden yanması gerektiğini bilerek varlığını devam ettiren bir kuştur. İçinden geçtiği acının ona hayat verdiğinin bilincindedir. Bu da onu acıdan beslenmenin yolunu bilen bir varlık haline dönüştürür.

Dolayısıyla Anka kuşu çok büyük bir gücün simgesidir. Fakat söz konusu bu güç, yıkılmış olandan açığa çıkan enerjinin eseridir. Bu yüzden Anka kuşu, her şeyden önce "büyük bir yıkım sürecinin" ifadesidir. Felaketler zincirinin başlatıcısı niteliğindedir adeta. Ancak söz konusu felaketlerin sonunda büyük bir hayır da getirir.

Mesela bir deprem yaşandığını ve bunun üzerine on tane binanın yıkıldığını, can ve mal kayıplarının olduğunu düşünelim... Ortada büyük bir felaket vardır ancak çok daha büyük bir depremle çok daha ağır kayıpların yaşanmasını engellemiş olmasıyla değerli bir hareket de başlatmıştır bu deneyim.

Yaşanan deprem sayesinde insanlar belki bölgeyi terk edeceklerdir ya da yaşam koşullarını değiştirecek, tedbir alacaklardır. Böylece çok daha büyük kayıpların önüne geçilecektir. Bu acı deneyim, deprem gerçeğini hatırlatır ve evlerin buna hazır olup olmadığını sorgulatır. Böylece dayanıklı olmayan evler için yeniden yapılandırma veya yıkarak yenisini inşa etme süreci başlayacaktır.

Anka kuşunun acı getireceği her ne kadar büyük bir gerçekse de, bütüne baktığımızda sonunda derin bir "Oh!" çektirecek faydalar yaratacağı da şüphesizdir.

Anka kuşu sembolüyle insanın hayatında var olan her şey küle dönüşene kadar yanar, yıkılır ve dağılır. Yeniden doğum ancak içine yeniden doğulabilecek yeterli alan açıldığında mümkündür. Bu alanın açılmasıyla, olmayacak işler olur hale gelir. İmkânsız gibi görünen şeyler mümküne dönüşür, hatta hastalıklar bile şifalanır. Öyle ki "eski halinden eser barındırmayacak" şekilde, dönüşüme değil yeniden doğuma dayalı bir yeni yaratım çıkar ortaya. Yeni yaratım hali, eskisine göre çok daha görünür ve orijinal bir deneyim içerir.

Anka kuşu arketipi nerede, nasıl çalıştırılmalıdır?

Artık tamamen sonlanmasını, bitmesini istediğin her konuda Anka kuşu sembolünü kullanabilirsin. Tamamen kapatmak istediğin, hatta kapatırken bazı şeylerin yok olmasını göze aldığın her konuyla ilgili sana büyük destek olacaktır.

Fakat unutmamak gerekir ki Anka kuşu binanın sadece bir odasını yıkıp tadilat yapmaz, bütün dünyayı yıkıp yeniden inşa eder.

Dolayısıyla bu sembolü kullanırken tadilat yapmadığının, binayı yıkıp baştan inşa etmeye razı olduğunun farkında olmalısın. Sembolü bilerek ve kabul ederek kullan. Neyi ateşe attığına dikkat et, çünkü konu Anka kuşu ise, meselenin geri dönüşü yoktur.

Yeniden doğmak istediğin alanda Anka kuşu sembolü ateş elementini yoğunlaştıracaktır. Örneğin bir ilişkinin olumsuz etkilerini sürekli yaşamında hissediyorsan ve bu ilişki hayatında tamamen sonlansın istiyorsan, ilişkiyi sana hatırlatan alanlarda ya da telefon ekranında Anka kuşu sembolü kullanabilirsin. İlişkini hatırladığın anlarda bir kâğıda Anka kuşu resmi çizerek hislerini dönüştürmeyi deneyimleyebilirsin.

Yeniden doğmak istediğin bütün alanlarda bu sembolü kullanabilirsin.

Örneğin iş hayatında küllerinden doğmak istiyorsun...

O halde bilgisayar ekranında veya çalışma masanda bir Anka kuşu sembolü tercih edilebilirsin. Ama unutma ki özellikle iş alanında Anka kuşu senin çalıştığın yerde küllerinden doğmana destek olmak yerine o işten ayrılarak başka bir işte yeniden doğmana da sebebiyet verebilir. Yeniden doğuşun nerede mümkünse, oraya doğru yaratım enerjisini aktaracaktır çünkü.

Bedene dövmesini yaptırmak açısından çok iddialı bir semboldür. İrade kontrolünde büyük sorunlar yaşayan ya da egosunu katiyen yönetemeyen kişi açısından bu sembol hayatında oldukça sert çalışır.

İradesini kuvvetlendirmesi için sürekli birtakım sınavlar söz konusu olur. Bu durumda yürüdüğü yollarda hep engellerle karşılaşır. Günün sonunda bütün bu deneyimler onun iradesinin gelişimini desteklese de, içinden geçeceği deneyimler kolay değildir. Anka kuşunu bilinçsizce ya da heves ederek seçen kişi için yorucu bir süreç yaşanacağı muhakkaktır.

Ben Anka kuşunu özellikle bitiş zamanı yaklaşmış şeyler için kullanmayı seviyorum. Artık zamanı geçmeye başlamış ve hayatımda kalmasına gerek olmayacak konular üzerinde Anka kuşunu çalıştırıyorum ki bitiş süreci hızlı ve güçlü gerçekleşsin. Ne de olsa bir şeyi başlatmak kadar bitirmek de önemli... İnsan hep "başlama" aşamasına odaklanıyor olsa da, bitiş kısmı da aynı özeni ve dikkati hak eder.

Hayatımdan çıkmak üzere olan bir konuyla ilgili Anka kuşunu kullandığımda, konu zahmetsizce kapanırken, ortaya yenileri için muazzam saflıkta bir alan açılıyor. Böylece bitenin ardından açılan alanı kargayla veya leylekle çalıştırmak çok daha güçlü sonuçlar doğuruyor.

Bir şeyleri bitirmek ya da sonlandırmak için yeterli gücü kendinde bulamıyor olabilirsin. Kimi için başlamak zordur, kimi içinse bitirmek... Bazen ikisi de zor gelebilir insana, hayat bu.

Bu tip durumlarda Anka kuşu, büyük bir irade çıkarır ortaya. Öylesine güçlü bir semboldür ki sonlandıramayacağı hiçbir şey yoktur.

Eski bir ilişkinin içinde sıkışıp kaldıysan ya da iş hayatında bir kısırdöngünün içinde acı çekiyorsan, Anka kuşundan destek aldığında ve Anka kuşuna yakıp yıkacağı alanı verdiğinde, ortaya çıkan irade ve özsaygı sayesinde, senin de son veremeyeceğin hiçbir şey olamaz.

Ateş elementi şiddetin elementidir.

Şiddet kelimesi kulakta kötü tınlıyor olabilir. Lakin bir kavanozun kapağını açmak da kapağa şiddet uygulamakla gerçekleşir.

Anka kuşunun özsaygısı öyle yücedir ki kendine zarar veren her şeye son vermek için gerektiği kadar şiddeti uygulayabilecek cesareti vardır. Çünkü Anka kuşu bütün bu yıkımın içinden yeniden doğacağını bilir.

Günlük tutuyorsan eğer, tamamen sonlanmasını istediğin konuyu, üzerinde Anka kuşu sembolü bulunan bir sayfaya yazabilirsin.

İşyerinden ayrılmak ya da sektör değiştirmek istiyorsan bilgisayarında ya da çalışma masanda bir Anka kuşu figürü kullanabilirsin. Üzerinde Anka kuşu bulunan bir ajanda edinebilirsin. Hemen sonlandırmak istediğin ilişki için de yatak odasında bir Anka kuşu figürü tercih edebilirsin.

Anka kuşu arketipi nerede, neden çalıştırılmamalıdır?

Tamamen bitmesini, kapanmasını ya da yok olmasını istemediğin konularda Anka kuşu arketipini katiyen uyandırmaman gerekir. Anka kuşu konuları kökünden çözer. Eğer köklere ihtiyaç duyuyorsan ve bir konunun tamamen yıkılışına ve yok oluşuna hazır değilsen bu arketipi çalıştıracak olan sembollerden uzak durmanda fayda var.

Anka kuşu, kendisiyle işbirliği yapmak isteyen kişiye "Yeniden doğmak için önce ölmek gerekir" der. Ölmeye gönüllü değilsen, bu sembolü kullanmaman daha doğru.

Bitmesini hiç istemediğin alanlara Anka kuşu sembolünü sokmamaya dikkat etmelisin. Bu yüzden kabul ettiğin ya da sevdiklerine verdiğin hediyelere karşı da duyarlı olmalısın.

Hangi cümleleri sıklıkla tekrarlayanlar Anka kuşu arketipini çalıştırmalıdır?

"Bu sektörü tamamen bırakacağım!"

"Bu ilişkiden tamamen kurtulmak istiyorum artık!"

"Yeter ki hayatımdan çıksın gitsin, başka bir şey istemiyorum!"

"Bir daha asla böyle bir şey yaşamak istemiyorum!"

Anka kuşunun ortaklık kurabileceği hayvanlar: Anka kuşu sembolüyle hayatında birtakım şeyleri kökünden yıkıp yok ederken, potansiyelinin farkında olarak bu yıkımın sonunda ortaya çıkacak güce karşı seni arzulu tutacak olan ejderha sembolünden destek alabilirsin.

ASLAN

Aslan yırtıcı pençeleri, parçalayan dişleri, ağır ve çevik bedeniyle çok güçlü bir hayvandır. Diğer kedi türlerine göre aslanlar sosyal hayvanlardır ve gruplar halinde yaşamayı tercih ederler, yine gruplar halinde avlanırlar. Böylece avlarına pusu kurma ve avlarını istedikleri yöne sürerek yakalama imkânı bulurlar. Aslanlar gereksiz hareketten daima kaçınırlar. Muazzam avcılardır. Özellikle erkeklerinin avcılık yetenekleri çok gelişmiştir.

Yavru bir erkek aslan yetişkinliğe ulaştığında babası tarafından sürüden kovulur. Başka bir sürünün erkeğine meydan okuyacak erişkinliğe ulaşana kadar yalnız bir hayat sürer. Bu süreçte avcılık yetenekleri büyük ölçüde gelişir. Aslanları tehdit etmek kolay değildir. Buna rağmen sürekli dövüşmek zorunda kaldıkları için, aldıkları yaralarla ömürleri kısalır.

Aslan arketipinin ilgili olduğu konular: Asalet, güç, ön planda olmak, gerçeklik, yönetim, cehalet ve kibir dengesi

Elementi: Ateş

Aslan, ateş elementini dengeleyen arketiplerden biridir. Ateş elementinin özellikle "asalet, güç, gerçeklik, ön planda olmak, yönetim, cehalet, kibir dengesi, açıksözlülük, koruyuculuk, gösteriş, görünürlük, alan belirleme, sınır çizme ve liderlik" konularını destekleyip çalıştırır. Bu alanlarda desteğe ihtiyacın varsa, içindeki aslanı uyandırmanın vakti gelmiş demektir.

Aslan, asaletin ve gücün temsilcisidir. Ön planda olmanın ifadesidir.

"Ben" demeye ihtiyacın olduğunda, kendini göstermek istediğin alanlarda aslan sembolü kullanman yerinde bir tercih olacaktır. Çünkü kişinin "ben" diyebilmesi ve kendini gösterebilmesi için güce ihtiyacı vardır. Aslan sembolü içindeki ateş elementinin güçlü bir şekilde yanmasını ve ışığının dikkat çekmesini destekleyecektir.

Aslanın gücünde asalet vardır. Fakat ortaya çıkardığı gücü taşımak da kolay sayılmaz. Aslanın gücünü taşıyabilen insanlarda asalet ortaya çıkarken, bu gücü taşıyamayanlarda söz konusu güç; endişe ve kaygı doğurur. Yani asaletin varlığı, aslanın verdiği gücün, sahiplenilebildiğinin göstergesidir.

Aslan yöneticidir. Üstelik fazla çabaya ihtiyaç duymadan yönetebilecek kadar yüksek bir gücün sahibidir.

Toprak elementi, yönetici nitelikleri en iyi şekilde sunan elementtir çünkü toprakta sabitlik, devamlılık, netlik, aitlik, sürdürülebilirlik vardır. Ateş elementi ise daha çok güç, gösteriş ve irade nitelikleri sayesinde yöneticilik yapar.

Ateş elementi sürdürülebilirlikle ilgilenmez ve ait olma gayesi yoktur. Bu özellikler ateş elementiyle ilgili, yönetim konusunda eksiklikler doğurur. Ateş, bütün bu eksikleri gücüyle kapatır. Güç yoksa ateş elementi yönetim kabiliyetini sunamaz.

Aslanın yönetim kabiliyeti gücünden gelir, netliğinden, aidiyetinden, sabitliğinden değil.

Yani aslanın gücü bilgisiyle değil, sahip olduğu özellikleriyle ilgilidir. Bu yüzden cehaletini ve kibrini dengelemesi gerekir.

Mesela çok güzel, dikkat çekici bir kız bulunduğu ortamı asaletiyle ve güzelliğiyle yönetebilir. Fakat konuşmaya başladığı an bütün bu etkiyi cehaletinden dolayı yitirmeye başlayabilir.

Çok zengin, varlıklı ve nüfuzlu biri, etrafından saygı ve itibar görebilir. Fakat kibre kapıldığında bütün bunları yitirmeye başlayabilir. Kibrini dengeleyemediğinde parayla kazandığı gücü kaybedebilir. "Sonradan görme" biri olur.

Ateş elementinden kaynaklı bir nitelik olarak aslanın söyledikleri de, yaptıkları da, düşündükleri de net görülür, tekrara mahal vermez. Yine ateş elementinden kaynaklanan ürkütücü bir yanı da vardır aslanın. Bu yüzden yönettiği kişiler üzerinde toprak elementini sarsan bir nitelik gösterir. Korkuyla karışık bir itaat sunar.

Aslan, gücünü muhafaza edebilmek için gerektiği kadar hareket eder. Kendini çok fazla tekrar etmez ki söylediği, yaptığı şeyler değerini kaybetmesin. Aslanın yönetim şekli bu açıdan gerçek bir sanattır.

Güç faktörü çok ön planda olduğunda, yönetim kabiliyetleri sınanır hale gelir.

Yöneticilik niteliğini sadece aslanın verdiği güçle sağlayan kişi, bir zaman sonra ortaya çıkan dinamik rakiplerle yıpranmaya ve yorulmaya başlar. Bu durumda aslanın yönetim kabiliyeti aslında geçici ve yanılsamalı bir hal alır. Ateş elementinden ileri gelen kibir, ön plana çıkar. Kibrin nedeni de yine ateş elementinin bir konu üzerinde uzun süre odaklı kalamamasından kaynaklı cehalettendir.

Aslan kibrini kontrol edemediği sürece, cehaleti onu kolaylıkla aşağıya çeker.

Ateş elementi, toprak elementinden bir yönetici gibi konuya uzun soluklu odaklanamaz, bilgi almayı beklemez. Ateş elementi, konulara hızlıca bakar ve üstünkörü bilmekle yetinir. Bu yüzden aslan arketipinin yönetim kabiliyetini bilgelikten ve ustalıktan almadığını bilmek gerekir.

Ateş elementi bir şeyi gerçeğe, somuta taşımak konusunda yetersizdir. Ateş yaratır ve ortaya koyar. Onu topraklayan, kökleyen ve somuta taşıyan güç, toprak elementidir.

Aslan arketipi, ateş elementinin yoğun bir tezahürüdür. Dolayısıyla bir düşünceyi veya bir kavramı ortaya çıkarmak konusunda yeteneklidir. Aslanın söylediği bir şey, yönettiği kişiler tarafından kolaylıkla toprağa aktarılarak gerçeğe taşınabilir. Zaten bu yeteneği onun iyi bir yönetici olmasının sebeplerindendir.

Aslan arketipi nerede, nasıl çalıştırılmalıdır?

Asaletin ortaya çıkmasını istediğin konularda aslan sembollerini kullanabilirsin. Özellikle güce ihtiyacın olan konularda aslan sembolünü sıklıkla tercih edebilirin. Bu sembol cehaletin ve kibrin de dengelenmesini sağlayacağı için, gücün cehaletle gölgelenmesine mâni olacaktır. Aslan güçlü bir alan koruyucudur. Koruma altında olmasını istediğin projelerde de aslandan destek alabilirsin.

Yeni bir projen var diyelim ve fikrinin başkaları tarafından kopyalanmasını istemiyorsun. Dosyanın kapağında veya içinde aslan görseline yer verebilirsin. Bu sayede proje senin alanında, senin kontrolünde çalışır. Projeyi manevi olarak şifrelemiş olursun. Senden önce başkası tarafından bilinçli ya da bilinçsizce kopyalanmasını engellersin.

Aslan sembollü takılar kullanmak, telefon ekranında veya bilgisayar ekranında duvar kâğıdı olarak kullanmak gücünü ortaya çıkarmanı tetikleyecektir.

Sözlerin arkasına saklanmak yerine sözleri bir araç olarak kullanma cesaretini de uyandıracaktır.

Vücuda yapılan dövmeler, temsil ettiği konuların hayat boyu her alanda çalışmasını sağlar. Dolayısıyla aslan dövmesi yaptırmak da sürekli olarak kendi benliğini ortaya koyma, gücünü ortaya çıkarma, gücü kabul ettirme konularını çalıştıracaktır ki bu anlamda yorucu olabilir.

Sembolünü bedeninde taşıdığın hayvanın sende uyandırdığı nitelikler, yaşamın boyunca çalışmaya devam edecektir. Bunu unutmadan dövme sembolü seçmek gerekir.

Yatak odasında ya da ilişkinin yaşandığı ortak alanlarda aslan sembolü kullanmak, ilişkiye yönetim dengesi getirebilir. Bu denge sayesinde ikili ilişkilerde güç birliği sağlanır. Tıpkı bir aslan sürüsünde olduğu gibi ilişkinin tarafları kendi yönetmesi gereken alanı yönetir ve birlikte güçlerini de birleştirirler.

Birine "Aslanım benim!" şeklinde hitapta bulunmak, o kişide aslan arketipini çalıştırarak onu bir aslan sembolüne dönüştürür. Söyleyen kişinin kendi üzerinde de aslan arketipini çalıştırır. Böylece yine bu ikili ilişkide bir güç birliği sağlanmış olur.

Aynı zamanda aslan görünürlüğü desteklediği için partnerler birbirlerini daha iyi görürler. Birbirlerinin farkında olurlar. Ne de olsa ilişkilerdeki temel ihtiyaç görünüyor olmaktır. Aslan bu ihtiyaca kesinlikle cevap verecektir.

Aslanın ateş elementinin önemli simgelerinden olduğunu her zaman hatırlamak gerekir. Aslan, kişinin nasıl göründüğüyle çok ilgilenir. Çünkü gücünü sadece içinden değil, görüntüsünden, sesinden ve sözlerinden de alır.

Mutfakta aslan sembolü kullanmak sağlıklı ve güçlü olacak kadar beslenmeyi destekler. Aslan, fiziksel gücünü korumak için ne gerektiğinden fazla beslenir ne de eksik...

Hayatımızda birçok şey aynı anda gerçekleşir. Bu nedenle paniğe kapıldığımız ya da stresli hissettiğimiz zamanlar olabilir. Hayatımızın yönetimini kaybediyormuşuz gibi gelebilir. Böylesi zamanlarda aslan devreye girdiğinde alanı düzene almak ve her harekete yön kazandırmak için çalışacaktır.

Ateş elementi, gücün elementidir. İş hayatında, ilişkilerde, yaşamda kendini güçsüz hissettiğin her alanda içindeki gücü uyandırmak için sana destek olmayı bekleyen bir aslan olduğunu hatırla.

Aslan, insan ruhunda öylesine tesirli bir güçle ortaya çıkar ki her şeyi yapabilecekmiş gibi hissedersin. Ayrıca yapabilirsin de... Yeter ki ruhundaki aslana nefes alması için bir fırsat ver.

Aslan arketipini uyandırmak için kişinin adım atması her zaman çok da kolay değildir. Ne de olsa büyük bir gücün simgesidir. Yogada aslan duruşunu, aslan sesini taklit ederek de pratik ederiz. Hem bedensel duruşla aslan arketipi çalıştırılmış olur hem de sesi taklit edilerek.

Kendini gölgede kalmış hissettiğinde, işyerinde yaptıklarının ya da becerilerinin yeterince görünmediğini düşündüğünde, topluluk içinde yeterince fark edilmediğin düşüncesine kapıldığında, aslan sembolü, ateş elementinin görünür olma özelliğini hemen uyandıracaktır. Böylece daha fark edilir ve daha görünür olacaksındır.

Fakat unutma ki kibir insanı kolaylıkla aşağıya çekebilir. Fazla ön planda olduğun bir iş yapıyorsan, gücünü iyi yönlendiremediğin takdirde ortaya kibir çıkacaktır. Gücünü ancak gerekli alana yönlendirerek kibirle baş edebilirsin. İçindeki aslan bütün gücünü ortaya çıkardığı gibi, gücünü yönlendirmen konusunda da destek sağlayacaktır.

Aslan arketipi nerede, neden çalıştırılmamalıdır?

Aslan yoğun bir güç ve yönetim tetikleyicisi olduğundan, grup çalışmaları sırasında, grup üyelerinin uzak durması gereken sembollerdendir. Aslan bireysel gücü ve yöneticiliği tetiklediğinden, ekip içinde çokseslilige ve çok başlılığa neden olur.

Fazla ön planda olmayı gerektirmeyen işler yapanlar, aslan sembolü kullandıklarında gereğinden fazla görünür olabilirler ki bu da yaptıkları işin doğasına fazla gelebilir, ters tepebilir.

İlişkide, partnerin tarafından fazla yönlendiriliyorsan, onun yönetimi ilişkide baskın görünüyorsa, yani partnerinde aslan enerjisi güçlü çalışıyorsa, bu sembolden uzak durmanda fayda olacaktır. Aksi takdirde partnerin, onun istediği gibi biri olman yolunda seni zorlayabilir, hatta şiddet uygulamaya bile başlayabilir. İtaatkârlığa zorlandığını, tehdit altında olduğunu ve kısıtlandığını hissedebilirsin.

İlişkilerde aslan sembolü dikkatli kullanılmalıdır. Eğer ilişkinde fark edilen, görülen biri olduğun halde aslan sembolünü kullanmayı tercih edersen, mevcut dengeler bozulabilir. Partnerinin kıskançlık duygusu artabilir.

"Onu öyle yapma böyle yap!" şeklinde aşırı baskıcı bir tutum takınabilir. Fark edilmek için hatta belki önceleri sadece biraz kıskanılmak için tercih ettiğin aslan sonrasında gidişatın yönünü değiştirebilir. Dengeler bozulduğunda aşırı kıskançlık ve fazla sahiplenme söz konusu olabilir. Fazla ön planda olduğunda partnerin seni yönetmeye çalışabilir ki bu zorlayıcı bir sürece yol açabilir.

Hangi cümleleri sıklıkla tekrarlayanlar aslan arketipini çalıştırmalıdır?

"Hiçbir şey yapacak gücüm kalmadı!"

"Herkes sürekli fark edilirken, bir tek benim yaptıklarım görülmüyor!"

"Niye hep gölgede kalıyorum?"

"Ne yaparsam yapayım ucuz duruyor!"

"İşyerinde işler çığırından çıktı, artık süreci yönetemiyorum!"

"Onun için hep son sıradayım. Benim ihtiyaçlarıma hiç sıra gelmiyor!"

"Bu ilişkide ben yokum sanki!"

Aslanın ortaklık kurabileceği hayvanlar: Aslan sembolüyle birlikte kobrayı kullanmak ruhsal gücü artırdığı için özellikle başlamış olan işlerde veya ilişkilerde yaşam gücümüzün yüksek olmasını sağlar. Eğer sıfırdan bir şeye başlıyorsak, aslanla karga sembolünü birlikte kullanmak çok daha kolay bir doğum süreci sunacaktır. İlham almak istiyorsak aslanın yanına bir ateşböceği alabiliriz.

ATEŞBÖCEĞİ

Ateşböcekleri genellikle kısa aralıklarla yanıp sönen ışıklar saçarlar. Işık üretmelerine rağmen ışığın ısısından hiç etkilenmezler. Soğuk ışık denen bir tür ışık yayar bedenleri...

Hayatlarının her safhasında gelişim içindedirler. Yumurta olarak başladıkları hayatlarına, solucan benzeri bir larva olarak devam ederler. Larvalar hayatta kalabilmek için büyük mücadeleler verirler.

Ateşböceğinin larvaları önceleri toprağın altında yaşar. Işıltılı, büyüleyici ve gizemli yetişkin hallerine ulaşıncaya kadar bir nevi sahnenin arkasında gizlenirler.

Toprak altındaki mücadeleden sağ çıkabilenler yetişkin bir ateşböceğine dönüşürler. Yetişkin ateşböceklerinin bazıları bir dakikada yüzün üzerinde yanıp sönerek adeta görsel bir şölen sunarlar.

Ateşböceği arketipinin ilgili olduğu konular: Şans, ışık ve ilham kaynağı olmak, görünür olmak, kibir dengesi

Elementi: Ateş

Ateşböceği, ateş elementini dengeleyen arketiplerden biridir. Ateş elementinin özellikle "ışık ve ilham kaynağı olmak, görünmek ve kibir dengesi" konularını destekleyip çalıştırır.

Işık ve ilham kaynağı olan ateşböceği ayırt etmeksizin herkesin her şeye ve herkese ilham olabileceğinin simgesidir. Her neye sahip olursan ol ya da olma, yaptıkların ister büyük ister küçük olsun fark etmez... Ateşböceği, ışığın ve ilhamın boyutla ya da biçilmiş değerlerle ilgili olmadığını simgeler.

Ateşböceği ilham olma veya yol gösterme çabasında değildir. İlham ve ışık onun doğasından ileri gelir. Bu yüzden kibir içinde değildir. "Ben" demesini gerektirecek bir çabası yoktur. Zaten halihazırda olduğu halden ilham ve ışık yayar. Bu yönüyle ateşböceği, ateş elementinin ortaya çıkardığı kibri dengeler.

Yine doğasından kaynaklı olarak ateşböceği sembolü de görünür olmak konusu üzerinde çalışır. Görünmesi gereken, dikkat çekmesi gereken her şey ateşböceğinin ilgi alanıdır. Üstelik ateşböceği söz konusuysa görünen konular sadece görünmekle de kalmaz, görene ilham kaynağı olur.

Ateşböceği ayrıca ihtimalleri de hatırlatır. Bir şeyin bitmiş olması, o şeyin sonlandığını değil aslında değişmiş olduğunu ifade eder. Her şey dönüşür. Bu nedenle bir şeyin bitmiş olması önemli değildir, şimdi neye dönüştüğü önemlidir. Bu açıdan bakıldığında ateşböceği biten ve başlayan şeylerin esas doğasına ışık tutar.

Ateşböceği arketipi nerede, nasıl çalıştırılmalıdır?

İlham arayışı içinde olduğun konularda ateşböceği arketipini çalıştırabilirsin. Ateşböceği hiç beklenmeyen anlarda fikirler ortaya koymanı sağlayacağı için, ilham dolu özel anlarda içinden gelen sesi susturmaman çok önemli...

Aklına bir fikir geldiğinde hemen not almalı ya da bir konuda harekete geçmek istediğinde hiç beklememeli, hiç ertelememelisin. Aksi halde yakaladığın ilhamları kaybedebilirsin.

Görünmeye ihtiyaç duyduğun konularda da ateşböceği sembolünü kullanman işleri kolaylaştıracaktır.

Narsis biriyle bir aradaysan, ortak yaşam alanınızda ateşböceği sembolleri kullanmak narsisin kibrini kontrol etmesi ve dengeli bir karakter olması açısından destekleyici bir güç olacaktır.

İş hayatında fark edilmeye ihtiyacı olanlar bilgisayarın üzerinde, not defterinde veya ajandada ateşböceği çıkartmaları kullanabilirler. Ateşböceği desenli defterler veya kalemler de çok işe yarayacaktır. Hatta dileyenler işe giderken kıyafetinin üzerine ateşböceği desenli bir broş bile tercih edebilirler.

Yazarlık, içerik üreticiliği, grafik, resim gibi yaratıcılık isteyen işlerde ateşböceği sembolleri kullanmak çok etkilidir. Yaratıcılığa dayalı işlerle uğraşanlar, ateşböceği sembolünü çalıştıkları mekâna yerleştirebilirler.

Kabul etmek gerekir ki görünmek ve fark edilmek insanın en temel ihtiyaçlarından biridir. Bulunduğu ortamlarda daha çok görünmek ve fark edilmek isteyenler kolyede, küpede ve bileklikte ateşböceği taşıyabilirler.

Aynı şekilde ilişkilerde de görünme ihtiyacı söz konusuysa, ateşböceği sembolünden destek alınabilir.

Ateşböceği sembolü, partneri tarafından yeterince görünmediğini düşünenlerin fark edilmesini sağlar. Ateşböceği kullananlar, partnerlerine ilham kaynağı da olurlar. Bu bakımdan ilişkilerde aslandan çok daha etkili bir arketiptir. İlişkilerde yatak odalarında, birlikte vakit geçirilen alanlarda ateşböceği sembolü rahatlıkla kullanılabilir. Ayrıca ev içinde giyilen kıyafetlerde de ateşböceği sembolüne yer verilebilir.

Şunu da bilmek gerekir ki semboller, hediye olarak verdiğin insanlarda da arketipleri çalıştırmaya devam ederler. Mesela bir arkadaşına üzerinde ateşböceği sembolü bulunan bir ajanda hediye edersen işyerinde fark edilmesini ve görünür olmasını sağlamış olursun.

Ateşböceğini bedenine dövme yaptıranlar hayatları boyunca görünür olmak ve ilham almak konusunda desteklenirler. İsteseler de istemeseler de hep bir şekilde görünür olurlar, fark edilirler. Aynı zamanda yaptıklarıyla ve söyledikleriyle de etraflarına ilham olurlar.

Sürekli görülüyor olmak zamanla elbette yorucu bir hal alabilir. Her yaptığı göründüğü için göze batmaya başlayanlar, bir zaman sonra özel alan sınırlarını kaybedebilirler, tıpkı çoğu ünlünün bakkala eşofmanla gidememekten yakınması gibi...

Ateşböceği ateş elementinin sunduğu yaratım enerjisini artırarak ruhsal bir güç sağlar. Bu güç sayesinde içsel olarak artan enerjimiz dışarıya taşar. Etrafımızdakilerin bizden ilham almasını ve dolayısıyla bizi görmesini, fark etmesini sağlar.

Enerjisi yüksek insanı fark etmemek mümkün değildir. Ateşböceği, ateş elementinin hareket enerjisini ruhumuza katar. Enerjiyi emerek yok eden ilişkilerle, işlerle ya da alışkanlıklarla kaybedecek enerjisi hiç yoktur ateşböceğinin.

Bu alanlardaki bütün enerjileri benliğimize yönlendirerek muazzam bir enerji artışı sağlar. Günün sonunda enerji emen şeylerden geriye kalan enerjimiz, ruhumuzun ışıldamasına olanak sağlar. Unutmalı ki hayatta bizi en çok yoran şey yapmamız gerekenler değil, yaptığımız gereksiz şeylerdir.

Ateşböceği arketipi nerede, neden çalıştırılmamalıdır?

İnzivaya çekilenler, dikkat çekmek ya da fark edilmek istemediği için içe dönüş sürecine girmeyi tercih edenlerin ateşböceği sembolünden uzak durmalarında fayda var.

Fazla göz önünde olmaktan dolayı yıprananlar, sükûnet arayanlar, insanlardan uzaklaşmaya ihtiyacı olanlar ve kendine ait bir alan isteyenler için uygun bir sembol değildir.

Hangi cümleleri sıklıkla tekrarlayanlar ateşböceği arketipini çalıştırmalıdır?

"Bir umut olsa keşke!"

"Bu yol nereye gidiyor?"

"Hiç fark edilmiyorum, kimse beni görmüyor!"

Ateşböceğinin ortaklık kurabileceği hayvanlar: Yeni bir iş kuruyorsan, süreci iyi yönetebilmek için aslan sembolünü, başlayışa destek olması için kargayı, işinin ilhamla gerçekleşmesi için ateşböceğiyle birlikte kullanabilirsin.

Henüz yeni başladığın bir iş için karıncadan destek istemek doğru değildir. Çünkü henüz başlamamış bir işten bereket beklenmez. Tohumu ekip ağacı yetiştirmeden portakal almayı bekleyemeyiz.

Ateşböceğiyle kuğu da birlikte güçlü çalışan sembollerdir. Kuğu bir şeyi güzellikle, zarafetle ve gönülden yapmayı destekler.

KARGA

Kargalar zeki hayvanlardır. Gözlemleyerek öğrenme yetenekleri kuvvetlidir. Farklı sesleri taklit edebilirler. Değişime açıktırlar. Bu özellikleri sayesinde etraflarında olup bitenle dengeli bir ilişki kurarak yaşamlarını zorlu ortamlarda bile devam ettirebilirler. Doğadaki diğer kuşlara kafa tutabilen kargaların özgüvenleri yüksektir.

Karga arketipinin ilgili olduğu konular: Değişim, dönüşüm, olumlu-olumsuz başlangıçlar, özgüven, ruhsal alanda yaşam enerjisi

Elementi: Ateş

Karga, ateş elementini dengeleyen arketiplerden biridir. Ateş elementinin özellikle "değişim, dönüşüm, olumlu-olumsuz başlangıçlar, özgüven ve ruhsal alanda yaşam enerjisi" konularını çalıştırıp destekler. Değişimin ve dönüşümün getirdiği yeni başlangıçları anlatır. Başlangıçların olumlu ya da olumsuz olduğuyla ilgilenmez. Sadece başlatır. Karga sadece gebelik süreciyle ilgilidir, sürecin neye evrileceğiyle ilgilenmez.

Karga arketipinden bahsedildiğinde mutlaka bir başlangıçtan bahsediliyordur. Ateş elementinin temel özelliklerinden biri başlatmaktır. Karga sembolü bu açıdan ateş elementinin en temel özelliklerini çalıştırır.

Örneğin üzerinde karga sembolü bulunan bir cüzdan, parayla ilgili yeni bir döngü başlatır.

Karga arketipi kişinin kendine olan güveniyle de ilgilidir.

Karga arketipinin sembollerle çalıştırılmasıyla birlikte kişi özgüvensizliğinin sebepleri üzerinden kendiyle yüzleşmeye başlar. Sebepleri ortadan kaldırdığında özgüvenini yeniden sağlamış olur.

Yeni bir iş ortaklığı ya da ilişki konusunda karşı tarafa açılamayanlar, karga sembolünü hem yeni başlangıçları tetiklemesi için hem de özgüven desteği için tercih edebilirler.

Açılmakta zorlandığın kişiyle buluşacağın zaman üzerinde karga sembolü bulunan bir aksesuvar taşıyabilir ya da kıyafet giyebilirsin mesela. Telefon ekranında karga sembolü kullanabilirsin. Hatta açılamadığın kişiyle mesajlaşırken kullandığın yazışma ekranda bile karga görseli bulundurabilirsin.

Yeni bir iş kurmaya niyet edildiyse, işle ilgili konuşmaların yapıldığı her yerde karga sembolü bulunabilir. İşle ilgili alınacak notlar için karga sembollü defterler ya da kalemler kullanılabilir.

Karga sembolüyle sürekli muhatap olanlar, sürekli yeni bir şey yapma arayışında olurlar. Hep yeni şeyler ortaya çıkarma ya da olan şeyi dönüştürme gayesi içindedirler.

Eğer sürekli üretmek ve ortaya yeni projeler çıkartmak gerektirmeyen bir iş yapıyorsan, karga sembolü seni gereksiz yere yeni adımlar atmaya teşvik eder ki bu amaçsız çaba yorucu bir hal alabilir.

Karga sembolü sadece yeni ilişkilere başlarken tetikleyici bir güç olarak işe yarar. Her şey yolundayken ilişki içinde kargayı kullanmak doğru olmayabilir. Eğer ilişkide dönüşmesini ya da değişmesini istediğin konular varsa tabii ki kargadan destek istemek yanlış olmaz.

Ateş elementi yaşamın kaynağıdır, olağanüstü bir güçtür. Ateş elementinde her şeyi başlatma, ortaya çıkarma ve yaratma yeteneği vardır. Ateşin gücü karga sembolünde yaşam enerjisi olarak ortaya çıkar.

Karga sembolüyle muhatap olan kişi, büyük bir yaşam gücüyle de muhataptır ve bu güçle kendini dönüştürebilir ya da ruhunda yenilikler ortaya çıkarabilir.

Yeni bir işe başlamaya niyet etmiş kişilere karga sembolü taşıyan hediyeler verilebilir. Örneğin karga sembollü bir cüzdan, para akışında yeni başlangıçları destekleyeceği için değerli bir hediye olacaktır.

Düzen sahibi, köklü işlerde ya da değişimin ve yeni başlangıçların katiyen düşünülmediği alanlarda karga sembolünden uzak durulmalıdır. Köklü düzenlerin insanlarına karga sembollü hediyeler verilmemelidir.

Kargayla işbirliği kurmak, serinkanlılığı sağlayacaktır. Böylece serinkanlılıkla başlamak istediğin her konuyla ilgili aksiyon almak için ihtiyacın olan duygusal gücü kendinde bulabilirsin.

Unutmamalı ki ateş elementi öfkenin kaynağı olan elementtir.

Öfke nöbetleri geçiriyorsun, sıklıkla öfkeleniyorsan, hayatında başlayamadığın, sürekli ertelediğin ya da başlamak için görmezlikten geldiğin konular var demektir.

Karga, bu türden öfkeleri harekete dönüştüren gücü barındırır kendinde.

İçindeki kargayı uyandırmak, aynı zamanda içindeki hareket kabiliyetini de uyandıracaktır. Yani içindeki öfkeyi harekete dönüştürmüş olacaksındır. Karganın öfkeye harcayacak enerjisi yoktur. Çünkü başlaması gereken işleri vardır. Ve bilir ki başlayamadığında sıkıştığı her alan, onu baskılayarak öfkesini açığa çıkarır. Bu yüzden karga bir kez uyandı mı, hayatta adım atmak istediğimiz her alanda adeta süzülerek ve kolaylıkla ilerleriz.

Karga hareketsizliğe karşıdır. Depresyon, içekapanıklık gibi duygusal hallere ne vakti vardır ne de tahammülü. İçindeki kargayı uyandırmak demek, su elementinin tam zıddı olan ateş elementine doğru yönelmektir. Ateş elementinin yarattığı hareket, içe kapanmaya ve derin dinlenme haline engel olur. Ruhunda ortaya çıkan karganın hareketli doğası, dengesizlik doğurmaz. Tam tersine uçarken kanatları çırpmak, rüzgârla yönünü belirlemek gibi dengeli bir hareket sağlar.

Karga dövmesi hayatın her alanında hep yeni başlangıçları tetikleyeceği için yorucu olacaktır. Bu yüzden karga dövmesi yaptırmak konusunda çok iyi düşünmek gerekir. Hayatı boyunca sürekli yeni filmler, yeni diziler, yeni fotoğraf kareleri peşinde koşanlar açısından belki karga dövmesi çok yorucu sayılmayabilir ancak başka alanlarda da yeni başlangıçlara, değişim ve dönüşümlere yol açmaya devam edeceği unutulmamalı...

Karga arketipini kendim de sıkça kullanırım, öğrencilerime de kullandırırım. Yeni başlangıçlar için muazzam bir ateş enerjisi sunduğundan, sürekli değişen ve dönüşen bu hayata uyum sağlamamızı çok kolaylaştırır.

Öğrencilerime de değişime ve dönüşüme direnmemeleri hatta bunu kolaylıkla gerçekleştirebilmeleri için kullandırırım. Özellikle yoga pratiğindeki karga duruşunu bedenimizde pratik ederek arketipin çok daha güçlü çalışmasını destekleriz.

Yoga duruşları, elementleri ve elementlerin niteliklerini çok kuvvetli çalıştırır. Böylece yoga yapan kişinin hayatında çok daha kısa sürede büyük değişiklikler görülür. Bazen yoğun dönüşümler gerçekleşir ve kişi ister istemez dönüşümlere karşı direnç gösterebilir. Bu durumda karga arketipinin çalıştırılmasını çok yerinde bulurum ve dönüşümler yaşayan öğrencilerime mutlaka karga sembolüyle çalışma pratikleri veririm.

Karga, uyandırdığı özgüven sayesinde, hayatın içinde yaşanmakta olan değişimlere ve dönüşüme direnç göstermeyi bırakır.

Bir süredir hayatındaki her şeyden elini ayağını çekmiş, emekli olmuş gibi hareketsiz yaşayan bir öğrencime karga arketipini çalıştırması gerektiğini söylemiştim ve ona karga sembolleri edinmesi konusunda yardımcı oluştum. Ateş elementi dengede olduğu halde mi harekete geçmiyordu, yani zaten olması gereken mi buydu, yoksa ateş elementinin dengesizliğinden dolayı mı bu durağan sürece girmişti görmek istedim.

Yaklaşık bir ay boyunca yoğun şekilde karga arketipini çalıştırdı. Bu süreçte hayatında birçok yeni başlangıçlar oldu. İstediği işe başladı yeni bir ilişkinin ilk adımlarını attı.

Sonunda gördük ki durağan bir süreçten geçmesinin sebebi aslında ateş elementini doğru yönlendiremiyor olmasıydı. Başlangıçlara yönlendiremeyeceği kadar düşük çalışıyordu ateşi. Yani yaşam enerjisi zayıftı.

Kargayla çalıştığı süreçte bunu kendi de açıkça görmüş oldu.

Karga arketipi nerede, nasıl çalıştırılmalıdır?

Değişim ve dönüşüm istediğin her konuda karga sembolü destekleyici olacaktır. Karga, arzuladığın süreci başlatabilmen konusunda ilk kıvılcım görevi görecektir. Sürekli karga sembolüyle muhatap olmak ateş elementini yükselteceği için ister istemez hep bir şeylere başlama eğilimi göstereceksindir.

Özgüven sorunu yaşayanların da tercih edileceği bir semboldür ayrıca. Tabii ki kişiyi hayatıyla, düşünceleriyle ve istekleriyle ilgili tetikleyecektir, sorumluluk alıp adım atmak zorunda bırakacaktır. Böylesi zorlu bir sürece de hazırlıklı olmak gerekir.

İlişkisinin rutinleştiğini düşünen çiftler de karga sembolü kullanarak hayatlarına yeni başlangıçlar ya da değişimler katabilirler. Karga ilişkileri sonlandırmaz, dönüştürür sadece. Mesela eve hayvan almak, birlikte yeni aktivitelere başlamak, karganın sağlayacağı başlangıçlar arasında sayılabilir.

Karga arketipi nerede, neden çalıştırılmamalıdır?

Hayatında sabitlik ve istikrar arıyorken, yeni şeylere başlaman gerekmiyorsa karga sembolünden uzak durmanda fayda vardır. Çünkü karga ne olursa olsun sadece başlatır. Başlattığı şeyin iyi ya da kötü olduğuyla ilgilenmez.

Hangi cümleleri sıklıkla tekrarlayanlar karga arketipini çalıştırmalıdır?

"Aklımdakilere başlayacak enerjiyi bir türlü bulamıyorum!"
"İlk adımı atacak gücüm yok!"
"Kendime güvenmiyorum!"
"Değişime karşı direnç gösteriyorum!"

Karganın ortaklık kurabileceği hayvanlar: Kargayla yeni başlangıçlara, değişimlere ve dönüşümlere fırsat verirken sürecin tefekkürünü yapmak için bir su elementi hayvanı olarak kertenkeleyi kullanabilirsin. Başlatacağın yenilikler için rüyaya yatmak konusunda kertenkele sana seve seve destek olacaktır.

"Bunu niye yapıyorum, buna neden başlıyorum, bunu yapmalı mıyım?" gibi sorularının cevabını karganın yanına destek hayvanı olarak koyduğun kertenkele sayesinde bulabilirsin.

Timsah da hava elementi hayvanı olarak süreçte yaşanabilecek olumsuzlukları hesap edebilmeni sağlar, böylece bir iş kurarken ya da bir süreci başlatırken kâr-zarar hesabı yapabilirsin.

Ayrıca timsah duyguları da bastırdığı için başlamak konusunda çok arzulu olduğun bir konuda eğer sonunda çok zarar göreceksen seni durdurabilir. Çünkü timsah, gözlemleme yeteneği de sunar.

EJDERHA

Ejderhalar mitolojik hayvanlardır. Zarar görmeyecek kadar sert bir deriye sahiptirler. Keskin dişleri, büyük cüsseleriyle hayli gösterişli ve ihtişamlıdırlar.

Tıpkı ateşböcekleri gibi büyüleyici bir sisteme sahiptirler. Ağızlarından ateş çıkarırlar fakat ateşin yakıp kül edici özelliğine rağmen kendileri yanmazlar. Ejderhalar doğanın koruyucusudurlar.

Aslanlar ormanın kralı sayılsalar da, doğanın koruyucusu ejderhalardır. Bu önemli görevlerinden dolayı doğa düşmanlarının gözünde şeytan gibi görünürler. Çünkü ejderhalar, doğa düşmanlarının isteklerini gerçekleştirmelerine engel olurlar. Doğayla uyum içinde yaşayanlar içinse saygıyı, ilhamı ve yaşam enerjisini hatırlatırlar.

Ejderha arketipinin ilgili olduğu konular: Yaşam enerjisi, ilham, potansiyel, gücün ortaya çıkışı, saygı ve yüksek arzular

Elementi: Ateş

Ejderha, ateş elementini dengeleyen arketiplerden biridir. Ateş elementinin özellikle "yaşam enerjisi, ilham, potansiyel, gücün ortaya çıkışı, saygı ve yüksek arzular" konularını çalıştırıp destekler.

Ejderha, kişinin içindeki gücü, potansiyeli fark etmesiyle ve bunu ortaya çıkarabilmesiyle ilgilidir.

Ateş elementi, sahip olduğumuz tüm gücün kaynağıdır ve yaşamın, hareket kabiliyetimizin, düşüncelerimizin temelini oluşturur.

Ejderha tüm bu temellere büyük bir saygıyla yaklaşan, bu esasları tanıyarak potansiyeli gören ve ortaya koyan bir yapı sergiler.

Neler yapabileceğimizi biliyor olmamız, tarifsiz bir gücü açığa çıkarır. İnsanın elindeki gücü kullanmakta zorlanmasının temel sebebi, neler yapabileceğinin ve sahip olduğu değerlerin farkında olmamasıdır.

Ejderha çok büyük bir saygı sembolüdür. Kişinin sahip olduğu potansiyelini ve kendine olan saygısını ifade eder.

Ejderha özsaygıyı artırır ki kişi sahip olduğu değerlere, niteliklere ve yeteneklere yani kısacası tüm potansiyeline sahip çıkabilsin. Böylece sahip olduğu potansiyeli yaşamına da katmış olur. Bu durum yüksek arzuların ortaya çıkmasına da kapı açar. Elindekinin değerini fark etmiş olan kişi, artık basit duygulardan özgürleşir.

Ateş elementi sembollerinden farklı olarak, ejderha daha yüksek bir frekanstan çalışır. Burada sözü edilen "arzu" aslında kişinin kendini gerçekleştirmesi ve elindeki potansiyeli ortaya koymasıyla ilgilidir.

Ejderha sembolü su elementinin ateş elementiyle temas kurduğu alanda çalışır. Dolayısıyla ejderhanın mistik bir yanı da vardır. Lakin sudaki gibi soyut bir süreci tetiklemez.

Ejderha, yaşam enerjisinin sembolüdür. Kişiye mücadele etme, çaba gösterme, savaşma ve uygulama gücü verir. Kişinin sadece kendi içindeki yaşam enerjisiyle değil, evrendeki tüm yaşam enerjisiyle bağ kurmasını sağlar.

Ejderha aynı zamanda bir ilham kaynağı yaratır. Kişinin niyet ettiği konuların ateş almasını sağlar. Yani harekete geçmek ve uygulamak için ilham verir.

Çok büyük bir potansiyele sahip olduğunun bilincinde olsan da olmasan da kendini eğer daracık bir alanda sıkışmış gibi hissediyorsan ya da yaptığın şeyler sana yetersiz ve sıradan geliyorsa içindeki ejderhanın uyanma vakti gelmiş demektir.

Ejderha yaptıklarınla değil, neler yapabileceğinle ilgilenir. Ruhunda ejderhayı ortaya çıkarman demek, tüm varlığını ortaya koyman demektir.

Yapmak istediğin şeylerle ilgili çok düşünüyor olabilirsin. Düşündükçe kaygılar da ortaya çıkıyor olabilir. Kaygılarından ve endişelerinden dolayı kapasitenin altında işler ortaya koyuyor olman mümkün. Ejderhanın tek bir kaygısı vardır ki o da sahip olduğu potansiyeli kullanamamak. Eğer sahip olduğun potansiyeli tam anlamıyla kullanmak istiyorsan, endişelerini ve kaygılarını yakıp kül edebilecek olan hayvanın kesinlikle ejderhadır.

Yaşamın sana hiçbir şey sunmadığını düşünüyorsan ya da sunduğu şeyleri yetersiz hatta kötü buluyorsan, hayatındaki saygıyı da yitirmişsindir. Saygı önemli bir konu... Çünkü yaşamındaki herkesle ve her şeyle nasıl bir ilişki kuracağını, dolayısıyla ilişkilerinin kalitesini belirler.

Ejderha var olan her şeye karşı büyük saygı duyar. Ruhunda uyandırdığın ejderha sayesinde insanları ve olayları olduğu gibi kabul edebilecek gücü kendinde bulursun. Bu sayede her birinin sana sunduklarıyla muhatap olabilirsin. Hayatında hiçbir şey yoktur ki sana hayrıyla gelmemiş olsun.

Ejderha benim de yoğun çalıştırdığım bir arketiptir.

İçimizdeki potansiyeli ve gücü tam anlamıyla çalıştırdığı için öğrencilerimin de çalışmasını isterim.

Kitaplarımı yazarken ejderha sembolü mutlaka yakınlarımda olur. Böylelikle ejderha arketipini içimde yoğun şekilde uyandırırım. Bu sayede hiçbir kitabım için "Keşke şöyle yazsaydım..." ya da "Keşke şunu da yazsaydım..." dememişimdir. Çünkü ejderha zaten ne yapabileceksem onu ortaya çıkartır. Bu yüzden yaptığım her işin ardından gönlüm hep çok rahattır.

Yoga pratiklerinde kullanılan ejderha da kişinin içindeki gücü etkili bir şekilde uyandırır. Bu yüzden YouTube'da "Ejderha Serisi" adında bir seri bile hazırladım. Kioo Retreat Center adıyla kurduğumuz okulun bahçesine de kocaman bir ejderha iskeleti yaptırdık. Böylece inzivaya gelenler bu arketiple doğal olarak çalışmaya başlamış oldu ve kendi içlerindeki gücü hatırlayarak ortaya çıkarmaları, yaşam enerjilerini yeniden en derinde hissetmeleri, yaşamın kendisinden ilham almaları çok daha kolaylaşmış oldu.

Ejderha arketipi nerede, nasıl çalıştırılmalıdır?

Yaşam enerjini yükseltmek istediğinde ejderha sembolüyle çalışabilirsin. Özellikle hayatında bir şeyler için adım atacak gücü kendinde bulamadığında yardımı büyük olacaktır. Potansiyelini ortaya çıkarmak için uğraştığın her konuda ejderha arketipini sembollerle aktive edebilirsin.

Ejderha aynı zamanda yüksek arzularla ilişkili olduğundan, daha yüksek arzulara sahip olmak istediğin konularda da işe yarayacaktır. Mesela para kazanmak için yaptığın işle ilgili paradan daha yüksek bir amaca ulaşmak istediğinde ejderha arketipini çalıştırman yerinde bir seçim olacaktır.

Kendine, yaptığı işe ve ilişkilerine saygısı olmayanlar da, hayatlarında saygıyı artırmak için rahatlıkla kullanabilirler.

İş hayatında potansiyelini ortaya çıkarabilmek için ejderha sembolünü kullanmakta hiçbir sakınca yok. Böylece iş alanında da şimdiye dek fark etmediğin değerler keşfedebilirsin. Bu sana yeni alanlara sıçraman için kapılar açabilir.

Ejderha sembolü ilişkilerde de saygıyı canlandırır, eşlerin birbirine ilham olmasını destekler. Böylece çiftler birbirlerini yükseltirler ve birbirlerindeki gücü açığa çıkartırlar.

Eşler bir aradayken ejderha sembolünü kıyafetlerinde, yemek tabaklarında, vazoda, aksesuvarlarda kullanabilirler. Ayrıca eşler evlilik yüzüğü gibi birbirlerine hediye olarak ejderha motifli kolyeler, yüzükler ve bileklikler verebilirler.

Cüzdanda ejderha sembolü kullanmak, kişiye parayla muhatap olduğu alanlarda saygı ve güç kazandırır.

Kırmızı renkli ejderha tercih etmek somut alanda ve aile ilişkilerinde; turuncu renkli ejderha düşünce, fikir, duygusal alan, deneyimler ve ikili ilişkilerde; sarı renkli ejderha eylemlerde; yeşil renkli ejderha soyut alanda, kabul, idrak, anlayış konusunda ve kolektif alanda; mavi renkli ejderha büyüme, küçülme, genişleme, daralma, iletişim konularında; mor renkli ejderha ise ruhani konularda destekleyici olacaktır.

Ejderha, bedene dövmesi yaptırılabilecek, hiç yorucu olmayan bir semboldür. Yaşam enerjisini desteklerken, insanın potansiyelini devamlı olarak ortaya koymasını sağlar. Çoğu insan genel olarak zaten potansiyelini tam olarak kullanamadığı için insanın kolayca bağrına basabileceği bir hayvandır ejderha.

Evin genel atmosferini güçlendirici bir etkisi de vardır ayrıca. Evdeki canlılığı artırır. Saygı niteliği sayesinde, evin içinde kaliteli bir alan oluşmasına olanak sağlar. İnsanın sadece kendine saygısını ortaya çıkarmakla kalmaz, temas ettiği her şeye saygı göstermesine fırsat sunar. Salonda bir ejderha tablosu, biblosu, tütsülük ya da vazo kullanılabilir.

Ejderha arketipi nerede, neden çalıştırılmamalıdır?

Ejderha sembolü beraberinde büyük sorumluluklar da getirir. Ortaya çıkaracağı potansiyelleri göze alamayan, ciddi adımlar atmak konusunda kendilerini yeterli bulmayanların, ejderha sembolünden uzak durmaları yerinde olacaktır.

Kendini içine nasıl sürüklendiğini bile anlayamadığın, potansiyelini kullanmak zorunda kaldığın bir hareketin içinde bulman mümkün. Ayrıca var olan pratiğini, işini ya da ilişkini büyütüp köklendirmek sürecindeysen bu sembolün kullanılmasını pek tavsiye etmem.

Hangi cümleleri sıklıkla tekrarlayanlar ejderha arketipini çalıştırmalıdır?

"Potansiyelimi bir türlü kullanamıyorum!"

"Bu aralar yaşam enerjim çok düşük!"

"Peşinden koştuğum şeyler çok sığ geliyor!"

"Hayatımdaki şeylere gerekli saygıyı gösteremiyorum, saygı da görmüyorum!"

Ejderhanın ortaklık kurabileceği hayvanlar: Bir hava elementi hayvanı olarak kaplan; adanmışlık ve ustalık duygularını çalıştırdığı için ejderhayla birlikte çok iyi çalışır. Ateşle hava elementi hayvanları genelde uyumlu ortalıklar kurar.

Güvercinle birlikte kullanılan ejderha sembolü potansiyeli ortaya çıkarırken madde ve mana, soyut ve somut dengesini ustalıkla kurar.

Ejderhayla potansiyeli ortaya çıkarırken yine bir hava elementi hayvanı olan kuğuyla işbirliği yapmak, potansiyelin zarafetle ortaya akmasını sağlar.

KOBRA

Kobralar güçlü ve zehirli yılanlardır. Ağızları sayesinde havadaki bütün kimyasal bilgiyi alabilirler. Avın kokusunu aldıktan sonra dillerini hızlıca hareket ettirerek avın hangi yönde olduğunu da hemen belirleyebilirler. Avlarını zehirleyerek öldürürler. Çenelerinin genişlemesi sayesinde kafalarından büyük avları bile yutabilirler.

Keskin bir görme kabiliyetleri vardır.

Kobra, tamamen yaratım gücüyle ilgili çalışır. Ateşböceğindeki gibi bir yaratıcılıktan söz edilemez burada... Kobrada yaratıcılık değil, yaratım vardır.

Mesela ateşböceği bize yaratıcılık ve ilham kazandırırken, kobra bütün bunların boyutunu belirler. Yani ateşböceği sana bir konu hakkında fikir ve ilham verirken, kobra bu fikrin nasıl uygulanacağını belirler. Diyelim ki ateşböceğinden bir hikâyenin ilhamını aldın. Kobra bu hikâyenin bir dizi mi yoksa kitap mı olabileceğini belirler. Uygulama ve miktar konusu, kobrayla ilgilidir.

Bazen şahane bir fikre sahip olabilirsin ama ortaya belki en fazla 30 sayfalık bir kitap çıkarabilirsin. Devamı gelmediğinde kobra konuyu açar ve genişletir.

Yogada sıklıkla kullanılan pozlardan biridir kobra... Bu yüzden yoga yapanların yaratım gücü yüksek olur.

Kobra arketipinin ilgili olduğu konular: Yaratım gücü, ruhsal yaşam gücü, ateş elementinden gelen şifa

Elementi: Ateş

Kobra, ateş elementini dengeleyen arketiplerden biridir. Ateş elementinin özellikle "yaratım gücü, ruhsal yaşam gücü ve ateş elementinden gelen şifa" konularını çalıştırır.

Kobra yaratım gücüyle doğrudan ilişkilidir. Kobra arketipi tetiklendiğinde, üretme, ortaya çıkarma, yaratma nitelikleri çok güçlü çalışmaya başlar. Ortaya çıkarılacak şeylerin ne boyutta ifade bulabileceğini de yine kobra belirler.

Örneğin bir tarla ektiğini düşünelim. Ne kadar hasat alacağın kobranın temsil ettiği yaratım enerjisine bağlıdır. Bu ekimden 10 hasat da alabilirsin, 100 hasat da...

Ateş elementi her canlıya yaşam gücü veren elementtir. Hareket gücümüzü, direncimizi ateş elementinin sağladığı alandan alırız. Kobra yaşam gücümüzün ilişkili olduğu sembollerdendir.

Yaratım gücü ve yaşam gücü birleştiğinde şifa sağlayabilir.

Ateş elementi yeniden yaratarak, yarattığına yaşam enerjisi vererek zarar görmüş olanı en başından itibaren yepyeni bir forma sokma gücüne sahiptir. Kesilen bir dalın yerine yenisinin çıkması gibi...

Ateşin bu özelliği ancak büyük bir dinginlik ve kontrol sahibi kişiler tarafından kullanılabilir.

Kobralı sembolleri hayatımızın içinde birçok alana yerleştirebiliriz. Ne de olsa ruhsal güç ve yaratım gücü canlılığın temelini oluşturur. Kobra sembollü su şişesi, anahtarlık, kıyafetler rahatlıkla kullanılabilir. Ruhsal güçlerini artırmak isteyenler ve yaratımlarının daha güçlü olmasını arzulayanlar bilgisayarlarında, cep telefonlarında ya da defterlerinde, her an gözlerinin önünde duracak şekilde kobra sembolleri tercih edebilirler. Kolye, yüzük, küpe, bilekliklerde de kobra sembolü taşınabilir.

Kobra dövmesi rahatlıkla yaptırılabilir. Lakin sürekli kobra sembolüyle muhatap olanların, ortaya çıkardıkları işlerin geniş bir alana hitap edeceğini de unutmamak gerekiyor. Yani yanlış ya da zarar verici bir şey yarattıklarında, çok fazla kişi bu yaratımla muhatap olacağı için, kobra sembolünün beraberinde getirdiği görünmeyen bir sorumluluk da söz konusu olacaktır.

Çocuk yapmak isteyen çiftler hayatlarına kobra sembolünü alabilirler. Çocuk yapmak olağanüstü bir yaratım sürecidir.

Yaşam enerjisi düşük olanlara ya da bir yaratım sürecinde olanlara kobra sembollü hediyeler vermek faydalı olabilir.

Zaman zaman pek çok alanda hırslanabilirsin. Hırs, şu anda yaptığın şeyin daha iyisini yapabileceğin için ortaya çıkar. Yaratım enerjisinin yerini bulamamasından dolayı zihinde ortaya çıkan bir uyarıcıdır hırs. Böylesi zamanlarda içindeki kobra uyanmayı bekliyor demektir.

Kobranın ruhumuzdaki hareketiyle birlikte yaratım gücümüzün farkına varırız. Hırs, yaşam gücümüzü de beraberinde artırır. Bir şekilde bizi harekete geçirir. Ruhumuzda uyanan kobra ruhsal yaşam gücümüzü desteklediğinden, yapmak istediğimiz şeyleri gerçekleştirecek enerjiyi kobranın rehberliği sayesinde, doğru merkezde toplayabiliriz.

Bazı dönemlerde yaratım gücünün yoğunluğu insanı maymun iştahlı yapabilir. Ruhumuzda uyanan kobranın enerjiyi doğru merkezde toplaması, maymun iştahlılığın da önüne geçer.

Yoga pratiklerinde kobra duruşu en çok kullanılan pozlardandır. Bu arketipi yoga pratiğinin henüz başlarında çalıştırmaya başladığımız için, yogaya yeni başlayanlar kolaylıkla yaşam güçlerinin arttığını hissederler. Ayrıca hayatlarındaki birçok konuda kısa sürede iyileşme görmelerinin en büyük sebebi de kobra arketipin yoga duruşlarıyla yoğun şekilde çalıştırılmasıdır.

Kobra arketipi nerede, nasıl çalıştırılmalıdır?

Özellikle yaratım gücünü artırmak istiyorsan ya da ortaya daha büyük işler çıkarma niyetindeysen içindeki kobra arketipini aktive etmelisindir. Yaşam gücünü artırmak isteyenler ve kendilerini daha dinç hissetmek arzusunda olanlar kobra sembolüyle çalışarak bu arketipi uyandırabilirler.

Ruhsal çalışmalarla ilgilenenler ve potansiyellerini ortaya çıkarmak isteyenler de kobra sembolünden faydalanabilir.

Kobra arketipi nerede, neden çalıştırılmamalıdır?

Kobra arketipi yaratım enerjisini ve yaşam gücünü artırdığından yaratımı tetikler. Sakin, hareketsiz ve yerinde kalmak istediğin bir dönemde kobra arketipinin aktive olması seni harekete geçirip üretime sürükleyebilir.

Hangi cümleleri sıklıkla tekrarlayanlar kobra arketipini çalıştırmalıdır?

"Daha iyisini yapmalıydım!"
"Ortaya çıkarttığım şey hasta ve eksik!"
"Daha iyisini ortaya koyabilecek gücüm yok!"
"Elimden gelen bu kadardı!"

Kobranın ortaklık kurabileceği hayvanlar: Yaratım sürecinin ilham dolu olması için ateşböceğinden, yaratım gücünü yönetebilmek için aslandan, yeni bir şeyi ortaya çıkarmak için kargadan destek alabilir.

Olanın yeniden keşfedilmesini sağlamak için leylek de ortaklık kurulabilecek bir sembol olacaktır. Kobra yaratımı ortaya koyarken leylek yol göstericilik yapabilir.

"Daha iyisini yapabilirdim!" dediğin bir konuda kobra arketipini uyandırdığında, daha iyisini yapman için kobra büyük bir enerji açığa çıkarırken, leylek yapılmış olanın içinden daha önce keşfedilmemiş, fark edilmemiş bir alana ışık tutar. Böylelikle kobra ile ortaya çıkan enerji, leyleğin desteğiyle keşfedilmemiş alana yönlendirilerek daha iyi bir yaratım sağlanır.

TİLKİ

Tilkiler, farklı yaşam alanlarına ayak uydurmak konusunda son derece kabiliyetlidirler. Çevik vücut yapıları sayesinde oldukça hızlı hareket edebilirler. Doğaları gereği ehlileştirmeye uygun hayvanlardır. Özellikle besin bulmak için yoğun mücadele içinde olan tilkiler, insanlar tarafından ehlileştirilebilirler. Karınları doyduğunda ve bir barınma alanına sahip olduklarında genelde sakindirler. Tilkiler çoğunlukla yalnız avlanırlar ve yalnız dolaşırlar.

Tilki arketipinin ilgili olduğu konular: Akıl, kurnazlık, dişil enerjiyi azaltma (*tilki dişil enerjiyi azaltır*), yüksek eril gücünün zararları, zihinsel çekişmeler

Elementi: Ateş

Tilki, ateş elementini dengeleyen arketiplerden biridir. Ateş elementinin özellikle "akıl, kurnazlık, eril gücün yüksek olması ve bundan doğabilecek zararlar, zihinsel çekişmeler ve ikilik" konularını çalıştırır.

Zihinsel enerjinin ifade bulduğu çok büyük ve etkili bir alandır tilki. Ateş elementinin hareketli doğasından kaynaklanan eril gücün fazlalığını, buna karşılık dişil enerjinin eksikliğini ifade eder. Bu dengesizlikten dolayı tilki aklın da kontrolsüzlüğünü anlatır. Kontrolsüzlük, beraberinde kurnazlık ve zihinsel çekişmeleri de getirir.

Eril enerjinin fazlalığı kişiye zarar verir. Dişil enerjinin zarafet, güzellik, üretkenlik, besleme ve bereket dinamikleri çalışmaz olur. Sürekli eylemde olma hali yorucu ve yıpratıcı bir sürece yol açar. Kişi günün sonunda durup haline baktığında elinde avucunda pek bir şey kalmadığını görür.

"Kafada kırk tilki dolaşması" deyişi de bu zihinsel kontrolsüzlüğü ve yıpratıcı süreci ifade etmek için kullanılır çoğunlukla. Aklın yoğun şekilde çalıştığını ve kişinin daima bir zihinsel çekişme içinde olduğunu anlatır.

Yerinde duramayan bir yapıya sahipsen, sürekli hareket ihtiyacı içindeysen aşırı hareketliliğin kontrolsüzse ve istemsizse işte orada bir tilki arketipi uyanmış, çalışıyor demektir.

Tilki çalışmaya başladığında doğal olarak hırs da ortaya çıkar.

Hırsın ortaya çıkma nedeni, kişinin sahip olduğu yoğun eril enerjiyle ne yapacağını bilememesidir. Enerjiyi yönetemediği takdirde birçok konuda hırsını ortaya koyacaktır.

Yükselen yaşam enerjisiyle beraber tilki, ateş elementinin bencillik özelliğini de çalıştırır. Bencilliği fazla abartan tilkinin, kendine ve etrafındakilere zarar verebilecek davranışlar sergilemesi sürpriz olmaz.

Tilki, ateş elementini çok yüksek boyutta çalıştırabilen bir hayvan olduğu için her konuda kontrolsüzlüğe neden olabilir. Kontrolsüzlük hali aynı şekilde iştah meselesine de yansır.

İçinde tilki arketipi çalışmaya başlamış olan kişinin iştahı da bozulur. Aşırı yemek yeme ya da tam tersine yemek yemede zorluklar söz konusu olabilir. Bu denli yüksek bir ateş elementi, elbette uyku düzenini de etkiler.

Bütün bu bilgilerden sonra "Tilki arketipi hayatımdan eksik olsun!" diye düşünebilirsin. Fakat duygusal açıdan donukluk yaşayan, hayatında hiçbir konuda hareket gerçekleştiremeyen, yaşamı adeta donmuş, hareketsizleşmiş insanlar açısından tilki çok büyük işler başarır ve donan yere yaşam getirir. Tabiri caizse tilki, bitkisel hayattaki insanı ayağa kaldırır. Yaşamı askıya almış olan kişiyi derin uykusundan uyandırır. Bu yüzden tilki arketipi üzerinden aktardığım bilgiler ne kadar negatif gibi görünse de yaşam ve hareket adına kıymetli bir rol üstlenir.

Tilki arketipi nerede, nasıl çalıştırılmalıdır?

Tilki, dikkatli çalıştırılması gereken bir arketiptir. Aktive ederken iyi düşünülmelidir. İnsan hayatında öyle dönemler yaşanır ki bazen bilinçaltında uyanan bir tilki büyük bir kurtarıcı olarak çıkar sahneye. Örneğin saflık gösterdiğin, kolaylıkla kandırılabileceğin bir konuda tilkiden destek alarak gözünü kulağını iyice açabilir, olmakta olanı akıllıca fark edebilirsin.

Karşındakilere fazla güvenerek hareket ettiğinde, kendini sorgusuz sualsiz başkalarının güdümüne bıraktığında tilki, gözünü açmanı ve uyanık kalarak zarar görmemeni engeller.

İnsanın saflık etmesinin sebeplerinden biri, dişil enerjinin baskınlığıdır. Dişil enerjisi fazla yüksek olanlar açısından tilki önemli bir semboldür.

Harekete geçemediğin, harekete geçerken büyük endişeler ve kaygılar yaşadığın dönemlerde de yine tilkinin desteğini alabilirsin.

Bir öğrencim, bir şeyler satın alacağı zaman fiyat teklifi aldığı ilk firmayla yola devam ediyordu. Aldığı fiyat uygun mu, değil mi, abartılı mı hiç kontrol etmezdi. Başka firmalardan teklif almazdı. Herhangi bir sorunla karşılaştığında ise telafi yolu aramak yerine idare etmeyi tercih eder, susardı. Firmayla sorun yaşadığı halde iş yapmaya devam eder, yolları ayırmayı aklına bile getirmezdi.

Ona, teslimiyetle aklını kullanmak arasında ince bir çizgi olduğunu anlatmaya çalışsam da, dişil enerjisinin baskınlığından dolayı olanı olduğu gibi kabul eder, harekete geçmezdi.

Harekete geçemiyor olmasının en büyük nedeni dişil enerjisinin baskınlığıydı elbette. Olanı olduğu gibi kabul etmek güzel sayılabilir peki ama ya yaptığımız işin hakkını vermek ne olacak?

Olanın bu şekilde olmasının sebebi kendimizsek, olanı değiştirebiliriz. Bizden kaynaklı bir sonuç değilse, kabul etmek elbette büyük erdem sayılacaktır.

Burada değiştirmek ve yaptığı işin hakkını vermek adına bir şans sahibi olduğu halde susmak, kabulden çok hareketsizlik prensibinden dolayıdır.

Bir gün ona içinde tilki resimleri olan küçük bir kitap hediye ettim. "Bu kitabı önümüzdeki birkaç hafta yanından ayırma ve sıkça açıp oku lütfen" dedim. Çok uzun değil sadece bir hafta sonra çalıştığı firmaları değiştirmek istediğini, firmaların onu kazıkladığını ve yıllarca buna göz yumduğunu söyledi.

İçindeki tilki uyanmıştı işte.

Göz yumduğu şeylere karşı harekete geçme yeteneği ortaya çıkmıştı.

Tilki arketipi nerede, neden çalıştırılmamalıdır?

Tilki sembolünün kullanımının genel olarak riskli olduğunu söylemiştim zaten. Tilkiyle çalışırken dikkatli olmak ve ince düşünmek gerekir. Aksi halde olumsuz etkiler doğurabilir. Özellikle eril enerjisi çok yüksek olan kişilerin bu sembolden uzak durmasında fayda vardır. Zira üretkenliği fazlasıyla azaltabilir. Yani hareket enerjisi yüksek olanları daha çok hareket ettirir ve üretime fırsat vermez.

"Kurnazlık" meselesi genelde olumsuz bir nitelik gibi algılansa da durum öyle değildir aslında. Mesela bir iş yaparken birkaç tane farklı kurumdan işi ve nitelikleri sorgulayarak, diğer alternatifleri de değerlendirmeye almak, böylece dolandırılmayı ve yanlış karar vermeyi engelleyeceği için kurnazlık gayet işe yarar bir meziyettir.

Sadece iş alanında değil hayatımızda pek çok alanda kurnazlığa ihtiyaç duyarız. Seyahat acentelerini araştırmak ve kampanyalardan ucuz uçak bileti bulmak yine bir tilkinin kafası sayesinde mümkündür. Kimi beş katı fiyat verir aynı uçak biletine, kimi neredeyse bedavaya getirir seyahatini... Aynı tatili yarı fiyatına satın alır.

Tilki arketipi yoğun çalıştırıldığında aşırı kuşkuculuğa ve şüpheye yol açar... Her şeyin altında bir bityeniği arama güdüsü oluşur. Bu halin patolojik takıntılara, obsesyona kadar yolu vardır maalesef.

Dolayısıyla tilki arketipini dikkatli ve bilinçli çalıştırmak çok önemli...

Bedene tilki dövmesi yaptırmak tabii ki çok zorlayıcı olacaktır. Ne var ki fazla saf kişiler ya da "Kafasına vur ekmeğini al!" diye tarif edilen kişilik yapısına sahip olanlar bedenlerine dövme yaptıracak kadar tilki sembolüne ihtiyaç duyabilirler.

Hangi cümleleri sıklıkla tekrarlayanlar tilki arketipini çalıştırmalıdır?

"Çok safım, her şeye inanıyorum!"
"Hayatım beklemeye alınmış gibi hiçbir şey yapasım gelmiyor!"
"Dolandırılmaktan ve kandırılmaktan korkuyorum!"
"Karşımdakine ayıp olacak diye pazarlık dahi yapamıyorum!"

Tilkinin ortaklık kurabileceği hayvanlar: Tilki, eril enerjiyi fazla çalıştırdığı için sinekle birlikte kullanılabilir. Sinek sayesinde bizi neyin rahatsız ettiğini fark eder, tilki sayesinde de o konuda aklımızı nasıl kullanmamız gerektiğine karar verebiliriz. Sinek bakış açısı kazandırıp alternatifleri değerlendirme kabiliyetimizi destekleyecektir. Böylece muazzam bir gelişim sürecine olanak sağlayacaktır.

SİNEK

Sinekler, cansızların leşini yiyerek pek çok salgın hastalığın yayılmasını önlerler. Dolayısıyla aslında yaratılış harikası hayvanlardır. Muazzam bir uçma kabiliyetleri vardır. Saniyede 500 kez kanat çırparak akrobatik uçuşlar gerçekleştirebilirler. Dünya üzerinde sanki yerçekimi kanunu yokmuşçasına duvarın üzerinde hareket edebilirler. Bu özellikleriyle bile hayret uyandırıcıdırlar.

Düz duvarda durmalarını sağlayan şey, ayaklarının altındaki kılların ucunda bulunan vantuzlardır. Vantuzlardan salgıladıkları maddeler sayesinde dik yüzeylere kolayca tutunabilirler.

Sineklerin diğer müthiş özellikleri ise binlerce merceğe sahip gözleridir.

Bir sinek, başının sağ ve sol taraflarında 4 biner ayrı bölme bulunan, toplam 8000 bölmeli petek gözlere sahiptir. Böylece bir objeye baktığında objenin görüntüsü, sineğin sahip olduğu 8000 ayrı mercekte ayrı ayrı belirir. Bu binlerce farklı parçanın birleşmesi sonucunda, sinek hem olağanüstü detaylara sahip olur hem de oldukça geniş bir açıyla izler görüntüyü.

Sinek arketipi, her neden rahatsız oluyorsak, konuyla ilgili bizi uyarır, böylece kendimizi terbiye etmemize fırsat verir.

Mesela sigara kullanıyorsun ve sigarayla kurduğun ilişkiye hapsolmuşsun. Sigaranın seni ne ölçüde ve ne şekilde rahatsız ettiğini iyice gün yüzüne çıkaran sinek, hapsolduğun bu ilişkiden özgürleşebilmen için kapılar açar.

Sinek arketipi, rahatsız olduğun her şeyi önüne çıkarır ve bu alanı onarman adına iradeni destekler.

Tek dezavantajı seni sürekli dürtecek olmasıdır.

Sigara konusunda irade oluşturabilmen için seni sürekli dürterek sigarayı hatırlamanı ve neden bırakman gerektiğini anlatıp duracaktır. Özgürleşmek istediğin şeyden saklanarak değil, onunla yüzleşerek irade geliştirmeni destekleyecektir.

Sinek arketipinin ilgili olduğu konular: Rahatsızlık veren duygular ve oluşlar

Elementi: Ateş

Sinek, ateş elementini dengeleyen arketiplerden biridir. Ateş elementinin özellikle "rahatsızlık veren duygular ve oluşlar, ilgili ilgisiz her konuya atılmak, yersiz atılımların yarattığı huzursuzluk" konularını çalıştırıp destekler.

Sinek, rahatsız eden duyguların ve hallerin ifadesidir. Kaçmaya çalıştığımız, görmezlikten geldiğimiz ya da kabullenemediğimiz her türlü halin temsilcisidir.

Tam bir nefis terbiyecisidir.

Ruhumuzun içinde sıkıştığı ne varsa oraya temas eder. Belki bir tavrımız, belki bir alışkanlığımız, belki düşünce şeklimiz... Hiç fark etmez. Sineğin varoluşu, sorunlara temas etmek üzeredir.

Düşünceler zihni bazen öylesine zorlu kalıpların içine hapseder ki o zaman kendi düşünme şeklimizden bile rahatsızlık duyarız.

Mesela herkesin sana karşı olduğunu düşünüyorsun.

Ailen sana karşı, dostların sana karşı, iş arkadaşların sana karşı, hatta hayat bile sana karşı...

Bu durumda başına her ne gelirse gelsin, kendini kurban gibi görürsün.

Oysa kimse sana karşı değildir. Fakat sen her deneyimi bu düşüncenin üzerinden yorumladığın için kurban olduğun saplantısından bir türlü çıkıp kurtulamazsın. Duygularından dolayı yaşadıklarınla ilgili yanılgılarla dolu bir algıya sahipsindir aslında.

İnsan zihni, dışarıdan veri olarak çektiği bilgilerle ve deneyimlerle kendine bir algı süreci inşa eder. Pembe camlı gözlük takıp denize baktığında, artık deniz senin için pembedir. Fakat bu denizin pembe olduğu anlamına gelmez.

Tıpkı bu örnekte olduğu gibi, olanı yanılgıyla algılamak, ortaya çıkan yanılgılı duygularla seni baş başa bırakacaktır. Olmayanı oluyor gibi yaşayıp reaksiyon vermek ve bu doğrultuda hisler üretip sonuçlarını yaşamak, yorucu, yıpratıcı ve hatta belki yıkıcı sonuçlar bile doğurabilir.

Dolayısıyla bu tip zihinsel yanılgılarla yüzleşmek çok ama çok değerlidir ki sinek arketipi bu yolda destekleyici bir güçtür.

Sigara, alkol, kahve, çay, biten ilişkiye takıntı gibi örnekleri çoğaltılabilecek bağımlılıkların, insan üzerinde yarattığı etkileri fark etmek için sinek arketipini uyandırmak gerekir.

Sinek, bizi neyin gerçekten rahatsız ettiğini, neyi gerçekten istediğimizi anlamamızı sağlar. Ne de olsa ateş elementi iradedir ve sinekte de irade gücü, muazzam ölçüde çalışır.

Seni rahatsız hissettiren insanlarla, konularla ya da durumlarla bir arada kalamıyorsan, işinde ilerlemek istediğin halde gelişmeni engelleyen ruhsal ya da duygusal birtakım engellerle çevriliysen, hem kişisel gelişiminin gerçekleşmesi için hem de irade gücünü kazanman için ruhunda sinek arketipinin çalışmaya başlaması gerekiyordur artık.

Sinek seni rahatsız olduğun şeylerle muhatap kılarak, bu yolda bir gelişim süreci başlatır. Üstelik bu gelişim süreci boyunca rahatsız olduğun durumlardan ya da duygulardan kaçmanı da engeller çünkü sinek rahatsızlıklar içinde kalmayı sever. Sineğin ateş elementi öyle yüksek çalışır ki her an iradesini kullanabilme eğilimindedir.

İşyerinde tahammül edemediğin durumlarla ya da yüzünü görmeye dayanamadığın insanlardan neden rahatsız olduğunla yüzleşerek meseleleri aşmak için işyerinde çalışma masanda, ajandanın üzerinde ya da bilgisayar ekranında sinek sembolü kullanabilirsin.

Sinek, neye neden tahammülsüz olduğunun nedenlerini ve bunu nasıl aşabileceğinin yolunu gösterecektir.

Eğer hiçbir şeye ya da hiçbir konuya karşı ilgin yoksa, sinek yüksek ateş elementi sayesinde maymun iştahlılık özelliğini çalıştırarak ilgi duyacağın konuları keşfetmene imkân verir.

İnsanın gerekli gereksiz çok şeye ilgi göstermesi gibi, hiçbir şeye ilgi göstermemesi de ateş elementinin bir dengesizliği sonucudur.

Sinek, kişiyi ilgisizlik ucundan merkeze doğru çeker. Fakat maymun iştahlı biriysen o halde tam tersi bir durum söz konusudur ve sinek arketipinden uzak durman çok daha iyi olacaktır.

Manastırlarda sinek arketipi yoğun şekilde çalıştırılır. Manastırlar insanın kendisiyle yüzleştiği, bağımlılıklarından özgürleştiği, kendiyle mücadele etmekten kurtularak, kabule geçmeye çalıştığı yerlerdir. Bu bağlamda sinek arketipinin aktive olması çok önemlidir.

Neye bağımlıyız? Zaaflarımız neler? Neler bize rahatsızlık veriyor?

Bütün bunları kolayca görüp aşmamız için olanak sağlar sinek arketipi. Bu yüzden manastırlarda sinekler üzerinden çokça örnek verilir. Ortamlarda da sineğin kendisiyle çokça karşılaşılır. Bir şekilde sinekler manastırları çok severler. Sanki orada bulunan insanların kendilerine ihtiyacı olduğunu bilirler.

Örneğin bir öğreti der ki:

"Çok dengeli ve çok huzurlu mu hissediyorsun? Hadi o zaman bu geceyi bir sinekle geçir."

Sinekle bir odada uyurken ona öfkelenmeden, onu öldürmeye ya da ondan kaçmaya çalışmadan bir gece geçirebilen, gerçekten huzura kavuşmuştur. Çünkü o kişinin içinde sineğin uyandırabileceği bir rahatsızlık, çatışma, bağımlılık kalmamıştır. Manastırlara yeni gelenler içeri ilk girdiklerinde sineklerden çok şikâyet ederler ve rahatsız olduklarını söylerler.

"Sinekler yüzünden bütün gece uyuyamadım!"

"Tam meditasyonla sakinleşiyorum ki sinekler geliyor hemen!"

Bunları duyduğumuzda biz öğretmenler mutlu oluruz çünkü o öğrenci için, içinde sıkışanları çıkartma süreci başlamış demektir!

Sineğin yarattığı bu hallerden dolayı, bu arketiple karşılaşan kişiler ilk başta rahatsızlıkların sebebini sineğe bağlayarak onu öldürmek isterler. Sanki sinek arketipini ortadan kaldırdığında, bu sorunlar da ortadan kalkacakmış gibi gelir. Oysa sorunun kaynağı sinek değildir, sinek sadece soruna temas ederek fark ettirir. Dişiniz çürümeye başladığında ağrı hissetmediğiniz sürece bunu fark edemezsiniz. Gitgide çürür, çürür ve en sonunda çürük geri dönüşü olmayan bir hasar bırakır. Sinek arketipiyle çalıştığımızdaysa bu çürük henüz büyümeden çürüğü bulmaya yardımcı olur. Bulduktan sonra ne yapacağımızsa tamamen bize kalmıştır.

İlk manastıra gittiğimde sinek, benim de üzerinde en çok çalıştığım arketipti. Küçücük bir sineğin davranışlarımıza nasıl etki ettiğini gözlemlemek, nasıl hissedeceğimize yön verdiğine şahitlik etmek muazzam... İnsanın kendine olan yolculuğunda çok değerli bir arketip.

Sinek arketipi nerede, nasıl çalıştırılmalıdır?

Sinek, kişinin kişisel olarak gelişmek istediği, nefsini terbiye etmek istediği konularda özellikle tercih edebileceği bir semboldür. Hangi konuyla ilgili olursa olsun sahip olduğun karanlığı aydınlatmak ya da rahatsızlıklarından kurtulmak için çaba gösteriyorsan, kesinlikle sinekten destek almalısındır. Böylece rahatsızlık veren duygularla yüzleşme imkânı da elde edebilirsin.

Belki bırakamadığın, vazgeçemediğin şeyler vardır hayatında. Alıştığın, bağımlısı olduğun istemsizce yapmaya devam ettiğin şeyler... İşte tam da bu alanlarda hayatında sinek arketipinin çalışmaya başlamış olması senin adına işleri kolaylaştıracaktır.

Sinek sayesinde alışkanlıklarının arkasındaki nedenleri, sana rahatsızlık veren etkenlerin neler olduğunu kolaylıkla görebilir, fark edebilir ve hepsiyle yüzleşebilirsin.

Neden kendinin de rahatsız olduğu bir hali devam ettirmek isteyesin ki?

Hiçbirimiz, göremediğimiz engelleri aşamayız.

Sinek, bize rahatsızlık veren her şeyi hücrelerimizde hissetmemize imkân verir.

Kötü bir süreçten söz ediyormuşuz gibi gelebilir kulağa ama öyle değil. İnsan ruhunda sinek arketipi uyandığı vakit, yaşanan her deneyim şükürle dolar. Çünkü sinek bu süreçten keyif alır.

Rahatsız olduğu şeylerle yüzleşmek ve her birini tek tek keşfetmek, sinek için bir sanattır.

Sinek arketipi nerede, neden çalıştırılmamalıdır?

Zor bir süreç geçiriyorsan ve aradığın tek şey sabitlik ya da durağanlıksa, kendinle hiçbir konuda yüzleşmeye hazır değilsen, tahammülünün olmadığı zamanlardan geçiyorsan, sinek arketipini uyandırmak doğru olmayacaktır. Sinekle çalışmak için zamanlamaya dikkat etmek gerekir.

Hangi cümleleri sıklıkla tekrarlayanlar sinek arketipini çalıştırmalıdır?

"Rahatsız olduğum şeylerden artık kurtulmak istiyorum!"
"Bazı duygular beni çok yoruyor!"
"O insanla aynı ortamda uzun süre kalıp çalışamıyorum!"

Sineğin ortaklık kurabileceği hayvanlar: Sinek arketipi zorlu bir yüzleşme ve kişisel açıdan gelişim süreci başlatacağı için kişi destek olarak yaşam gücüne ihtiyaç duyabilir. Dolayısıyla sinekle çalışırken kobradan destek alabilir. Kobra yaşam enerjisini yükselttiği gibi ateş elementinin şifacı yanıyla da sineğin yarattığı süreci destekler.

Ejderhadan destek almak da çok faydalı olacaktır. Kişi ejderha sayesinde hem kendine saygısını kaybetmeden ilerler süreç içinde hem de rahatsız olduğu şeylere karşı da saygı duyabilir.

Birinden rahatsız olsa bile ejderhayı kullandığında kişiye saygısı devam eder. Ondan neden rahatsız olduğuyla yüzleşirken işlerin ve ilişkilerin çirkinleşmesinin önüne geçilmiş olunur ejderhanın desteğiyle.

Sinekle çalışırken yunustan da destek alınabilir. Yunus sürecin sevgiyle kabulünü sağlamak konusunda yardımcı olacaktır.

Mesela kendinle yüzleşirken sinek sana "Başarısızsın!" dediğinde yunus sayesinde başarısız halini de sevgiyle kabul edersin.

Sinek arketipiyle çalışırken elbette kurbağadan da destek alınabilir. Arınmayı ve saflaşmayı ifade eden kurbağa sayesinde rahatsızlık veren her şeyden arınarak kurtulmak da mümkün olabilir.

LEYLEK

Leylekler son derece iri ama buna rağmen hafif kuşlardır. Kış aylarında kıtalararası göç ederler. Leyleklerin göçleri sürüler halinde gerçekleşir. Diğer kuşlardan farklı olarak ilginç bir iletişim yöntemleri vardır. Gagalarını birbirine çarparak farklı tonlarda ve ritimlerde sesler çıkararak birbirleriyle iletişim kurarlar.

Leylekler oldukça uzun süreler boyunca uçabilirler. Arkalarına aldıkları sıcak hava akımları sayesinde hiç kanat çırpmadan bile günde ortalama 400 km yol alabilirler. Ayrıca en yüksek rakımda uçabilen kuşlardandırlar.

Leylek arketipi, şansa ihtiyaç duyulan zamanlarda yepyeni bir sayfa açmak konusunda destekleyicidir. Olanın içindeyken yani sürecin akışındayken yeni başlangıçlar yapmak, eve yeni bir oda açmak gibidir tıpkı...

İşyerine yeni bir alan daha eklemek, eve yeni bir oda daha kurmak, kitap çıkarırken yanında bir de dergi çıkarmaya başlamak, mevki ya da mekân değiştirmek çoğunlukla leyleğin çalıştığı alanlardır. İlişkilerde de yeni sayfalar açmakta gayet ustadır. Çiftlerin hayatına leylekle birlikte yeni bir sayfa açılabilir ve bir bebek dünyaya gelebilir, bebeğe evin içinde yeni bir oda ve alan hazırlanabilir.

Leylek arketipi ustalığa ihtiyaç duyulan konularda değil şansa ihtiyaç duyulan konularda kullanılmalıdır. Mesela bir dansçı şansına güvenerek sahneye çıkmaz, ustalığına güvenir. Bir şarkıcı şansına güvenerek şarkı söylemez, ustalığına güvenerek yol alır. Ustalığı çalıştırmak istediğin yerde kaplan arketipinin çalışıyor olması gerekiyordur. Dansçı eğer kaplan yerine şans faktörünü çalıştırarak leylek arketipiyle ilerlemeyi tercih ederse, işindeki ustalığına değil, her sahne deneyiminde şansına yaslanmaya başlar ki bu uzun vadede hayal kırıklığı yaratır. Bu noktada leylek arketipi negatif bir etki yaratmış olur, dansçının yeteneğini, performans gücünün gelişmesini olumsuz etkiler.

Daha çok şansa dayalı işlerde leylek arketipini aktive etmek gerekir. Mesela yeni bir ev ararken, ofisi başka yere taşırken, dükkânın yerini değiştirirken, yeni bir şube açarken...

Leylek arketipinin ilgili olduğu konular: Şans, yeni başlangıçlar, yer değiştirme, olanın yeniden keşfedilerek yeni bir sayfa açılması

Elementi: Ateş

Leylek, ateş elementini dengeleyen arketiplerden biridir. Ateş elementinin özellikle "şans, yeni başlangıçlar, yer değiştirme, seyahat, olanın yeniden keşfedilmesi" konularını çalıştırıp destekler.

Ateş elementi sürekli başlatmak ve yaratmak enerjisiyle ilgilidir. Dolayısıyla bir ateş elementi hayvanı olarak leylek de yeni başlangıçların arketipidir.

Konu leylekse eğer, yeni bir sayfa açmaktan bahsediyoruz demektir. Yeni sayfa açarken eskisini yok etmiyor, olana yeni bir alan açıyoruzdur. Diğer bir deyişle mevcut konuya yepyeni bir bakış açısı getirerek yeni olanı gerçekleştiriyoruzdur.

Leylek, eski bir konuyu tekrarlayıp durmaz. Mutlaka üzerinde durduğu konularda yenilikler ortaya çıkarır. İşte tam da bu yüzden "Leylek olanı yeniden keşfeder" diyebiliriz.

Mesela bir şirketin var diyelim ve zeytinyağı pazarlıyorsun. Ortaya çıkardığın ürünle ilgili leylek arketipi çalışmaya başladığında olanın yeni bir forma dönüşerek üretilmeye devam edilmesini sağlarsın. Belki üretip sattığın zeytinyağı zamanla zeytinyağlı bir sabun olarak ortaya çıkar ve pazarlanır.

Leylek şans demektir. Fırsatların temsilcisidir. Kabul etmek gerekir ki şans çok kıymetli bir dinamiktir. Eğer bir konuda şansın kuvvetli değilse her şey yolunda gittiği halde, söz konusu iş, ateş elementinden toprak elementine taşınamayabilir. Yani el attığın iş yaratım aşamasında kalarak topraklanma aşamasına geçemeyebilir.

Leylek, aynı zamanda yer değiştirmeye işaret eder. Bu özelliğiyle kısa veya uzun seyahatleri, gezmeyi ifade eder. Sadece fiziksel açıdan gezinmek değil, bilginin de gezinmesinden söz edebiliriz leylek arketipinden söz ederken.

Örneğin yazdığın bir kitabın, bir makalenin, hatta verdiğin bir seminerin bile kişiden kişiye aktarılmasında rol oynar.

Bazen kendini bir yerde, bir ilişkide, bir işte gereğinden fazla sabitlenmiş hissedebilirsin. Artık bulunduğun yeri değiştirmek istersin ama sanki olduğun yere köklenmişsin gibi geldiğinden hiç hareket edemeyeceğini, oradan hiç çıkamayacağını düşünürsün. Yani aidiyet hissin bu noktada çok yoğun çalışıyor olabilir. Böylesi anlarda içindeki leylek arketipinin uyanmasına ihtiyacın olabilir.

Leylek, "hepimizin her yere aslında misafir olduğu" bilinciyle açığa çıkar. İçimizdeki leyleği uyandırdığımızda, hiçbir yere sonsuza kadar ait olmayacağımızı hatırlarız.

Leylek bu özelliği sayesinde bize yer değiştirme kabiliyeti verir. Bedenimizdeki ateş elementini çalıştırır. Aktive olan ateş elementi, toprağın ortaya çıkardığı sabitlik ve aidiyet hislerini bastırarak, yer değiştirme becerisi kazandırır. Diğer bir deyişle topraktan bir adım geriye gider, ateş elementine ulaşırız. Böylece, olanı yeniden görme, yeniden izleme, yeniden keşfetme imkânı doğar. Leylek, olana bakmak için yeni bir vizyon kazandırır.

Halihazırda yapmış olduğun işlerde, görüşünün, algının, bakış açının genişlemesi için leyleğe ihtiyaç duyabilirsin.

İlişkinin sıradanlaşmaya başladığına inanıyorsan, leylek arketipi sayesinde yaşadığın ilişkiye yepyeni bir ruh kazandırabilirsin.

Leylek arketipi, ilişkide fark edilmemiş, keşfedilmemiş alanları çalıştırarak, iki tarafı da sanki yepyeni bir ilişkiye başlamış gibi heyecanlı hissettirir.

Leyleği gökyüzünde gördüğümüzde artık havalar ısınmaya başlamıştır ve dolayısıyla yaşadığımız alanda ateş elementi artıyor demektir. Ateş elementinin arttığı dönemlerde otomatik olarak hayatımızda ateş elementinin konuları gündeme gelir.

Leyleği havada gördüğümüzde, hayatımızda halihazırda var olan konulara yeniden bakıp "Hayatımda var olan hangi konunun hiç fark etmediğim bir alanını keşfetmem gerekir?" sorgulamasına girmekte fayda vardır.

Şunu unutmamak lazım ki leylek arketipiyle hiçbir zaman durup dururken bir araya gelmeyiz. Bazen leylek bizi bir seyahate sürükler. Sıcak mevsimlerin insanoğlu için bir dinlenme, tatil süreci demek olduğunu düşünürsek, bu süreçte leylek arketipin, üzerimizde doğal yollarla çalışmaya başlaması tesadüften fazlasıdır.

Bizi harekete geçirerek ülkeleri, şehirleri, kasabaları yeniden keşfetmemizi destekler. Bu tetikleme her ne kadar dışadönük bir keşifmiş gibi görünse de, insanın kendini de keşfettiği bir süreçtir aynı zamanda.

Ne demişler?

"İnsanlar birbirini seyahatte tanır."

İnsan kendini de seyahatte tanır. Seyahat kişinin gelişimi için muazzam bir araçtır. Her yıl yeni bir yerlere seyahat etmek hem çok geliştirici hem de çok öğreticidir.

Leylek arketipi nerede, nasıl çalıştırılmalıdır?

Devam eden konularda yeni başlangıçlar yapmak istediğinde leylekten destek alabilirsin. Leylek arketipinin aktive olması, şans faktörünün gücünü de artırır. Şansa ihtiyacın olduğunda leylek kesinlikle iyi gelecektir.

İlişkide leylek sembolünün kullanılması yeni bir alanın çalışmasına, yeni bir şeyin başlamasına fırsat verir. Böylece süregiden rutin kırılarak ilişkiye hareket kazandırılmış olur. Söz konusu yeni hareket çocuk yapmak da olabilir, iki kişinin hayatına üçüncü kişinin girmesi de. Fakat ne olursa olsun ilişkiye dahil olan üçüncü kişinin asıl vazifesi, ilişkideki iki kişinin birbirini yeniden keşfetmesini ve tanımasını sağlamaktır. Bu deneyimin sonunda ya birbirlerinin değerini anlarlar ya da birbirlerine ait olmadıklarını...

Leylek, ilişkilerde destekleyicidir. Olanın yeniden keşfedilmesi özelliği sayesinde ilişkilerdeki sıradanlığı ve tekdüzeliği sonlandırır.

Hayatındaki insanın toprağı çok yüksekse eğer, bu durumda leylek seni ilişkiden uzaklaştırabilir de. Burada dikkat edilmesi gereken en önemli konu hayatındaki insanın toprak elementinin fazla yüksek olup olmamasıdır.

Leylek arketipi nerede, neden çalıştırılmamalıdır?

İçinde bulunduğun koşulları ya da durumu devam ettirmekte kararlıysan, sahip olduğun düzeni koruma arzusu içindeysen, leylek arketipini çalıştırmak doğru olmayacaktır.

Örneğin işinden memnunsun ve her şey olduğu haliyle devam etsin istiyorsun. Bu durumda işyerinde ya da çalışma masanda leylek arketipi bulunmasına izin vermemelisin.

İlişkinde, hayatındaki insanın toprak elementi çok yüksekse ve bundan dolayı sabitlikte huzurluysa, yeniliklere kapalıysa, yine leylek arketipinden uzak durman yerinde olacaktır.

Arabanı veya evini değiştirmek gibi bir niyetin yoksa, leylek sembolünü taşıyan anahtarlıklar kullanmana da gerek yoktur.

Leylek arketipini çalıştırdığında kendini şanslı hissedersin. Ancak dövmesini yaptırmak çok hareketli bir yaşam getireceği için yorucu olabilir. Dikkatli olmakta fayda vardır.

Hangi cümleleri sıklıkla tekrarlayanlar leylek arketipini çalıştırmalıdır?

"Şansım hiç yaver gitmiyor!"

"Sahip olduklarımı nasıl değerlendirebileceğimi keşfetmek istiyorum!"

"Hayatımda kendini tekrarlayıp duran rutinlerimi değiştirmek istiyorum!"

"Yer değiştirmeye ihtiyacım var!"

"Tayinim çıksa keşke de gitsem!"

Leyleğin ortaklık kurabileceği hayvanlar: Bulunduğu alanda farklı konuları keşfetmeyi sağlamak adına leyleği ejderha arketipiyle desteklemek mümkün... Konuları yeniden keşfederken sahip olduğumuz niteliklerin hakkıyla kullanılabilmesi için de bir hava elementi hayvanı olan inek arketipinden faydalanılabilir. Ne de olsa yeni bir bakış açısı getirirken sahip olduğumuz nitelikler ve yetenekler de iyi çalıştırılmalıdır.

HAYVANLAR VE ELEMENTLER

II

TOPRAK ELEMENTİ

Devam eden her şeyin yolu topraktan geçer.
Bir şey üretmek tek başına meziyet değildir.
Üretilenin bereketini sağlayabilmek,
yani onu topraklayabilmek de kıymetlidir.
Büyük işler, büyük alanlar yaratıldığında gerçekleşir.

TOPRAK HAYVANLARI

ARKETİPLER, GÜÇ DENGESİ VE DESTEK

Toprak elementi, en somut element olduğu için en fazla niteliğe de sahip olandır aynı zamanda. Kâinatta görülebilen ve elle tutulabilen her şey toprak elementinin bir niteliğini ortaya koyar.

Toprağın nitelikleri; sertlik, yumuşaklık, ağırlık, hafiflik, pürüz, pürüzsüzlüktür.

Somut olan her şey toprağın alanıdır.

İnsanın maddi ihtiyaçlarının tamamı, toprak elementiyle ilişkilidir. Bu dünyada var olmak, somut bir şeyler ortaya koymak, aile sahibi olmak, mal mülk edinmek, para sahibi olmak... Hepsi toprak elementinin konularıdır.

Başladığın işleri tamamlayamıyorsan, maddi alanda varlık sahibi olmakta zorlanıyorsan, para oluşturmak yerine borç oluşturuyorsan, bir alanda devamlılık sağlayamıyorsan, kararlılık gösteremiyorsan, tembellik ya da disiplinsizlik ediyorsan, kıskançlık ve korku içindeysen, kendini bir yere ait hissedemiyorsan, cildinde hassasiyet varsa, saçların dökülüyorsa, tırnaklarında sorunlar varsa toprak elementi niteliklerini destekleyen hayvanların arketiplerini çalıştırma zamanın çoktan gelmiş demektir.

ÇEKİRGE

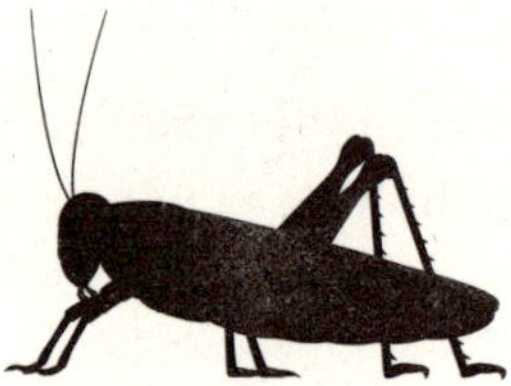

Bazı çekirge türlerinin boyları 20 cm'ye kadar ulaşabiliyor. Sıcak çöllere yakın yerlerde, Akdeniz çevresinde, Kuzey Amerika, Arjantin, Asya ve Afrika çöllerine yakın bölgelerde yaşayan çekirgeler, tarımcılığa büyük zararlar verirler.

Bitki örtüsü zengin bölgelere gerçekleştirdikleri göçlerle de bilinirler. Gruplar halinde bırakılmış yumurtalardan çıkan kanatsız çekirge yavruları, büyük topluluklar halinde bitkilere saldırırlar. Yavrular büyüyüp kanatlanınca göçün hızı artar ve gittikleri yerlerin bitkilerine kısa sürede ağır hasar verirler.

Çekirgeler neredeyse her şeyi yiyebilen canlılardır.

Çekirge arketipinin ilgili olduğu konular: Tüketme, kıtlık, hapis, ceza, köklenememek, ilahi yanları kuvvetli kişilerde ne zaman nereye doğru hareket edeceğini bilme, karmanın eli

Elementi: Toprak

Çekirge, toprak elementini dengeleyen arketiplerden biridir. Toprak elementinin özellikle "tüketme, kıtlık, hapis, ceza, köklenememek, ilahi yanları kuvvetli kişilerde ne zaman nereye doğru hareket edeceğini bilme ve karmanın eli" konularını çalıştırıp destekler.

Çekirge oldukça zorlu bir arketiptir.

Birçok kişi açısından çekirge arketipiyle çalışmak büyük sınavlardan geçmek anlamına gelse de, ilahi yanı kuvvetli olan, imanlı kişiler açısından çok kıymetli bir rehberdir.

Özellikle kıtlığın güçlü temsilcilerinden biridir. Bolluğu azaltır ve elde olanın bir şekilde yetmemesine neden olur.

Bir şeyin azlığı ya da çokluğu, kişinin elindekini ne şekilde tükettiğiyle ölçülür. Bu açıdan bakıldığında çekirge arketipi, yaşamın bize sunduklarıyla değil sunulanı nasıl kullandığımızla ilgilenir. Bu yönüyle tüketimi tetikleyen bir niteliği vardır.

Eve bir kutu çikolata aldığını düşünelim mesela. Her gün sadece bir parça yediğinde "Oh ne bereketli çikolataymış, bir türlü bitmiyor..." dersin. Fakat eve beklenmedik misafirler geldiğinde ve çikolataları hemen tüketip bitirdiklerinde ne bereketini görmüş olursun çikolatanın ne de hayrını... Yani bir çekirge sürüsü çikolata kutusuna dadanmıştır ve sen faydasını göremeden çikolatayı tüketmiştir.

Çekirge arketipi sadece maddiyatla değil, diğer bütün konularda da aynı şekilde çalışır.

Bir ilişkinin hızlıca tüketilmesine, kişinin başkalarına yönelmesine, ilişkide bir kısırlığa ya da kısırdöngüye de yol açabilir.

Çekirge arketipi aynı zamanda bir alanda hapis kalmak ve hareket alanını daraltmak üzere de çalışır.

Yaşamak istediğin bir yerde, kendi iradenle, arzunla, isteğinle köklenmek, sabitlenmek başka şey, bir yere zorla mahkûm kalmak başka şeydir. Çekirge seni orada kalmaya zorlar. Doğal olarak sana köklenme seçeneği dahi sunmaz. Bu yüzden her an orayı terk etmeye hazır halde beklersin.

İlahi yanı kuvvetli kişilerde çekirge sembolü çok başka çalışır. Bu tip insanları ne tarafa doğru hareket etmesi gerektiği konusunda destekler. Çekirge arketipiyle güçlü çalışan insanların etraflarına bolluk veya kıtlık dağıtabilme nitelikleri vardır.

Eski mitlerde köylünün evine bir keşiş geldiğinde, keşişi besleyen köylünün bolluğa kavuşacağı, keşişe ikramda bulunmayanın ise kıtlığa düşeceği anlatılır. Bu yüzden Anadolu'da "Tanrı misafiri" deyişi vardır. Gelenin kim olduğuna bakılmaksızın ev sahibi tarafından hemen misafir olarak kabul edilir. Ruhunda çekirgeyi çalıştırmakta olan biri evine geldiğinde, ona ikramda bulunulmazsa, kendisi ev sahibinin yaşamından soyut olarak nimetlenir.

İlahi olarak çalışan çekirge arketipi, sezgilere somut olarak güvenmeyi ve sezgilerin doğrudan algının ötesindeki büyük güçle çalıştığını ifade eder. Fakat bu noktada sezgiler, su elementindeki gibi soyut değildir. Kişinin sezgileri çekirgeyle birlikte oldukça somut çalışır. Yaşamdan işaretler alınır, alametler görülür. Sanki evren çekirge arketipini çalıştıran kişiyle konuşuyor gibidir.

Çekirgenin ilahi alanı herkeste kolay çalışmaz. Kişinin maneviyat alanında derin pratikler içinde olması, pratiğinin her aşamasında derinleşmesi ve bununla beraber madde alanında büyük bir denge kurmuş ve köklenmiş olması gerekir.

Çekirge bir yere değil, maddenin içine köklenerek, zamanın ve mekânın efendisi olarak seyahat eder. Toprak elementinin kusursuzluğunu yaşar. Bu yüzden çekirge bir yere köklenme ihtiyacı duymadan her yerde rahatlıkla var olabilir.

Maddi dünyayla sağlıksız bir ilişki kuran ve "Öbür dünya için yaşıyorum" düşüncesine kapılıp yaşadığı maddi dünyadan kopan kişilerde çekirge, maddi alanda sıkışıklık yaratır. Kişiyi sürekli bir yerlere hapseder ve kıtlık hali ortaya çıkartır. Hapsetme hali kişiyi elbette iyi hissettirmeyecek şekillerde ortaya çıkar. Örneğin, hastalıklar yoluyla kişiyi eve hapsetmek, alışverişe bile çıkacak hali olmadığından evde yiyecek pek bir şey bulamayarak kıtlık çekmek şeklinde tezahür edebilir.

Bu yüzden çekirge sembolüyle çalışan kişilerin, yaşadığı maddi dünya ile sağlıklı bir ilişki içinde olması lazımdır.

İşyerinde çekirgeyle karşılaşıyorsan ya da sürekli çekirgeyle ilgili sözler duyuyorsan, karşına çekirgelerle ilgili haberler çıkıyorsa, etrafında çekirgeler hakkında konuşmalar oluyorsa hemen karınca ya da deve gibi zıddı arketiplerle çalışman gerekir. Karınca bereketin, deve de zorlukların içerisinden kuvvetle geçebilmenin temsilcileridir.

Karşına çekirge arketipi çıkmaya başladıysa hem kıtlık geliyordur hem hapislik... Hapislikten kastım cezaevinde yatmak değil tabii ki. Bir yerde mahsur kalmak ya da isteğin dışında mecburen kapanmaktan söz ediyorum. Evden çıkamamak söz konusu olabilir, hastanede yatmak zorunda kalmak da...

Sürekli tüketim halindeysen, bir türlü gözün doymak bilmiyorsa, hayatının bereketi kaçtıysa zihninde çekirge arketipi çoktan çalışmaya başlamış demektir. Bu durumda arketipin çalışma biçimini doğru yerlere yönlendirerek çekirgeyi doyurabilirsin. Öğretiler üzerine pratikler yapabilir, oruç tutabilir, küslükleri sonlandırabilir, affetmek üzerine çalışmalar yapabilir, kefaret ödeyebilir, inzivaya çekilebilirsin. Böylece çekirgenin enerjisini, ruhunu besleyecek şekilde çalıştırmış olursun.

Çekirge arketipi nerede, nasıl çalıştırılmalıdır?

Çekirge, oldukça riskli bir arketiptir. Bu yüzden çekirgeyle çalışırken çok dikkatli olmak gerekir. Bir konuda kıtlık arzulanıyorsa çekirgeden faydalanmak yerinde olacaktır tabii.

Kontrol edemediğin ya da nefsinin önüne geçemediğin konuların kısırlaşmasında çekirge arketipi çalıştırılabilir. Ancak kıtlığa sürüklediğin yere dikkat etmelisin. Zira o alan cezasını çektiğin bir deneyime de dönüşebilir.

Manevi pratiklerde yoğun yollar kat etmiş kişiler tarafından pratiğin köklerini zaman ve mekân sınırı kalmadan yaşama taşımak amacıyla çekirge tercih edilebilir. Ayakları yere sağlam basan bir öğretmenin yol göstericiliğiyle çekirge arketipini çalıştırmak son derece faydalı olacaktır. Bu tarz pratiklerde öğrenciye "çekirge" denmesi de bu yüzdendir.

Öğretmen, öğrencinin muazzam niteliklerini ortaya çıkarabilmesi için onu bir çekirgeye dönüştürmek üzere çalıştırır. Öğrencinin bilgiyi tüketmesini, ona aktardığı her şeyi sonuna kadar almasını ister. Aynı zamanda öğrencinin tıpkı hapis hayatı gibi kısıtlı bir alanda hapsolarak pratiğine yoğunlaşmasını, böylelikle dikkati dağılmadan gelişimini sağlamasını amaçlar. Bu yolla öğrencinin nereye doğru hareket etmesi gerektiğini bulmasına ve varoluşuyla uyumlu bir hareket ortaya çıkarmasına yol göstermiş olur.

Yogada pratiklere ilk başladığım zamanlarda çok uyguladığım duruşlardan biriydi şalabhasana... Yani çekirge duruşu. Pratik yapmak için gittiğim manastırda şartlar çok kötü ve ağır olmasına rağmen öğretmenlerin bende çalıştırdığı çekirge arketipi bir şekilde beni orada kalmaya ikna ediyordu ve o şartlara dayanacak gücümün açığa çıkmasını sağlıyordu.

Kendimi hem hapisteymiş gibi hissediyordum hem de doğru yöne hareket ettiğimi düşünüyordum. Çekirgenin en muazzam yanı, açığa çıkarttığı hisler ve sezgilerdir.

Çünkü çok zor bir şeyin içindeyken oradan kaçmak kolay. Kalmak ve dayanıklılık göstermek için bir motivasyona ihtiyaç duyarsın zorlukların içinden geçerken. Bu noktada çekirge seni zorla zor şartlar içinde tutmaz, canlandırdığı sezgiler sayesinde motivasyonu da sağlar. Yaptığın şeyin bir şekilde hayatına iyi geldiğini, yaşam yolculuğunda doğru adımları attığını hissedersin.

Teşekkürler çekirge.

Belki de bu yolculukta hâlâ ruhumda benimle birlikte en çok nefes alan ve ruhuma çok iyi gelen dost arketipim olduğun için.

Yoga pratiklerine çekirge duruşunun en basit formuyla başlarız tabii. Bu pozun basit formu bile uzun süreli uygulandığında zorlaşır. Sadece fiziksel etkilerden dolayı değil, yarattığı hislerden dolayı da.

Çünkü gerçek bir öğrenciye yani "çekirgeye" dönüşmek çok meşakkatli bir iştir. Ardından pratikte ilerledikçe, ileri seviye duruş versiyonunu uygularız ki bu duruş göreni büyüler, "İnsan bedeni bunu nasıl yapabilir?" dedirtir. Bu hareketin tam versiyonu olan duruş, yoga duruşlarının efendisidir. Çünkü kalpten, gönülden yeryüzüne, dünyaya, maddeye sarılarak, köklerin göğe yani soyuta, maneviyata yükselmesini anlatır. Varoluşla, evrenle, yaşamla büyük bir güçle bağ kurduğumuz bir duruştur. İnsana "Bu duruş nasıl yapılabilir?" dedirten şey öncelikle pozun zorluğu gibi görünse de, aslında altında yatan bu derin anlatımdır büyüleyici olan.

Manevi pratikler yapan insanların genel olarak çekirge arketipiyle muhatap olmaları sezgilerini iyi kullanabilmelerini sağlar.

Çekirge arketipi nerede, neden çalıştırılmamalıdır?

Çekirge arketipi yüksek risk içerdiği için mümkün mertebe tercih edilmemelidir. Ancak nefisle ilgili iradeyle ilgili konularda çok gerekli olduğunda dikkatli kullanılmalıdır. Bu arketipin bir öğretmenin ışığında çalıştırılması her zaman daha faydalıdır.

Hangi cümleleri sıklıkla tekrarlayanlar çekirge arketipini çalıştırmalıdır?

"Yaşamın bana gösterdiklerini görebilmek istiyorum!"
"Attığım adımları evrenin, varoluşun ışığında atmak istiyorum!"
"Sezgilerim hiçbir işe yaramıyor!"

Çekirgenin ortaklık kurabileceği hayvanlar: Ruhani pratikleri yapanlar ve nefis üzerinde derin çalışmalarla ilgilenenler açısından çekirge gerçek bir dosttur. Bu konuda sinekle beraber çalıştırmak çok etkili sonuçlar verecektir. Aynı zamanda yunusla birlikte çalışan çekirge de oldukça güçlü bir ruh hali ortaya çıkarır. İkisi de yaşamı dinleyerek hareket etmeyi sağlayan arketiplerdir. Yunusun da desteğiyle çekirgenin gösterdiği yoldan büyük bir zarafetle ve bilgelikle yürünebilir.

DEVE

Bir çöl hayvanı olarak bilinen deve, su ve yağ tutma özelliği sayesinde soğuk iklimlere de adapte olabilir.

Develer hörgüçlerinde yağ depolayarak günlerce aç ve susuz kalabilirler. Çöl ortamına uyum sağlayabilecek bütün donanıma sahiptirler. İki kat kirpikli gözkapakları, tüylü kulak delikleri, gerektiğinde kapanabilen burun delikleri, keskin görme ve koku alma kabiliyetleriyle fırtınaların içinden kolaylıkla geçebilirler. 50 derece sıcaklıkta 9 gün aç ve susuz kalabilmeleriyle adeta mucizevi varlıklardır.

Deve arketipinin ilgili olduğu konular: Zorluklar içinde sükûnet, biriktirdiğini misliyle yaşamak, güç gerektiren konularda hizmet

Elementi: Toprak

Deve, toprak elementini dengeleyen arketiplerden biridir. Toprak elementinin özellikle "zorluklar içinde sükûnet, biriktirdiğini misliyle yaşamak, güç gerektiren konularda hizmet, zenginlik ve servet" konularını çalıştırıp destekler.

Deve çok güçlü arketiplerden biridir. Fırtınanın içinde bile merkezini bulabilmeyi, insanın ayağının altından yer kayıp giderken bile basacak sağlam bir yer bulabilmeyi ifade eder.

Deve, şartlara bağlı olmadan köklenebilir. Her koşul altında, yaşamda nerede durabileceği ve nerede ayaklarını yere sağlam basabileceği konusunda ustadır. Sıkıştığımız konularda deve bize çözümlerle gelmez. Sadece değişmeden sabit kalabilme ve sükûnet içinde durma kabiliyeti kazandırır.

Deve aynı zamanda biriktirdikçe zenginleşmeyi ifade eder. Sözünü ettiğim zenginleşme 10 biriktirenin, bu birikimi 50 değerinde kullanabildiği bir zenginleşmedir.

Deve biriktirdikçe, biriktirdiğinden katbekat daha büyük bir zenginlik açığa çıkarır. Bereketini başkalarına olan hizmetinden alır ve bunun farkındadır. Devenin gücünün temelinde bu farkındalık vardır zaten. Hizmet ettikçe bereketin geleceğini bilerek dişini sıkar ama yapamayacağı şeyler için değil... Sebat ederek, sükûnetle altından kalkabileceğini bildiği işler için dişini sıkar.

Deve, hizmetini paylaştıkça azalmayan hatta daha da güçlenen bir dinamiğin simgesidir.

Devenin gücü onu sınayacak veya zorlayacak konularda ortaya çıkar. Bu açıdan bakıldığında toprak elementi oldukça yoğun bir arketiptir. Kişinin zorlandığı sınavları kolaylaştırmasa da, onun bu sınavların içindeki halini kuvvetlendirir.

Ayaklarını toprağa sağlam basamadığın zamanlar olabilir. Yapmakta olduğun şeyler sana zor gelebilir, hatta altından kalkamayacakmış gibi bile hissedebilirsin. İşte böyle zamanlarda ayağını yere büyük bir güçle basmak ve yaptığın işlerin içinden kolaylıkla geçmek için zihninde deve arketipini çalıştırabilirsin.

Deve, zorlu zamanlarda sabrını yitirip duygulara kaçmaya başladığında, her şeye rağmen merkezinde kalmana ve sebat ederek yoluna devam etmene destek olacaktır.

Sahip olduğun halihazırdaki zenginliklerini sana hatırlatır ve onlara sahip çıkmak yolunda farkındalık yaratır.

Deve arketipi nerede, nasıl çalıştırılmalıdır?

Zor bir süreçten geçiyorsan, sana en büyük desteği verecek olan arketip kuşkusuz ki devedir.

Devenin nitelikleri süreç boyunca sana eşlik edecektir ve yaşadıklarını kolaylaştıracak bir hal ortaya çıkaracaktır. Yaşadığın zorluklar elbette azaltmayacaktır belki ama ayakların yere sağlam basacağı için süreci atlatıyor olacaksındır.

Deve, yaşamda karşına çıkan zorlukların arasında kaybolmadan, nerede duracağını hatırlatır sana. Bu özelliği sayesinde de günlük hayatın akışını rahatlatıcı bir etkiye sahiptir.

Yaşananlara rağmen, yerini kaybetmeden olduğun şekilde kalabilme ve yoluna devam edebilme gücü sağlar.

Maddi veya manevi olarak zorlukla birikim yapıyorsan, o alanda deve arketipini çalıştırmaya başlayabilirsin. Bir biriktirerek, zamanı geldiğinde bin sonuç alabilirsin.

Hizmet sektöründe işletmesi olanlar, deve arketipini çalıştırarak işletmenin verimliliğini artırmaya destek olabilirler.

Diyelim ki iş hayatında sıkıntılar var, ilişkinde de işler yolunda gitmiyor. Bu zorlu ve can sıkıcı süreci atlatırken sükûnetini korumanı ve yanlış bir şey yapmanı engelleyecek olan arketip kesinlikle devedir. Sonucunda da misliyle mutlulukla karşılaşmanı sağlar.

Zenginliğin ortaya çıkmasını da destekler. Beklemediğin bir anda miras alabilirsin mesela. Beklemediğin anda ikramiye çıkar ya da. İşler kötüye giderken, biri işlerine yatırımcı olup maddi olarak kaynak sağlamak isteyebilir.

İşlerinde sıkıntılı bir sürece girdiysen mutlaka işyerinde veya işyeri kasasında deve sembolünü kullan. İşyerine koyacağın bir deve biblosu veya görseli, kasanın üzerine yapıştıracağın bir deve çıkartması bilinçaltındaki deve arketipini uyandıracak, bu süreçte güçlü kalmanı sağlayacaktır. Maddi açıdan da gidişatı doğru yönetebileceksindir.

İşler kötüye giderken insan, panikleyerek yanlış kararlar alabilir. Deve ayaklarını yere öylesine sağlam basar ki altındaki topraktan tereddüt etmediği için kararları da panikle ve aceleyle alınmış kararlar olmaz.

Hayatta her şeyin üst üste geldiği bir dönem yaşıyor olabilirsin. Başına gelen her şey yaşamını biraz daha zorlaştırıyor ve içinden çıkılmaz bir hale sürüklüyor da olabilir. Omuzlarındaki yükü azaltamıyorsan, yükünü taşıması için deveye devredebilir, bilinçaltındaki deve arketipini uyandırabilirsin. Üzerinde deve figürü bulunan kıyafetler giyebilir ya da takılar kullanabilirsin. Cep telefonunun ekranında deve görseli bulundurabilirsin.

Unutma, deve zorluklarla çalışır. Bereketinin yerinde olduğu, para alışverişinin rahatlıkla gerçekleştiği bir alanda deveyi uyandırmak işe yaramaz. Bereketli bir alanda, zorluklar çekilmeden birikim gerçekleşiyorsa burada devenin yapacağı bir iş yoktur.

Deve arketipi nerede, neden çalıştırılmamalıdır?

Deve arketipi, insanı hizmet etmeye teşvik eder. Kendi hayatındaki işlerle fazla meşgulken ya da yardım etmek yerine yardım alma ihtiyacı içindeyken deve arketipiyle çalışmak doğru olmaz.

Ayrıca hareketli olmak ve yeni başlangıçlar yapmak gereken bir dönemdeysen, deve seni amacına yönelik desteklemeyeceği için kullanılmamalıdır. Deve zor süreçlerin arketipidir, yeni başlangıçların değil...

İhtiyacın olmadığı halde beklenmedik zenginlikler için deve arketipini çalıştırmaya kalkışmak, bir yerde hayata meydan okumaktır ve beraberinde zorlukları da çağırmak anlamına gelir.

Hangi cümleleri sıklıkla tekrarlayanlar deve arketipini çalıştırmalıdır?

"Zorlu günlerden geçiyorum, umarım sükûnetimi koruyabilirim!"

"Sırtımdaki yükü taşıyıp taşıyamayacağımdan emin değilim!"

"Hayatımda her şey üst üste geliyor!"

"İşler yolunda gitmiyor!"

Devenin ortaklık kurabileceği hayvanlar: Deveden destek alırken, bolluk ve bereket getirmesi ve düzeni daha kolay sağlayabilmek için karınca arketipi çalıştırılabilir.

Deveyle çalışırken horozdan uzak durmakta fayda vardır çünkü horoz dik başlılık getireceği için aşılmaya çalışılan zorlu süreci daha da zorlaştırır.

Kaplumbağa oldukça faydalı bir destekçi olacaktır, zira süreç boyunca iradeli hareket, kararlılık ve dayanıklılık sağlayacaktır.

FARE

Farelerin genetik yapıları insanınkine benzer. Koku alma ve işitme duyuları oldukça hassastır. Çoğunlukla toplu halde yaşamayı severler. Hızlı kaçabilen ve çok da hızlı üreyebilen hayvanlardır. Yeryüzünün bütün karalarına dağılmışlardır. Her türlü hayvansal ve bitkisel maddeleri yerler. İnsan eliyle yapılmış korunaklı yapılarda yaşamayı yeğleyen birçok tür, depolanmış yiyecekleri tüketirler ve her çeşit gereci kemirirler. Doğada kalabalık sürüler halinde bulunduklarında tarım ürünlerine de büyük zararlar verebilirler. Birçok yabani hayvanın en önemli besinlerinden biri sayılan fareler bu yönleriyle doğal dengeyi korurlar.

Fare arketipinin çalışmasına ihtiyaç duyabilir miyiz?

Elbette duyabiliriz.

Fare arketipine özellikle zor zamanlarda ihtiyaç duyulur. Mesela savaşta ya da salgında... Hayatta kalabilmek ve işimizi devam ettirebilmek için fare arketipini çalıştırmak yanlış olmaz.

Fare beraberinde düzensizlik de getirir kuşkusuz. Zaten bu sayede hayatta kalabilir. Diyelim ki bir salgın hastalık peyda oldu ve dışarıda savaş hâlâ devam ediyor. Dükkânı olan küçük bir esnafsın. Hayatta kalabilme şansın giderek azalıyor. Bu durumda fare arketipiyle çalışarak hayatta kalma ve sürdürülebilirliği sağlama gücünü kazanabilirsin.

Fare, hayatta kalabilmen için seni yanlış yapmaya teşvik edecektir. Dükkânın kapanmasın diye kirasını ödemeyerek ya da yolsuzluk yaparak dükkânı ayakta tutmanın yolunu bulduracaktır. Bu durumda dükkânın bir bereketi olmayacaktır ama kapanmayacaktır da en azından. Orada hayat sürecektir hâlâ...

Farenin tek amacı seni, işini ve ilişkini hayatta tutmaktır. Bu uğurda sana hem yol gösterir hem akıl verir.

Her şey yolundayken fare arketipini çalıştırmak açgözlülük etmek olacağı için çok tehlikelidir. Hayat olağan akışındayken dükkân daha çok kazansın diye yolsuzluk yaptığında hayatta kalmak için çabalayan değil, hırsızlık yapan kişi olacaksındır.

Fareyle karınca farklı kutupları çalıştırdığı için birlikte kullanılamaz.

Pandemi döneminde kepenkleri indiren kafeler için bereketin temsilcisi olan karınca arketipi çalıştırıldığında hiçbir fayda elde edilmez. Mekânlar zaten kapalıyken bereket arketipi çalıştırmanın bir anlamı da olmaz. Kapalı mekân için henüz bereket gündemde değildir. İhtiyacı olan şey yoksulluk içindeyken sürdürülebilirliği sağlamak adına faredir.

Fare arketipi can çekişene yol gösterir, akıl fikir verir. Gerekli adımı atacak kararlılığı sağlar. Belki hayatta kalmak için eleman eksiltmesi, kirayı ertelemesi gerekecektir. Uzaktan bakınca her ne kadar hırsızlık ediyor gibi görünse de hayatta kalabilmek için lazım gelen hamleyi bulduracaktır ona fare arketipi...

Fare arketipinin ilgili olduğu konular: Hayatta kalmak için fedakârlık, grup bilinci, düzensizlik, hırsızlık, yoksulluk içinde var olabilmek

Elementi: Toprak

Fare, toprak elementini dengeleyen arketiplerden biridir. Toprak elementinin özellikle "hayatta kalmak için fedakârlık, grup bilinci, düzensizlik, hırsızlık, yoksulluk içinde var olabilmek, yoğun çaba, didinmek, hayatta kalmak için çabalamak" konularını çalıştırıp destekler.

Fare arketipi sadece maddi alanda değil, zihinsel olarak da yaşamdaki düzensizliğin temsilcisidir. Kişinin önce yaşadığı oda dağılmaya başlar, sonrasında çantasının içinde devam eder düzensizlik... Derken düşünceleri, planları, işleri, ilişkileri ve bütün hayatı... Her yerde bir düzensizlik baş gösterir.

Fare hayatta kalmak için oldukça yoğun çabalar göstermeye ve fedakârlıkta bulunmaya hazırdır. Hatta yapacağı fedakârlıklar, günün sonunda kendinin zarar göreceği erdemsiz davranışlar sergilemesine bile yol açabilir.

Fare gerektiğinde çalabilir.

Fare arketipiyle sık muhatap olmaya başladığında hayatında hırsızlık eylemi aktif demektir. Birinin sadece malını çalmak değildir hırsızlık... Fikrini, düşüncesini, hayallerini, emeğini çalmak da hırsızlıktır.

Fare yokluğun içinde bile varlığını sürdürebilir. Lakin bu yeteneğini göstermek için önce yoksulluğa mahal verir.

Fare aynı zamanda gruplaşmayı, bir topluluğa ait olmayı da ifade eder. Kolaylıkla olmasa da, bir gruba dahil olmayı başardıktan sonra, kendi için olduğu kadar grup için de özveride bulunur.

Pek bir şey yapmadığın halde yorgun ve tükenmiş hissediyorsan, hayatında birtakım enerji kaçakları var demektir. Kendini bilinçsizce tüketiyor olabilirsin.

Fare arketipi enerji kaçaklarını keşfetmen için ihtiyacın olan hayvandır.

En zor şartlarda bile sosyal varlığını sürdürerek hayatta kalmaya odaklandığından, gereksiz enerji kaçaklarına tahammülü yoktur farenin. Böylesi zamanlarda zihninde fare arketipini çalıştırmaya başlamak, hayatında neye ne kadar enerji harcadığını fark etmeni ve gereksiz harcadığın enerjilerin önüne geçmeni sağlar.

Fare arketipi nerede, nasıl çalıştırılmalıdır?

Zor şartlar altında hayatta kalmak için gerekenin yapılması yolunda grup bilincinin de oluşması adına fare arketipi çalıştırılabilir. Oluşan bu grup bilinci sayesinde, hayatta kalmak için herkes gerekli fedakârlığı gösterebilir ve hatta hayatta kalmak için topluluk kuralları bile esnetilebilir, değiştirilebilir.

Kapanmaya giden dükkânlar veya şirketler fare sembolünü tercih ederek bu olağanüstü halle mücadele etme yeteneği doğurabilirler. Bu sembolü işyerinde çalışanların da görebileceği alanlarda kullanmak grup bilincini tetikleyerek herkesin bu mücadelede gerekli rolü üstlenmesine olanak sağlar. "Gemi battığında hepimiz batacağız!" düşüncesini uyandırır ve bu sayede herkesin elini taşın altına sokar.

Çok özel durumlar dışında bu arketipi uyandırmak oldukça risklidir. Çünkü erdemsiz davranışları da tetikler. Her şeyin yolunda gittiği bir işyerinde fare sembolü kullanmak işyerinde düzensizliğe yol açar. Çalışanlar haklarının karşılığını alıyor olsalar bile, yetinememe hali ortaya çıkar ve işverenden çalma yoluna giderler. Çalma eylemi illе maddi olmaz, işten erken çıkmak veya işe geç gelmek de mesaiden çalmaktır.

Fare arketipi başkalarının zamanını, fikrini hatta üretimini çalmaya da teşvik edebilir.

İlişkide de artık kaybedecek hiçbir şeyin kalmadığı noktada, yine de ilişkinin bitmesini istemeyen kişiler için son bir şans olarak işe yarayabilir. Ancak ilişkide kaybedecek hiçbir şeyin kalmadığı nokta zaten başlı başına riskli bir evredir. İhanet, yalan, şiddet gibi her türlü olumsuzluk yaşandığı halde ve geriye kurtarılacak hiçbir şey kalmamış olmasına rağmen, aradaki bağlantının devam etmesi ille çok arzulanıyorsa fare arketipi çalıştırılabilir.

Mickey Mouse ve Jerry sıkça karşımıza çıkan meşhur farelerdir. Çocuklar bu sembollere sıkça maruz kalırlar. Çocukların çoğu bu yüzden kendilerine ait olmayan eşyaları alma eğilimi gösterirler.

Çalmak, fare arketipini çalıştıran çocuklar için sıradan bir eylemdir. Ne de olsa gelişim sürecinde savunmasızlardır ve hayatta kalma dürtüleri bu yüzden fare arketipiyle çalışma eğilimindedir. Çocukların gelişim sürecinde hayatta kalmaları ve sağlıklı bir gelişim gösterebilmeleri için gereken her şeyi yapmaları adına fare arketipini çalıştırmaları faydalıdır. Bu iki meşhur farenin çocuklar için üretilen filmlerinin ve oyuncaklarının olması tesadüf değildir.

Fare arketipi nerede, neden çalıştırılmamalıdır?

Fare arketipi, uyandırdığı niteliklerden dolayı ağır bir yaşam mücadelesi dışında tercih edilmemelidir. Aksi takdirde kişinin erdemsiz bir karakter ortaya koymasına neden olur.

Hangi cümleleri sıklıkla tekrarlayanlar fare arketipini çalıştırmalıdır?

"Galiba işyerimi kapatmak zorundayım!"
"İflasın eşiğindeyim!"
"Artık bizim için her şey bitti, her şeyi kaybettik!"
"Kaybedecek hiçbir şeyim kalmadı!"
"Bittim artık, buraya kadarmış!"

Farenin ortaklık kurabileceği hayvanlar: Fareyi tek başına kullanmakta fayda vardır. Fare büyük fedakârlıklar getirdiğinden diğer hayvanlarla çatışan nitelikler ortaya koyar.

HOROZ

Horoz, tavuktan daha iri ve gösterişlidir. Tavuğa göre kuyruk ve boyun tüyleri daha uzun ve parlaktır. İbiği büyük ve gösterişlidir. Kendine has, ahenkli bir ötüşü vardır.

Horozlar, sahiplendikleri alanı korumak için agresif ve kararlı bir tutum gösterirler.

Horoz arketipinin ilgili olduğu konular: Sahip çıkmak, yöneticilik, dik başlılık, somuta getirme kabiliyeti, büyük işler başarma

Elementi: Toprak

Horoz, toprak elementini dengeleyen arketiplerden biridir. Toprak elementinin özellikle "sahip çıkmak, yöneticilik, dik başlılık, somuta getirme kabiliyeti, büyük işler başarma ve uyanma" konularını çalıştırıp destekler.

Horoz temelde bir alana sahip çıkmak ve o alanı yönetmekle ilgilidir. Dolayısıyla yöneticilik niteliğinden kaynaklı olarak dik başlılığı da ortaya çıkar. Dik başlılığı ona büyük bir yönetim kabiliyeti verirken aynı zamanda dezavantajlar da doğurur. Örneğin daha iyi fikirler sunulduğunda bunları görmezlikten gelerek bildiğinden şaşmayabilir.

Horozun yönettiği kişilerin farkındalığını artırıcı bir rolü de vardır. Yani çalıştığı insanların hava elementini yükseltir. Bu sayede çalışanlar daha usta, yaptığı işin daha farkında ve yaptıkları işin değerini daha iyi bilen insanlar olarak çalışırlar. Bu niteliği horozu en iyi yöneticilerden biri yapar.

Konu toprak elementiyse "sahip çıkmak" meselesi oldukça mühimdir. Toprak elementi, sınırlarını daima bilmek ister. Böylece nasıl bir hareket ortaya koyabileceğini belirler. Çünkü toprak elementi, en somut elementtir.

Horoz, sınırları bilmeyi ve bu yolla olana sahip çıkmayı simgeler. Kişinin hareket alanını tanıyarak gerekli hareketi gerçekleştirmesine imkân sunar. Bu durum onun alanına köklenmesini ve bu yolla büyük işler başarabilecek temeli oluşturmasını destekler. Ayakları yere sağlam basan, kökleri yerini bulmuş olan insanlar ancak büyük işlerin üstesinden gelebilir. Toprak elementi el attığımız işleri tamamlamamızı ve işlerimizin somuta dönüşmesini yani gerçekleşmesini sağlar. Bu açıdan bakıldığında horoz, oldukça ciddiye alınması gereken bir arketiptir.

Horozun en büyük özelliği yöneticiliğidir. Bu açıdan aslan arketipiyle karşılaştırılabilir ama horozun yöneticiliği aslanınkinden daha sürdürülebilir ve daha kabiliyete dayalı bir yöneticiliktir. Aslan arketipi, kişinin hayatında yeni başlayan işlerde süreci yönetmesini sağlarken horoz, halihazırdaki işleri yönetme kabiliyeti getirir. Ne de olsa ateş başlangıçlarla ilişkilidir, topraksa devam eden konularla.

Horoz deneyimli bir yönetici olduğundan aslanınki gibi gösterişe dayalı bir güce ihtiyacı yoktur. Horoz deneyiminden dolayı büyük işler başarabilir. Çalıştırdığı kişilerin de yeteneklerini daha iyi kullanması için onlara gerekli alanı sunabilir. Aslan sadece gücünü sunar, güven vermez. Oysa horoz güven veren bir yöneticidir.

Arketipi çalıştıran kişi çalıştığı yerde yönetici pozisyonunda değilse, ortamda bir dik başlılık sorununun yaşanması an meselesidir. Aktive edilen horoz arketipi, dediğim dedik bir tavrın oluşmasına yol açar. Yönetici olmayan kişi bu arketiple çalıştığında kendi yöneticileriyle çatışma yaşamaya başlayabilir.

Horozun diğer güzel niteliği de sahipleniciliğidir. İşe ve ilişkiye nasıl sahip çıkmak gerektiği konusunda kişiye ustalık kazandırır.

Evde çalıştırmak açısından da güzel bir arketiptir. Çocuğu doğru yönlendirebilmek ve ebeveynin hem kendi alanına sahip çıkabilmesi hem çocuğa sağlıklı alan belirleyebilmesi yolunda destekleyici bir arketip olacaktır.

Hayatının sınırlarını kaybetmeye başladıysan, hayatını yönetemez olduysan, üstüne üstlük bir de yönetmek zorunda olduğun insanlar varsa, horoz arketipini çalıştırmanın vakti gelmiş demektir.

Horoz, hayattaki sınırlarını belirleyerek varlık alanını ortaya koyar. Bu sınırlar içindeki hükmetme yeteneğini geliştirir ve yöneticilik kabiliyetini artırır.

Horoz yapılması gereken eylemleri de hatırlatır. Bir nevi sorumluluk kazandırır. Özellikle sorumluluktan kaçtığın zamanlarda horozdan destek alabilirsin.

Horoz arketipi nerede, nasıl çalıştırılmalıdır?

Yöneticilik yapanların özellikle tercih edeceği bir arketiptir. Özellikle çalıştırdığın insanların hava elementinin artması işine gelecekse, horoz arketipini uyandırmak için çok da düşünmene gerek yoktur.

Büyük işlere kalkıştıysan, bulunduğun alana sahip çıkmak ve işlerin üstesinden gelmek için horozdan destek alabilirsin.

Ortaya çıkardığın fikirleri, projeleri somuta getirmeye çalışıyorsan; örneğin bir pastane açma fikrin varsa ve bunun üzerine uzun süredir planlar yapıyorsan işi artık somuta getirmek, gerçekleştirmek için horoz sembolünü telefon ekranında veya çalışma alanlarında kullanabilirsin. Horoz figürlü kıyafetler tercih edebilirsin. Böylelikle horoz arketipini ruhunda uyandırarak projelerini somuta dönüştürebilirsin.

Evde kendine ait bir alan yaratmıyorsan, herkes sürekli kendi başına kalmaya çalıştığında senin alanına dahil oluyorsa, kendi alanına sahip çıkmak için odanda bir horoz biblosu bulundurabilirsin. Böylece uyanan horoz arketipi sayesinde ister istemez evin diğer bireylerinin senin yaşam alanına saygı duymalarını sağlamış olursun.

Horoz arketipi nerede, neden çalıştırılmamalıdır?

Horoz arketipi beraberinde dik başlılığı da getirir demiştim zaten. İşinde eğer yönetici görevinde değilsen, bu arketipin çalıştıracağı nitelikler yanlış roller üstlenmene neden olabilir. Bu da işinde büyük bir kaosa yol açabilir.

Öğretilerle uğraşanlar ve derin pratikler yapanlar horoz arketipini çalıştırmamalıdır. Özellikle öğretmene ve öğretiye karşı dik başlılık göstermek, teslimiyetçilikten uzak durmaya yol açar.

Henüz planı projesi tamamlanmamış işler veya konularla ilgili de bu arketipten uzak durmakta fayda vardır, aksi halde erken doğum riski söz konusu olabilir.

Hangi cümleleri sıklıkla tekrarlayanlar horoz arketipini çalıştırmalıdır?

"Büyük işler başarmak istiyorum!"
"Daha iyi bir yönetici olmak istiyorum!"
"Alanıma sahip çıkamıyorum!"
"Ürettiğime sahip çıkamıyorum!"
"İşime sahip çıkamıyorum!"
"Her ayrıntısını planladığım halde işlerimi somuta dönüştüremiyorum!"
"Bir kitap yazdım ama bir türlü basılmıyor!"

Horozun ortaklık kurabileceği hayvanlar: Horoz bir işi somuta taşırken, köpekten faydalanabilir. Köpek arketipi, insanların birlikte çalışmasına fırsat verir ve düzenli hareket kabiliyeti kazandırır. Böylece horoz da yöneteceği insanlarla uyum içinde çalışmayı öğrenir, onlarla işbirliği yapar. Bu sayede dik başlılığını da kısmen kontrol edebilir.

Kurt da keza birlikte hareket edebilme gücü verir. Aile değerleri konularını çalıştırır, özellikle ev içinde yaşam alanına sahip çıkmak, ilişkiye sahip çıkmak konularında horoz tercih ediliyorsa kurt horoza yol gösterici olur.

Karınca da ince ve detaylı bir çalışma ortaya çıkartması açısından horozun destek alabileceği hayvanlardan biri olabilir.

KAPLUMBAĞA

Kaplumbağalar görme ve koku alma duyuları oldukça gelişmiş canlılardır. Sürüngenlerin en eski ve en ilkel türlerinden biridir. Karada çok yavaş hareket etseler de yüzebilenleri gayet hızlı manevralar yapabiliyorlar. Açlığa dayanıklıdırlar ve çok uzun ömürlüdürler.

Kaplumbağa arketipinin temel amacı hayatı ve süreci yönetebilmek, olaylara kararlılık ve dayanıklılık göstermektir.

Kaplumbağa arketipinin ilgili olduğu konular: Dayanıklılık, kararlılık, iradeli hareket ve yönetim

Elementi: Toprak

Kaplumbağa, toprak elementini dengeleyen arketiplerden biridir. Toprak elementinin özellikle "dayanıklılık, kararlılık, iradeli hareket, yönetim, kontrol ve uzmanlaşmak" konularını çalıştırıp destekler.

Kaplumbağanın kararlılığının ve iradeli hareketinin altında dayanıklılık yatar. Kaplumbağa kararlıdır çünkü aldığı kararın ortaya çıkaracağı sonuçlara dayanabilir. Bu özelliği sayesinde hareketleri iradelidir.

Kaplumbağanın toprak elementinden kaynaklanan bir yönetim gücü de vardır. Horoz kadar etkili ve agresif bir yönetim şekli olmasa da etrafındaki her şeyin bütünlüğünü korumak adına başkalarını yönetme eğilimindedir. Dolayısıyla etrafında yardımına ihtiyaç duyanlara karşı kayıtsız değildir, tam tersine oldukça duyarlıdır. Kaplumbağanın yönetim şekli, olanı korumak üzerinedir. Bu yüzden duyarlı bir yöneticidir.

İradeli hareket etmek oldukça zor bir iştir. Kaplumbağa bu konuda değerli bir arketiptir. Hava elementi veya su elementi üzerinden çalışmadığından bilge gibi görünmeyebilir. Bilgelik sadece ustalıkla veya olanın içini görmekle elde edilmez. İradeye sahip çıkabilmek de başlı başına bilgeliktir. Kaplumbağanın bilgeliği, iradesine sahip çıkmaktan, attığı adımları bilmekten ve adımların sorumluluğunu taşıyabilmekten gelir. Kaplumbağanın yöneticilik becerisini en iyi gösterdiği yer kendi yaşamıdır.

Kendini çok telaşlı hissettiğin zamanlarda, karar almakta güçlük çektiğinde, aldığın kararların arkasında duramadığında, işte ya da ilişkide yaşadığın süreci yönetemediğini düşündüğünde kaplumbağadan destek alabilirsin.

Kaplumbağa arketipini çalıştırdığında sana öncelikle kararlılık kazandıracaktır. Kararlılık becerisi sayesinde hem ilişkinde hem de iş hayatında yol kat etmeye devam edebilirsin. Yolu kaplumbağayla kat ediyorsan, zarara uğraman mümkün değildir. Çünkü kaplumbağa işleri yönetmenin bir yolunu biliyordur mutlaka.

Kaplumbağa arketipi nerede, nasıl çalıştırılmalıdır?

Kararlılık ve dayanıklılık gerektiren her konuda kaplumbağa arketipi çalıştırılabilir. Böylece attığın her adımın arkasında durma gücünü bulabilirsin kendinde.

Arkasında durmakta zorlanacağın konularda da dayanma becerini kullanmanı destekleyecektir. Ayrıca iradenin sağlanamadığı konularda da destekleyici bir arketiptir.

Fiziksel veya ruhsal olarak kolay inciniyorsan, kaplumbağa net ve dayanıklı duruşuyla sana destek olacaktır. Bir evin seni güneşin sıcağından, rüzgârın esintisinden koruması gibi koruyacaktır.

Kaplumbağa arketipini özellikle hayatınla ilgili kararlar alma ve bu kararları uygulama aşamasındayken uyandırmanda fayda var. Bunun için yoga pratikleri yapıyorsan yogada kullanılan kaplumbağa duruşunu tercih edebilirsin. Yaşam alanında, kıyafetlerinde veya aksesuvarlarında kaplumbağa sembolleri taşıyabilirsin.

Kontrolünden çıktığını düşündüğün konularda, ilişkilerde, işlerde yine kaplumbağa arketipini çalıştırman süreci kontrol etme becerisi kazandıracaktır sana.

Süreç ne kadar gelgitli olursa olsun, bilinçaltında uyuyan kaplumbağa uyandırıldığı takdirde her zaman bir yol bulunur.

Kaplumbağa arketipi nerede, neden çalıştırılmamalıdır?

Kaplumbağa çok değerli bir arketiptir. Tercih edilmesinin riskli olacağı bir alan yoktur.

Hangi cümleleri sıklıkla tekrarlayanlar kaplumbağa arketipini çalıştırmalıdır?

"Çok kararsızım!"
"Başladığım şeyden kolayca vazgeçiyorum!"
"Süreci yönetemiyorum!"
"Çok kolay inciniyorum!"

Kaplumbağanın ortaklık kurabileceği hayvanlar: Horoz kaplumbağayı destekleyerek ona daha iyi bir yönetim gücü kazandırır. Kaplumbağanın yönetim kabiliyeti her ne kadar iyi de olsa, yöneticiliği çoğunlukla kendi hayatı üzerinden çalışır. Horoz ise yöneticilik niteliğini, ilişkide olduğu şeyler üzerinde de kullanma kabiliyeti sağlayacaktır.

Yusufçuk adanmak ve fedakârlık dinamiklerini çalıştırdığı için kaplumbağayla işbirliği yaptığında denge sağlayacaktır. Çünkü bazen süreci yönetmek için sıkça fedakârlık göstermek gerekebilir.

Boğa sabitlik sağladığı için kararlılığı destekleyici bir rol üstlenir. Her insanın aldığı kararların arkasında durabilecek bir sabitliğe ihtiyacı vardır.

KÖPEK

Köpekler dünyanın en geniş coğrafyasına yayılan ve en çok beslenen evcil hayvanlardandır. Çok zeki canlılardır. Koku alma yetenekleri hayli gelişmiştir.

Bir köpek, sahibinin kokusunu ömrü boyunca unutmaz ve onu her zaman tanır.

Köpekler ayrıca çok sosyal hayvanlardır. Bu yüzden insanlarla derin ilişkiler kurarlar. Gelişmiş duyguları sayesinde insanlarla kurdukları ilişkide bolca sevgi gösterirler ve sevgi görmek isterler.

Köpekler pek çok işte ustalaşmışlardır. Arama kurtarma çalışmalarından engelli insanlara yardım etmeye, çobanlık etmekten yüzmeye kadar oldukça geniş bir alanda ustalık sahibidirler. Tıpkı insanlar gibi eğitim alarak kendilerini geliştirmeye açıklardır.

Köpek arketipinin ilgili olduğu konular: Sadakat, bağlılık, düzenli hareket, birlikte çalışma

Elementi: Toprak

Köpek, toprak elementini dengeleyen arketiplerden biridir. Toprak elementinin özellikle "sadakat, bağlılık, düzenli hareket, birlikte çalışma" konularını destekler.

Köpek, düzenli hareketi sağlayan ve bunu yapmak için de toprak elementinin sadakat ve bağlılık özelliklerini çalıştıran değerli bir arketiptir.

Toprak elementi iş ya da ilişki konuları üzerinde gerçekleşecek bir harekete düzen ve devamlılık sağlar. Köpek arketipi uyandırıldığında bu alandaki niteliklerimizi yoğun şekilde çalıştırır.

Köpek, bağlılık ve sadakat nitelikleri sayesinde ekip ruhunu fazlasıyla besleyen bir arketiptir. İnsanların birbirlerine ve yaptıkları işe bağlılık göstererek çalışmaları için farkındalık yaratır.

Köpek arketipi, ruhani çalışmalarda da gayet önemlidir.

"Nefsimi köpek ettim" sözü de "Nefsim artık bana sadık ve aksiyonu benim kontrolümde" anlamında ortaya çıkmış bir ifadedir.

İnsan nefsini köpek ettiğinde, nefsi ona hem dosttur hem de kıymetli bir kılıca dönüşmüştür. Hatta öyle bir kılıçtır ki artık, her türlü cehaleti keserek ortadan kaldırabilir.

Ruhaniyet yolunda ustalaşmış kişiler ya da ermişler, dünyadan el etek çekmezler. Çünkü ermişin iç hali ve yükselişi onu dünyadan uzaklaştırmaz, bilakis dünyaya karıştırır, dünyayla bütünleştirir.

Diyojen'in de dünyada sahip olduğu tek eşyası olan yemek tasını, bir köpekten aldığı ilhamla bıraktığı unutulmamalıdır.

Diyojen bir gün tasına çeşmeden su doldururken yanına bir köpek yaklaşır. Diyojen suyunu alıp bir köşeye çekilir ve köpeği izler.

Köpek çeşmeden akan suya dilini uzatarak içmeye başlar. İşte o sırada Diyojen, büyük bir aydınlanma yaşar:

"Tüm nefsimi bu tasa sığdırmışım. Her şeyi bırakmamışım aslında, hepsini bu tasa doldurmuşum. Yıllardır yanımdan ayırmadığım bu tas meğer su içmek için değil, hâlâ bir şeye sahip olduğumu bilerek nefsimi rahatlatmak içinmiş" der ve tası oracıkta bırakır elinden.

Artık dünyaya karışmaya hazır hale gelir. Üzerinde hüküm sahibi olan hiçbir şey kalmamıştır.

Aidiyet hissedemediğinde, içinde bulunduğun topluluğa yabancılık duyduğunda, ilişkinde sadakat sorunu yaşadığında, ilişkini sahiplenemediğinde, köpek arketipini çalıştırabilir ve bütün bunları düzene sokabilirsin.

Köpek, içinde bulunduğun ortama karşı aidiyet hissini ortaya çıkarır. Çalışma arkadaşlarınla seni bütünleştirerek onlarla uyum ve keyif içinde çalışmana imkân sunar. Özellikle ekip işi yapıyorsan şüphesiz iş yapma becerini de artıracaktır.

İlişkilerinde sadakat duygusunu artırırken, hayatındaki insanla "eş" olduğunu hatırlatır, böylece daha bağlı ve birlikte yoğun bir ilişki yaşamanıza olanak tanır. Köpek arketipi bu yönüyle ilişkilerin ruhsal düzenleyicisidir adeta.

Köpek arketipi nerede, nasıl çalıştırılmalıdır?

Sadakat ve bağlılık gerektiren konularda köpek arketipini çalıştırmak yerinde olacaktır. Özellikle ikili ilişkilerde, grup çalışmalarında veya iş ortaklıklarında tercih edilebilir.

İlişkilerde iki tarafın da birbirine sadık kalmasını sağlar ve aradaki bağı güçlendirir. Gözü dışarı kayan partnerler için çalıştırılabilir bir arketiptir. Birlikte bir şey yapamamaktan şikâyetçi olan eşler de köpekten destek alabilirler. Yemekten yemeğe aynı masada buluşan çiftler, mutlaka köpekten faydalanmalıdırlar. İlişkilerde mümkünse bir köpek sahiplenmek bu arketipin en iyi şekilde çalışmasını sağlayacaktır. Köpek sahiplenmek mümkün değilse birlikte vakit geçirilen alanlarda köpek bibloları veya köpek görselli süsler tercih edilebilir. Eşler birlikte yoga yaparak özellikle köpek duruşlarının sık olduğu akışlar uygulayabilir.

Nefsi üzerinde çalışan kişiler pratik yaptıkları alanlarda köpek sembolleri tercih edebilirler. Özellikle yogayla ilgilenenler köpek duruşlarını kullanarak veya sokaktaki köpekleri besleyip, onlarla vakit geçirerek bu arketipi yoğun şekilde çalıştırabilirler.

Grup çalışmalarında, ortak çalışma alanlarında veya iş araç gereçlerinde köpek figürleri kullanılabilir. Grup üyelerinin hep birlikte sokak köpeklerini besleyerek onlarla vakit geçirmeleri sağlanabilir. Bu yöntem, köpek arketipini uyandırmak açısından çok etkilidir.

Köpek arketipi nerede, neden çalıştırılmamalıdır?

Gelip geçici işlerde köpek arketipini çalıştırmak risklidir. Köpek, bağlanma halini ortaya çıkaracağından, iş topraklanmaya başlayacaktır, dolayısıyla kalıcılık söz konusu olacaktır.

Sükûnetin ve sessizliğin hâkim olduğu alanlarda da çalıştırılmaması gereken arketiplerdendir. Alanın sükûnetini sonlandırıp harekete teşvik etmesi an meselesidir. Dolayısıyla mekânın kendi dinamiğini dengelemesi için ekstra enerji ihtiyacı harcanması gerekebilir.

Hangi cümleleri sıklıkla tekrarlayanlar köpek arketipini çalıştırmalıdır?

"Sadakatimi kaybetmiş hissediyorum!"
"Takım çalışmalarında çok kötüyüm!"
"Kimseye güvenerek bir işe atılamıyorum!"
"Nefsimi terbiye etmekte güçlük çekiyorum!"

Köpeğin ortaklık kurabileceği hayvanlar: Köpek arketipinin niteliklerinden biri "birlikte çalışmak" olduğundan birçok hayvan arketipiyle birlikte iyi ve güçlü bir iş ortaklığı kurabilir.

KURT

Kurtlar, köpekgillerin önemli fertlerindendir. Kurtların bir aile hayatı vardır. Anne, baba ve çocuklardan oluşan ailede hiyerarşi, güç dengeleri, öğretmenlik ve saygı çok önemlidir.

Diğer hayvan türlerinde görülmeyen kardeş kardeşe yardımlaşma ve birlikte yaşama geleneği kurtların güçlü nitelikleri arasında sayılır.

Kurtların bir diğer önemli niteliği ise hiçbir kurdun akraba bir kurtla çiftleşmemesidir. Kurtlar çoğunlukla tekeşli yaşayan hayvanlardır. Sadece özel durumlarda eş değiştirirler. Sürüler halinde avlanırlar ve birlikte hareket etme kabiliyetleri çok gelişmiştir.

Kurt arketipinin ilgili olduğu konular: Birlikte hareket edebilme gücü, aile değerleri, yol göstericilik

Elementi: Toprak

Kurt, toprak elementini dengeleyen arketiplerden biridir. Toprak elementinin özellikle "birlikte hareket edebilme gücü, aile değerleri, yol göstericilik, anın içini doldurma, hedefe yönelik akıl yürütme" konularını çalıştırıp destekler.

Kurt, sürüsünün içinde varlık bulur. Bu özelliğinden dolayı simgelediği temel nitelik, başkalarıyla birlikte hareket edebilme gücüdür. İnsan açısından muazzam bir kabiliyet sayılabilir.

İnsan, başkalarıyla birlikte hareket etme gücü kazandığında, doğru kişilerle doğru işbölümü yaparak üzerindeki gereksiz iş yükünden kurtulabilir. Toprak elementi; birlikte çalışmaktan da, bir arada olmaktan da keyif alır. Kurt, toprak elementinin bu niteliklerinin en değerli temsilcisidir.

Birlikte hareket edebilme gücünün yanı sıra aile değerlerine bağlılığı da ortaya çıkarır. Aile içindeki her bireyin kendi yerini bulması ve yeteneklerini kullanmasını destekler.

Kurdun birlikte çalışma kabiliyetiyle köpeğin birlikte çalışma kabiliyeti arasındaki en büyük fark, kurt sadece birlikte çalışmakla yetinmez, işi bir adım öteye götürerek herkesin nitelikleri ve sahip olduğu yetenekleri üzerinden çalıştırır ekibi... Bu bağlamda kişi sadece ekibe uyumlanmakla kalmaz, yeteneklerini de en iyi şekilde kullanabileceği bir pozisyonla kendine yer edinir.

Toprak elementinin sağladığı yöneticilik kabiliyetini kurt da taşır. Hem iyi bir takım arkadaşıdır hem de takım yönetilebilmek için lazım gelen desteği sağlamaya hazırdır.

Kurdun yöneticilik niteliği horozunki gibi keskin değildir. Kurt daha çok yol göstericidir. Yönetimin başında olma çabasında değildir. O daha çok ekibin parçası olma gayesindedir. Tıpkı bir danışman veya mentor gibi çalışır. Böylelikle herkesin yeteneklerini kullanabilmesi için yol gösterir, fırsatlar sunar.

Bir şeylere bağlılık gösterme ihtiyacın olduğu halde kaçınıyorsan, aile ilişkilerinde gelgitler yaşıyorsan ya da çatışma içindeysen, kurt arketipini çalıştırmanın zamanı gelmiş olabilir.

Kurt gerekli bağları kuracak, aile bağlarını güçlendirecek, gerekli anlayışın ve ilginin ortaya çıkması için lazım gelen gücü uyandıracaktır.

Kurt aile ilişkilerindeki olağanüstü gücü ve bilgisi sayesinde, aile içindeki yerini bulmana ve bu yere duyduğun bağlılığın kuvvetlenmesine destek olacaktır.

Aile içindeki yerini bulmak, ne demektir?

Örneğin annesinin annesi olmak, babasının babası olmak, çocuğunun arkadaşı olmak doğru bir konumlanma değildir. Kurt, bu tip kişilere ailenin içindeki gerçek yerini ve rolünü hatırlatabilecek güce sahip etkili bir arketiptir.

Hayattaki yerimizi fark etmemiz, aile içindeki yerimizi bilmemizle başlar. Ailesinin içindeki yerini kaybeden kişi hayatın içinde de kaybolma eğilimindedir.

Kurt sadece aile bağlarını güçlendirmez. İşimizle ve iş arkadaşlarımızla olan bağlarımızı da kuvvetlendirir. Ne de olsa onlar da bir nevi ailemiz sayılırlar ama değil mi?

Kurt açısından birlikte hareket etmesi gereken herkes önemlidir.

Kurt arketipi nerede, nasıl çalıştırılmalıdır?

Takım çalışmalarında özellikle tercih edilmesinde fayda görülen bir arketiptir. Ekip ruhunu beslemekte ve herkesi kendi uzmanlığında çalışmaya teşvik etmekte çok yeteneklidir. Ekip içinde kullanılan araç gereçlerde veya kıyafetlerde kurt sembolleri tercih etmek yerinde bir seçim olacaktır.

Kurt görselleri içeren süs eşyaları, ekibin çalışma ortamında veya her birinin ajandalarında kullanılabilir. Kurt her türlü ekip işinin kalitesini artırır. Ayrıca aile değerlerini besleyici bir özelliği de vardır. Aile yemeklerinde veya aile toplanmalarında kurt resimli bir tişört giymek veya ortamda bir kurt biblosu bulundurmak bir arada olmanın değerini kutsayacaktır.

Aile ilişkilerinde şifa arayan herkes için en güçlü çalışacak olan arketip, kesinlikle kurttur.

Danışmanlık hizmeti verenlerin de kurt arketipiyle çalışmalarında fayda vardır kuşkusuz. Böylece danışan ve danışman arasında birlik yakalamak kolaylaşacaktır.

Kurt arketipi nerede, neden çalıştırılmamalıdır?

Bireysel olarak ortaya çıkmanın gerektiği dönemler için doğru bir arketip değildir. Sıyrılmak istediğin, fark edilmek istediğin yerlerde kurt arketipini çalıştırman doğru olmaz.

Mesela solisti olduğun müzik grubundan ayrılmak isterken ya da işyerinden ayrılarak kendi işini kurmak istiyorken kurt arketipini aktive etmemeye dikkat etmelisin.

Hangi cümleleri sıklıkla tekrarlayanlar kurt arketipini çalıştırmalıdır?

"Aile ilişkilerim yolunda gitmiyor!"
"Anne babamla sorunlarım var!"
"Takım çalışmaları için kesinlikle uygun insan değilim!"
"Kimseyle birlikte çalışamıyorum, çok zorlanıyorum!"
"Birlikte yapılan çalışmalara uyum gösteremiyorum!"
"Birlikte çalıştığım ekipte yeteneklerimi kullanamıyorum!"

Kurdun ortaklık kurabileceği hayvanlar: Kurt arketipinin niteliklerinden biri "birlikte çalışmak" olduğundan birçok hayvan arketipiyle birlikte iyi ve güçlü bir şekilde çalışabilir.

TAVŞAN

Tavşanlar uyumlu hayvanlardır ve çok hızlı üreyebilirler. Uzun arka bacaklı, iri gözlü ve uzun kulaklıdırlar. Uzun kulakları sayesinde sesleri algılamakta gayet iyidirler, en ufak bir harekete ya da titreşime bile ürkerek tepki verirler. Kısa mesafede çok hızlı koşabilirler.

Doğada sürekli duydukları seslerden dolayı uyarılan tavşanlar her zaman şaşkın görünürler. Genel olarak asosyal olsalar da küçük veya büyük gruplar halinde görülebilirler. Belirli bir bölgeyi sahiplenerek yaşamazlar. Yaşam alanları çok geniş bölgelere yayılabilir. Gündüzleri uyuyup geceleri aktif olurlar. Toprak içine kazılmış kuyularda veya çöküntülerde gizlenerek uyurlar. Bu gizlenme hali onlara kısmen de olsa ses yalıtımı sağlar.

Cahil cesaretine sahip kişilerin kendilerini toparlamasında destekleyici bir arketip olarak tavşandan destek almak yerinde bir seçim sayılabilir. Korkusuzlar ve adrenalin bağımlıları için tavşandan faydalanmak yanlış olmaz.

Tavşan arketipinin ilgili olduğu konular: Korku, güvensizlik, odaklanma

Elementi: Toprak

Tavşan, toprak elementini dengeleyen sembollerden biridir. Toprak elementinin özellikle "korku, güvensizlik, odaklanma" konularını çalıştırır. Korkuları anlatır. İnsanın içindeki korkuya takılı kalmadan veya korkuyu sahiplenmeden, odaklandığı herhangi bir şey sayesinde merkezindeki kontrol etmeyi veya korkuyu değiştirmeyi ifade eder.

Tavşan, cesaret göstermekle ilgili değildir. Korkuların dayandığı temelleri fark etmekle ilgilidir. Bu sayede korkularının onu yönetmesini engeller. Korkulardan kurtulmanın yolu dikkati başka şeye vermektir.

Uçak korkun varsa ama yine de uçağa binmen gerekiyorsa tavşan sana "Kaçıracağın şeyin gerçekleşmemesinden mi korkuyorsun, uçaktan mı?" diye sorar.

Başarısızlıktan korkuyorsan eğer, tavşan sana "Hiç denemeden başarısız olmak mı yoksa deneyip de başarısız olmak mı?" diye sorar. Böylelikle tavşan, asıl ihtiyacın doğrultusunda korkuna rağmen hareket etmeni sağlar.

Hangi korkunun temelde seni motive ettiğini görmene olanak verir. Böylelikle korkularından dolayı hareketin engelleniyorsa, tavşan bu korkularla yüzleşmeni sağlar. Korkularla yüzleşmeyi başardığında, korku hissinin aslında sana ne şekilde harekete geçmen gerektiğiyle ilgili bir yol gösterici olarak mı yoksa hareketi durdurman gerektiğinin bir habercisi olarak mı karşına çıktığını anlayabilirsin.

Bu özelliğiyle tavşan odaklanmayı da ifade eder.

İçinde bilinçsizce bir cesaret uyandıysa, tehlikeli sonuçlarına rağmen birtakım işlere atılıyorsan, endişesizce paranın değerini kaybedecek yerlere harcıyorsan, yaşamına gerektiği kadar sahip çıkmayıp fiziksel olarak hastalanabilecek ya da sakatlanabilecek şekilde sürekli fevri davranıyorsan, içgüdülerin desteklenmeye ihtiyacı vardır.

Tavşan ortaya çıkardığı korku ve güvensizlik hissi sayesinde daha dikkatli hareket etmeni ve odaklanmanı sağlayacaktır.

Örneğin soğuk havalarda "Bana bir şey olmaz" diyerek her defasında ince giyinip hastalanan biri ya da bilmediği halde arabası bozulduğunda tamir etmeye çalışan ve bu yüzden daha büyük hasara yol açan biri, tavşan arketipini uyandırarak kendine "Dur!" demeyi öğrenebilir.

Tavşan arketipi nerede, nasıl çalıştırılmalıdır?

Aidiyet ve doğru şekilde köklenme konularında tavşan arketipiyle çalışmak tercih edilebilir. Korku yaşamımızı şekillendiren bir duygudur. Korku toprak elementinin eksikliğinden dolayı ortaya çıktığından aidiyetsizliğin ve köklenememenin de göstergesidir. Bu noktada, korkuların fark edilmesi ve korkularla yüzleşerek toprak eksikliğinin giderilmesi yolunda tavşan arketipinden faydalanılabilir. Bu aynı zamanda doğru şekilde köklenmeyi de sağlayacaktır.

Özellikle yoğun şekilde korkuları olanların korkularını tanıması ve korkularını yönetebilmesi adına tavşan arketipini tercih etmeleri çok yerindedir. Aksi takdirde görmezlikten gelinen korkular kişinin yaşamını yönetmeye başlar ve az önce bahsettiğim gibi kişinin toprak elementini azaltır.

Tavşan, cahil cesareti gösteren insanların korkularını mantıklı şekilde uyandırarak tedbirli adımlar atmalarını sağlar.

Korku, her ne kadar olumsuz bir his gibi algılansa da, korkusuzca hareket etmek cahilce bir eyleme ve acıklı sonuçlara neden olabilir.

Güvensiz ve yaralı giden ilişkilerde de sahip olunan korkuları görmek, güvensizlikleri su yüzüne çıkararak ilişkideki sorunları fark etmek adına tavşan arketipi uyandırılabilir.

Bu tip durumlarda tavşan sembollerini uzun süreli kullanmak yerine, dönemsel kullanmakta fayda vardır. İlişkide tarafların birbirine açılması, içini dökmesi ve böylelikle yaraları sarabilecekleri bir alan bulması tavşan sayesinde mümkün olabilir. İlişkinin yaşandığı alanda tavşan şeklinde objeler veya pijama üzerinde tavşan görselleri tercih edilebilir. Böylelikle çiftler birlikte tavşan arketipini çalıştırabilirler. Kişi eğer bireysel olarak bu arketipi uyandırmak istiyorsa, kişisel eşyalarında tavşan sembolü kullanmayı seçebilir.

Odaklanamamak da toprak elementinin eksikliğiyle ilgili olduğundan bu konuda da yine tavşan arketipini çalıştırarak destek alma yoluna gidilebilir.

Bir konuya odaklanmak istiyorsan ve dikkatini tamamen o konuya vermen gerekiyorsa, tavşan figürleri veya tavşan görselleri taşıyan kıyafetler, aksesuvarlar tercih edebilirsin. Hiperaktivitesi olanlar için çok işe yarayacak bir destekçidir. Özellikle fazla hareketli ve odaklanma sorunu yaşayan çocuklarda tercih edilebilir. Çocuklar tavşan arketipini çok severler çünkü güvende olmak için içgüdüsel olarak korkuya ihtiyaç duyarlar.

Bugs Bunny yine tesadüfi olarak çocukların hayatına giren bir çizgi film karakteri değildir. Çocukların odaklanmasını artıran, kendilerine zarar verecek hareketlerden kaçınmaları için korkularını çalıştıran ve bu yolla doğru köklenmeyi sağlayan bir semboldür tavşan.

Tavşan arketipi nerede, neden çalıştırılmamalıdır?

Yöneticilik yapan ya da danışmanlık veren kişiler, tavşan arketipini çalıştırmamalıdır. Bu arketip kişiyi çok korku odaklı çalıştıracağı için, dikkatini vermesi gereken konulardan uzaklaştıracaktır.

Hangi cümleleri sıklıkla tekrarlayanlar tavşan arketipini çalıştırmalıdır?

"Hiçbir şey beni korkutamaz!"

"Kurşuna kafa atarım!"

"Bana hiçbir şey olmaz!"

"Hiçbir şeye odaklanamıyorum, dikkatimi tam olarak veremiyorum, dikkatim hemen dağılıyor!"

"Korkularım beni yönetiyor!"

Tavşanın ortaklık kurabileceği hayvanlar: Boğa sabitlik getirdiği için tavşanın odaklanma becerisini destekleyecektir. Korkular toprak elementini azaltırken, boğa sunduğu sabitlik sayesinde toprak elementini artırır. Böylece tavşan arketipinde korkularını çalıştıran kişi, boğa sayesinde toprağını daha hızlı yükselterek korkularını kullanma becerisi sağlayabilir.

Kaplumbağa da kişisel bir yönetim ve dayanıklılık sunduğu için tavşanın uyanmasıyla ortaya çıkan süreci yönetmekte ve bu sürece karşı dayanıklılık göstermekte destekleyici olabilir. Korkuları görerek hareket etmek çok da kolay bir süreç değildir.

KARINCA

Karıncalar, sosyal canlılardır ve koloniler halinde yaşarlar. Birlikte yaşamak konusunda çok kıymetli ustalardır. Kolonideki her karıncanın farklı bir görevi vardır.

Yaptıkları işe göre, işçi karıncalar, köle/yapıcı karıncalar, kraliçe karınca gibi isimler alırlar. Kolonin merkezinde kraliçe karınca yaşar. Kraliçe karınca, diğerlerinden daha büyüktür.

Karıncalar çoğu ekosisteme uyumlanarak yaşarlar. Karada yaşayan hayvanların biyokütlesinin büyük kısmını karıncalar oluşturuyor. Yani kara hayvanlarının %15'lik kısmını karıncalar oluşturur.

Sosyal örgütlenme becerileri çok yüksektir. Bu becerileri sayesinde yaşam alanlarını değiştirebilir, kaynaklardan yararlanabilir ve kendilerini savunabilirler. Bir karınca kendi ağırlığının 50 katı fazlasını kaldırabilir.

Karınca arketipinin ilgili olduğu konular: Sebat, bereket, çalışkanlık, disiplin, düzen, ekip çalışması, aidiyet, topluluk bilinci, incelik ve detay

Elementi: Toprak

Karınca, toprak elementini dengeleyen arketiplerden biridir. Toprak elementinin özellikle "sebat, bereket, çalışkanlık, disiplin, düzen, ekip çalışması, aidiyet, topluluk bilinci, incelik, detay, sebatkârlık ve itina" konularını çalıştırıp destekler.

Karınca, düzensizliğin temsilcisi olan farenin tam aksine düzenin ifadesidir. Karıncanın düzeni büyük bir incelikle kurulur. Düzenin ortaya çıkabilmesi için karıncanın yeterince sabrı vardır. Karınca çalışkandır ve çalışkanlığının mükâfatı olarak da daima bereket sahibidir. Hiçbir çabası karşılıksız kalmaz.

Karıncanın çalışkanlığı sadece işi yapıp bitirmesinde değildir. İşinin her detayıyla ince ince uğraşmasındadır aynı zamanda. Karınca yaptığı işin hakkını verir. İşin nerede bittiğini de nerede hâlâ çalışılması gerektiğini de bilir.

Üzerinde incelikle çalışılması gereken, emek harcanacak işler karıncanın işidir. Karınca toprak elementinin aidiyet duygusunu güçlendirerek ekip çalışmalarına muazzam bir işlerlik kazandırır. Yine toprak elementinin düzen özelliğini de çalıştırarak kusursuz bir düzen ve hiyerarşi sağlar.

Özellikle şirketlerde, takım çalışmalarında veya çeşitli çalışma gruplarında karınca arketipini çalıştırmak son derece destekleyici olacaktır. Ekibin bir arada olduğu alanlarda, ekibin kullandığı araç gereçlerde ya da ortak mekânda karınca arketipiyle çalışılabilir.

Çalışkanlık, sebatkârlık ve bereket temsilcisi olan karınca, bulunduğu her yere üstün niteliklerini taşır. Karıncanın geldiği yerde bereket vardır.

İş hayatında bereketini kaybettiysen ya da bir düzen arayışı içerisindeysen karıncayla çalışmak için doğru zaman gelmiş demektir. Cüzdanında, işyerinde, iş araç gereçleri üzerinde karınca sembolünü kullanabilir, karınca figürü taşıyan aksesuvarlar tercih edebilirsin. Çalışma masana, gözünün sürekli görebileceği bir yere karınca şeklinde bir obje koyabilirsin.

Karınca arketipi uyanmaya başladığında beraberinde devamlılığı olan bir hareket, bir düzen oluşturma çabası hatta yoğun bir uğraş hali de ortaya çıkar. Bu süreçte karıncanın uyandırdığı nitelikleri kullanabilmek adına çaba göstermeye hazır olmalısın.

İlişkilerinde, yaşadığın yerde hatta aile içinde aidiyet hissini kaybettiysen, içindeki karınca arketipini uyandırmayı erteleme. Toprak elementinin azalmasıyla insan ilişkilerin içinde kendini kaybolmuş hissedebilir. Bu yüzden kolaylıkla arayışa yönelebilir ya da ilişkiden uzaklaşmaya yeltenebilir. Karınca toprağı destekleyeceği ve dengeleyeceği için uzaklaşmak yerine, gerçek ihtiyacın görünmesini sağlar.

Karınca aidiyet hissini geliştirecek, bereketini artıracak ve yaşamına düzen kazandıracaktır.

Karınca arketipi nerede, nasıl çalıştırılmalıdır?

Karınca arketipi, belki de her dönem insana hep fayda sağlamış arketiplerden biridir. Evini karıncalar bastığında sakın öldürerek yok etmeye kalkışmamalısın. Karınca demek, bereket demektir. Evine dolan bereketi kendi ellerinle yok etmiş olursun karıncalara zarar vererek.

Karınca, çalışkanlık, disiplin ve düzen gerektiren konularda gönül rahatlığıyla kullanılabilir. Özellikle üzerinde ince işçilik gerektiren konularda karınca arketipini çalıştırmak doğru bir seçim olacaktır.

Halihazırda kurulu işlerde düzeni ve bereketi sağlamak ve daha kaliteli işlerin ortaya çıkması için tercih edilebilir.

İşyerinde disiplin sorunu yaşıyorsan ya da ekip çalışmalarında işler çok da yolunda gitmiyorsa karıncadan destek almayı düşünebilirsin. İşyerindeki çalışma alanlarında karınca arketipini uyandıracak semboller bulundurmak, çalışanların disiplinini, çalışkanlığını, sabrını ve detaycılığını kuvvetlendirip destekleyecektir.

Ayrıca evin bereket alanı mutfak olduğu için, mutfakta karınca arketipini çalıştıracak semboller kullanmak evin bereketini artıracaktır.

İlişkilerde aidiyet duygusunu kuvvetlendirecektir karınca. Aidiyet, ikili ilişkilerin devam ettirilebilmesi adına çok önemli bir duygudur.

Karınca arketipi nerede, neden çalıştırılmamalıdır?

Karınca çok değerli bir arketiptir. Çalıştırılması hiçbir yerde ve hiçbir durumda risk oluşturmaz.

Hangi cümleleri sıklıkla tekrarlayanlar karınca arketipini çalıştırmalıdır?

"Hiçbir alanda bereketim yok!"
"Çok düzensizim!"
"Kendimi hiçbir yere ait hissetmiyorum!"
"İşleri gelişigüzel, sadece bitsin diye yapıyorum!"
"Hiçbir şeye sabrım kalmadı!"
"Çok tembelim!"

Karıncanın ortaklık kurabileceği hayvanlar: Karınca arketipi birçok hayvanla uyumlu çalışabilecek niteliklere sahiptir. Köpek, kurt, horoz gibi toprak elementi hayvanlarıyla güçlü bir birliktelik kurarak fayda getirebilir.

YUSUFÇUK

Yusufçuklar büyük gözleri sayesinde muhteşem bir görme yeteneğine sahiptirler. Sana doğru uçarken seni gördüğü gibi, bambaşka bir yöne, uzaklara uçarken de seni görmeye devam eder. Güçlü ve esnek kanatlarıyla bilinirler. Kanatları uçabilen diğer canlılardan farklı olarak kendi üzerine katlanmaz. Enteresan kanat yapısı hem havada sabit kalabilme imkânı verir hem de sıra dışı bir manevra yeteneği... Vücutları kuvvetlidir. Avlanırken bu özellikleri sayesinde havada avına çarparak onu sersemletme yoluyla yakalarlar. Bunu yapabilmek için avın uzaklığını, hareket ettiği yönü ve uçma hızını muazzam bir şekilde hesaplarlar. Beslendikleri canlıların popülasyonlarını dengelemeye yardımcı oldukları için doğada oldukça önemli bir rol üstlenirler.

Yusufçuk arketipinin ilgili olduğu konular: Bağlanmak, adanmak, fedakârlık, tılsımlar ve totemler

Elementi: Toprak

Yusufçuk, toprak elementini dengeleyen arketiplerden biridir. Toprak elementinin özellikle "bağlanmak, adanmak, fedakârlık, tılsımlar ve totemler" konularını çalıştırıp destekler.

Yusufçuk yapılan işe, yaşanılan ilişkiye, yürünen yola bağlanmayı ya da adanmayı temsil eder. Yusufçukta öylesine bir bağlılık söz konusudur ki bu uğurda her türlü fedakârlık gösterilebilir. Bu yönüyle yusufçuk, yola çıkılacak kişiye karşı sonsuz güveni ve adanmayı ifade eder.

Kendinden ödün veremeyen kişilerin, daha uyumlu bir varoluş hali sergilemesi için oldukça önemli bir arketiptir. Fedakârlık gösterebildiğimiz kadar becerebiliriz uyumlanmayı...

Hiçbir fedakârlık gösteremediğimiz noktada uyumsuzluk kendiliğinden baş gösterir. Bu açıdan yusufçuk zihnimizi esnetir ve yaşamla uyumu yakalayabilmek için gereken adımları atabilecek gücü ortaya çıkartır.

Aynı zamanda tılsımlarla da ilişkili bir arketiptir. Eskiden Şamanlar ve şifacılar tarafından tılsımlar oluşturulurken, tılsımın daha etkili ve güçlü olması için yusufçuk arketipinden faydalanılırdı.

İlişkilerinde bağlanma sorunu yaşıyorsan, kendini işine adayamıyorsan, kendini bencil hissettiğin bir dönemden geçiyorsan, etrafınızdaki insanların ihtiyaçlarına cevap veremiyorsan, fedakârlık edemiyorsan yusufçuk arketipini çalıştırmayı tercih edebilirsin.

Yusufçuk, ilişkilerde bağlılığı kuvvetlendirirken yapılan işe adanmayı da destekler.

Yusufçuk arketipi nerede, nasıl çalıştırılmalıdır?

Ruhani pratikler yapan insanlar açısından değerli bir arketiptir. Adanmayı ve yolla gönülden bağ kurmayı destekler. İşine adanmak ya da gönülden bağlanmak isteyenler yusufçuktan faydalanabilirler. Çalışma alanlarında, bilgisayar ekranında ya da bilgisayarın üzerinde bir çıkartma şeklinde yusufçuk görseli kullanılabilir ya da yusufçuk sembolü içeren ajandalar tercih edilebilir. Kısacası işle ilgili alanlarda yusufçuğu görmek, arketipin bütün niteliklerini açığa çıkaracaktır.

Yogada kullanılan yusufçuk duruşu, arketipin canlandırılmasında etkili bir güç olacaktır. Lakin yusufçuk duruşu oldukça zordur. Zira bağlanmak ve adanmak öyle kolay kavram ve deneyimler değildir. Gerçekten çaba ister. Bu pozu çalıştığın süre boyunca pozun fotoğrafını telefonun ekran görüntüsü olarak kullanmak da arketipin bütün niteliklerini uyandıracaktır.

İlişkilerde yusufçuk arketipi çok önemlidir. Partnerlerin birbirine adanması, birbiri için gerekli fedakârlıkları göstermesi yolunda hayli destekleyicidir. Birbiri için fedakârlıkta bulunan insanların mutlak bir gönül bağı kuracağı şüphesizdir. Bu bakımdan ilişkilerini daha derin bağlarla yaşamak isteyenler, ilişkinin yaşandığı alanlarda yusufçuk sembolü içeren görsellere ya da objelere yer verebilirler.

Okula bağlanamayan, sorumluluklarına adanamayan çocuklarda ya da ergenlerde çok işe yarayacak bir arketip olacaktır. Okula gitmek istemeyen çocukların çantasında ya da formasında bir yusufçuk sembolü kullanılabilir.

Bir konuda sabit kalamayan maymun iştahlı ergenlerin de özel eşyalarında yusufçuk sembolü bulunabilir. Bileklik ya da kolye olarak da üzerlerinde taşıyabilirler.

Yusufçuk arketipi nerede, neden çalıştırılmamalıdır?

Bağlılık hissinin gelişmesi istenmeyen hiçbir konuda yusufçuk arketipiyle çalışılmamalıdır. Unutmamalıdır ki yusufçuk basit bir konu için bile kendini adayabilecek güçtedir. Bu yüzden gelip geçici konularda bu arketipi çalıştırmamak gerekir.

Hangi cümleleri sıklıkla tekrarlayanlar yusufçuk arketipini çalıştırmalıdır?

"Hiçbir şeye adanamıyorum!"

"Mesaimin başlamasına daha on dakika var, telefonlara cevap vermeyeceğim!"

"Servise yetişmek için yarım saat daha erken kalkamam!"

"Hiçbir şeye tam olarak bağlanamıyorum!"

"Kimse için, hiçbir şey için fedakârlık gösteremiyorum!"

"Kendimden ödün veremiyorum!"

Yusufçuğun ortaklık kurabileceği hayvanlar: Yeni bir işe başlarken karga arketipinden destek alınırken, yusufçuk sembolüyle başlanan işe adanmışlık sağlanarak devamlılık kazanılabilir. Yine leylek arketipiyle çalışırken de aynı şey geçerli.

Tavşan arketipiyle çalışırken korkularla hareket etmeyi kolaylaştırmak için yusufçuktan faydalanmakta yarar vardır.

Kurt ve köpek gibi grup bilincini destekleyen arketipler de kullanıldığında, kendinden ödün vermekte zorlanan kişiler, gerekli fedakârlıkları gösterebilmek için yusufçuk arketipinden kişisel olarak destek alabilir.

BOĞA

Boğa, büyükbaş bir erkek sığırdır. Ağır ve güçlü cüssesinin yanı sıra, keskin boynuzlarıyla oldukça tehlikeli bir hayvandır. Stresli ya da tehdit altında hissettiğinde saldırmaktan çekinmez. Boynuzları öylesine güçlüdür ki bir arabayı bile yerinden oynatabilir.

Ayrıca boğalar renkkörüdürler.

Boğa arketipinin ilgili olduğu konular: Sabitlik, biriktirme ve aidiyet

Elementi: Toprak

Boğa, toprak elementini dengeleyen arketiplerden biridir. Toprak elementinin özellikle "sabitlik, biriktirme, aidiyet, günlük yaşam zevkleri, yeme içme hazzı" konularını çalıştırıp destekler.

Boğa toprak elementinin sabitlik ve aidiyet konularını en güçlü şekilde çalıştıran arketiplerdendir. Konu üzerinde sabit kalabilme ve devam edebilme becerisini çalıştırır. Aynı zamanda aidiyet hissini de destekler. Boğanın olduğu yerde, topraklanma vardır.

Boğa, biriktirme yapısına sahiptir. Bu özelliği toprak elementinin dişil özelliğinden gelir. Boğanın biriktirme özelliği çoğu zaman bereketi de gölgede bırakır. Boğa, ihtiyacı gözeterek biriktirmez, sadece biriktirir. İhtiyacın olmadığı halde boğayla biriktirme yoluna girmeyi tercih ettiğinde istifçilik etmiş olursun ki orada bereket söz konusu olmaz. Yatırım yapmak için değil de, sadece biriktirme güdüsüyle istifçilik yaptığında hayatındaki bereket gölgelenir. Biriktirdiğinin hayrını göremezsin.

Günlük yaşamdan zevk almak, hayatın tadını çıkarmak boğa arketipinin çalışma alanına girer. Boğanın derinliği yoktur. İçselliği değil, yüzeyselliği vurgular. Toprak elementinin somuta getirme ve somutu yaşama niteliklerini kuvvetli şekilde çalıştırır. Boğa sabit kalmayı sevdiği için rutinleri de sever. Boğa arketipi çalıştığında her gün rutin olarak tekrarlayıp durduğun günlük işlerden keyif almaya başlarsın. "Ah bugün de yine kahve, yine bilgisayar!" demek yerine "Oh ne güzel, bugün yine kahvemle ve bilgisayarımla birlikteyim..." dersin.

Bir alanda köklenmeye ihtiyaç duyuyorsan, bir ilişkide, işte ya da yeni taşındığın bir evde köklenmek istiyorsan boğa arketipini uyandırıp işe koşmanın zamanıdır.

Boğa sanki yıllardır oraya aitmişsin gibi hissettirerek seni köklenmeye ihtiyaç duyduğun alana yerleştirir. Aidiyet sorunu çektiğinde bil ki zihnindeki boğa arketipi yardımına gelmek için uyandırılmayı bekliyor demektir.

Sahip olduklarım ellerinin arasından kayıp gidiyormuş gibi hissettiğinde, gereken hiçbir şeyi biriktiremediğinde ya da birikim yapmaya ihtiyaç duyduğunda boğayla işbirliği kurman yerinde bir seçim olacaktır. İhtiyacın olanı elinde tutmak için boğa büyük bir kararlılık ortaya koyacaktır. Çünkü boğa kararlı ve sabittir. Dolayısıyla boğanın olduğu yerde yatırım yapmak kolaylaşır.

Boğa elinde olanı göstermekten hiç çekinmez. İlişkileri oldukça destekleyici bir yapısı vardır. Eşlerin ellerinde olanı birbirlerine açık yüreklilikle sunmalarını, ilişkideki aidiyet hissinin kuvvetlenmesini destekler. İlişkide zevk almayı sağlar ve ilişkiyi devam ettirebilme gücü verir. Aynı şekilde işte de sürdürülebilirliği sağlar.

Hayatında her şeyin sürekli değiştiğini düşünüyorsan, sen dursan bile sanki ayağının altındaki zemin kayıp gidiyormuş gibi geliyorsa, boğa arketipinin uyanmasına fırsat vermelisindir.

Boğa arketipi nerede, nasıl çalıştırılmalıdır?

Köklenme ihtiyacı duyulan her konuda çalıştırılabilecek kuvvetli arketiplerden biridir. Bir konu üzerinde sabit kalınması ve devamlılık gösterilmesi gerekiyorsa boğadan faydalanılabilir. Günlük hayatından zevk alamayan veya somut alanla ilişkisi zayıflamış olanların mutlaka tercih etmesi gereken bir arketiptir.

Boğa arketipi nerede, neden çalıştırılmamalıdır?

Boğanın sabitlik ve aidiyet niteliği güçlü çalıştığı için, değişim ve hareket gerektiren alanlarda kullanılması kişiye zarar verebilir.

Sebepsiz birikim yapan kişilerin de boğa arketipini çalıştırmamalarında fayda vardır, aksi takdirde istifçilik ortaya çıkar. İstifçiliğin olduğu yerde bereket olmaz.

Hangi cümleleri sıklıkla tekrarlayanlar boğa arketipini çalıştırmalıdır?

"Hiçbir konuda sabit kalamıyorum!"
"Hiç para biriktiremiyorum!"
"Elimde avucumda hiçbir şey kalmıyor!"
"Kendimi hiçbir yere ait hissetmiyorum!"
"Kendimi bu ilişkiye ait hissetmiyorum!"
"Bir ilişkide sabit kalamıyorum, gözüm hep dışarıda!"
"Sürekli iş değiştiriyorum!"
"Hayattan hiç zevk almıyorum!"
"Yaptığım şeylerin hiç tadı yok!"
"Bir rutin oluşturamıyorum!"
"Rutinler beni çok sıkıyor!"

Boğanın ortaklık kurabileceği hayvanlar: Boğanın sabitlik ve biriktirme yeteneğini karıncanın bereketiyle desteklemek, bereketli bir birikim yapabilmeyi sağlar.

Horozla desteklendiğinde, kişi kendi alanına sahip çıkarak bulunduğu yere boğayla sabitlenebilir ve orada bir sürdürülebilirlik kazanabilir.

HAYVANLAR VE ELEMENTLER

III

HAVA ELEMENTİ

Denge, zıtlıklardan birinin ortadan kalkmasıyla değil,
zıtlıkların havada bir arada yaşanmasıyla sağlanır.
Zıtlıklar havada dans eder.
Hava, ustaların elementidir.
Hava, sınırların çizgilerini yitirdiği elementtir.

HAVA HAYVANLARI

ARKETİPLER, GÜÇ DENGESİ VE DESTEK

Hava elementi, maddeden manaya açılan kapı gibidir. Zıt gibi görünen iki dünyayı birbirine bağlar.

Hava elementinin ittirme ve destekleme nitelikleri çok kuvvetlidir. Bir konu üzerinde ustalaşma, ilerleme ve iletişim hava elementinin işidir. Sosyal bir element olduğu için ifade sanatında güçlüdür.

Herhangi bir konuda memnuniyetsizlik ve hoşgörüsüzlük hissediyorsan, sabırsızsan ya da olana anlayış göstermekte zorlanıyorsan, sevgiyi hissedemiyorsan, kendini ya da etrafındakileri sürekli yeriyorsan, şefkat gösteremiyorsan, yeterince desteklenmediğini düşünüyorsan ya da sen başkalarına destek olamıyorsan, kendini ifade etmekte zorlanıyorsan, kendi niteliklerini ve yeteneklerini ortaya koymakta güçlük çekiyorsan, yaptığın işte ustalaşamıyorsan, sosyalleşmekten kaçınıyorsan, kendini toplumdan ayrı görüyorsan hava elementi hayvanlarının arketiplerini uyandırmanın zamanı çoktan gelmiş demektir.

AT

Atlar çok akıllı ve duygusal hayvanlardır. Evcilleştirilen atlar, sahiplerinin kokusunu benimserler ve onunla derin bir bağ kurarlar.

Atların köprücükkemikleri olmadığı için büyük adımlar atabilirler. Bu yüzden oldukça hızlıdırlar. Onlardaki bu eksiklik, büyük bir avantaj geliştirir hayatlarında.

Bacak kemikleri çok sağlamdır ve ayakta uyurlar. Kulaklarını 180 derece çevirebilirler ki bu özellikleri onları muazzam bir dinleyici yapar. Görüş açıları dardır fakat daha kısa mesafeleri derinlemesine görebilirler. Böylece beyin fonksiyonları yüksek bir odaklanma becerisi gösterir.

Atlar ağır hayvanlardır ama buna rağmen hem çok iyi sıçrayabilirler hem de çok hızlı koşabilirler.

At arketipinin ilgili olduğu konular: Özgürlük, ustalıktan gelen güç, sıra dışılık ve icat

Elementi: Hava

At, hava elementini dengeleyen arketiplerden biridir. Hava elementinin özellikle "özgürlük, ustalıktan gelen güç, sıra dışılık, icat ve potansiyel kuvvetin kullanımı" konularını çalıştırıp destekler.

Büyük bir özgürlük ve güç simgesidir.

Atlar, toprağa köklenme ihtiyacı duymadan kendilerini her yerde ortaya koyabilirler. Gücünü hareketten alan atlar, sürekli öğrenmeye devam ederek kendilerini geliştirmeyi, öğrendiklerini pratik etmeyi ve üretmeyi ifade ederler.

At arketipi bir konunun içinde sürekliliği ne kadar sağlayabilirse, o konuda o kadar büyük bir güç ortaya çıkarabilir. Hava elementinin süreklilik çabası olmadığından atın görevi sürekliliği sağlamak değildir. Bu durumda toprak elementi hayvanı olan boğayla desteklenmesi gerekebilir.

Sürekli resim yapan birinin giderek ustalaşması gibi, süreklilik yakalandığında ustalığın oryaya çıkıyor olması sürpriz değildir.

Bir konu üzerinde henüz amatörlük söz konusuysa, kısa süredir o işle meşgul olunuyorsa orada at arketipi doğru çalışmayacaktır. At ancak üzerinde ustalık kazanılmaya başlanmış konularda güçlü çalışır. Dolayısıyla kişi halihazırda odaklanma kabiliyetini geliştirmiştir. Yolda olmaktan, hareket etmekten, yapmaktan ve üretmekten motive olur at... Ürettikçe üretesi gelir. Yaptıkça yapası gelir.

At arketipi yaptığın işten sıkılmanı engeller. Ayrıca sıra dışılıkları ortaya çıkarmakla da ilgilidir. Atın üretkenliği icat boyutundadır. Yeni veya halihazırda zaten olan bir şeyin en orijinal ve sıra dışı halini ortaya koyar. At bu niteliğiyle sadece bir üretici değildir, aynı zamanda bir mucittir.

Kendini bir kalıba, bir zümreye, bir fikre, bir işe ve hatta bir ilişkiye hapsolmuş, sıkışmış gibi hissediyorsan, zihnindeki at arketipi dörtnala koşmaya hatta şahlanmaya hazır bekliyor demektir.

At, toprak elementinin devamlılık niteliğinin yarattığı bütün kalıpları genişletme ve aşma gücü verir. Örneğin bir ressamın uzun yıllar boyunca resim yapması toprak elementinin devamlılık niteliğindendir. Yeterince resim yaptıktan sonra ustalığını ortaya çıkarması ve artık öğrendiği kalıpların ötesine geçip özgün ve sıra dışı işler yapması, hava elementinin niteliğidir.

At arketipini uyandırmak demek, var olduğun bütün alanlarda sıkışmadan dilediğin gibi hareket edebilmek demektir.

İnsan bazen ustalaştığı işte bile kendini yeterince ortaya koyamaz ya da tam olarak ustalığını kullanabileceği bir alan yaratamaz kendine. Zihnindeki at arketipi uyandığında ve çalışmaya başladığında dikkatini öylesine güçlü şekilde işine verir ki ortaya hem yepyeni hem de sıra dışı şeyler çıkarabilir.

Kabulleniş duygusunu at arketipi oldukça yoğun yaşar. Böylesine muazzam odaklanmasının arkasındaki güç de atın kabulleniş duygusudur zaten. İçinden geçtiği her hali kabullenerek, ortaya koyabileceği şeye odaklanır.

İçinde bulunduğumuz hali kabul edemediğimiz sürece savaşmaktan, mücadele etmekten ve isyandan alıkoyamayız kendimizi ve bu yüzden bir türlü yol kat edemeyiz. Sanki çitlerin arasına sıkışıp kalırız. Dolayısıyla istemsizce potansiyelimizi bastırmaya başlarız. At arketipi potansiyelin ortaya özgünlükle ve özgürce ortaya çıkması yolunda çalışan değerli arketiplerden biridir.

At arketipi nerede, nasıl çalıştırılmalıdır?

Özgürce hareket arayışında olduğun her konuda at arketipini çalıştırabilirsin. Mesela işyerindeki baskılar, kurallar ve kalıplar yüzünden yaratıcılığın sınırlandırılmışsa at arketipiyle bütün kalıpları yıkıp geçebilirsin. At, sana geniş bir hareket alanı yaratacaktır. Bu hareket alanı, önceki kalıplara tabi değildir.

At aynı zamanda odaklanmayı da beraberinde getirir. Odaklanmaya ihtiyacın olan konularda at arketipiyle çalışmayı tercih edebilirsin. Doğru odaklanma sayesinde elindekinin en iyisini ortaya çıkaracaksındır. Konsantrasyon, elindeki gücü doğru yere aktarabilmeni sağlar. Bu sayede tam kapasite çalışabilir, potansiyelini ortaya koyabilirsin.

Üretkenliğin yeterli olmadığı, sıra dışı yaratımlar ve icatlar arayışında olanlar attan destek alabilirler.

Değişimi destekleyecek alanlarda gönül rahatlığıyla kullanılabilecek bir arketiptir. Yaşamın getirdiği değişim ve dönüşüme kabul alanı açmayı kolaylaştıracaktır.

Unicorn, benim en yoğun kullandığım arketiplerden biridir. Hatta podcast programlarımın adı bile *Unicorn'un Gözüyle.*

"Podcast"ime bu arketipi çalıştıracak bir isim vermiş olmamın sebebi, zaten halihazırda bildiğimiz, bir bakış açısına sahip olduğumuz konularda kalıpların ötesine geçebilmek ve bu konuları sıra dışı bir şekilde ele alabilmek içindir. Hava elementinin sunduğu iletişim kabiliyeti sayesinde paylaştıklarımın kalpten kalbe iletilmesi ve dinleyicinin "podcast"leri dinlerken iyi odaklanabilmesi.

Bunun dışında kitap yazarken, yeni bir YouTube serisi oluştururken ya da alanımda yeni çalışmalar yaparken her daim at arketipini çalıştırırım. Çünkü yaptığım işleri ustalıkla yaptığımdan, beni en iyi destekleyen arketip attır. Ruhumda at her zaman nefes alabileceği çok geniş bir alana sahiptir. Bu sayede ortaya koyduğum, çıkardığım her şey orijinal ve sıra dışı hallerde kendini gösterir. Hatta öyle ki at arketipiyle bu kadar yoğun birliktelik kurduğum için ister istemez onlara sahip çıkmaya doğru da çekildim. Kimsesiz ya da zarar görmüş atları sahiplenebilmek için bir çiftlik oluşturmaya bile başladım.

Kioo Retreat Center'ın oluşumunda da kullandığım at arketipi sadece benim değil, ortaya çıkan bu muhteşem alanın da ruhuna öyle işledi ki oluşturduğumuz inziva merkezinin bir kısmını kimsesiz atların yaşayabileceği bir alana dönüştürdük. Bir arketiple çok uzun süre çalışmaya başladığında, arketipi temsil eden hayvanlara ister istemez yaşamında daha büyük bir ilgi göstermeye başlıyorsun. Onlarla ilgilenmenin kendinle ilgilenmek demek olduğunu fark ediyorsun. Bu yüzden bilinçli bir şekilde hayvan arketipleriyle çalışmak bizlere sadece ruhsal fayda getirmekle kalmıyor, doğayla ve hayvanlarla uyum içinde yaşayarak onlar için neler yapabileceğimizi de bulmamızı sağlıyor.

At arketipi nerede, neden çalıştırılmamalıdır?

At arketipi ilişkiler açısından risklidir. Kişiyi sürekli özgürleşmeye, ayrılmaya ve uzaklaşma arayışına iter. At, özgürlükçü yapısından dolayı ilişki alanında kullanıldığında uzaklığı destekler. Çiftler haftada iki kere görüşmek yerine bu arketip çalıştığı takdirde iki haftada bir görüşmekten keyif alabilirler. Aynı evde yaşıyorlarsa farklı odalarda vakit geçirmeyi tercih edebilirler. Tatile de ayrı gitmek isteyebilirler. Özgürlükçü yapı, uzaklaşmayı da beraberinde getireceği için atın ilişkilerdeki kullanımına dikkat etmek gerekir.

İşinde sabitlik ve tekdüzelik oluşturmaya çalışanlar açısından da at arketipi oldukça zararlı olabilir. Sürekli sıra dışılık arayışı içinde olmak, bir işi rayına oturtmak ve düzen kurmak konusunda zorlayıcı olabilir.

Örneğin desensiz boş sayfalarla defter üreten bir kişinin at arketipiyle çalışması, o kişinin sıra dışı defter tasarımları yapma ihtiyacını tetikleyecektir. Her şeyin yolunda olduğu ya da olması gerektiği gibi aktığı bir düzende bu arketiple fazla muhatap olmak, kişiyi başka heyecanlar aramaya teşvik eder.

Hangi cümleleri sıklıkla tekrarlayanlar at arketipini çalıştırmalıdır?

"Ürettiğim her şey çok sıradan geliyor bana!"

"Ürettiğim şeyleri beğenemiyorum!"

"Özgür hissetmiyorum, sıkışmış gibiyim!"

"Bu işe ve bu ilişkiye hapsoldum sanki!"

"Uzun zamandır bu işi yaptığım halde ustalığımı ortaya koyamıyorum!"

Atın ortaklık kurabileceği hayvanlar: Bir işteki ustalığı ortaya çıkarırken yaratım gücünü artıran kobradan destek almak etkili olabilir.

Atla karga bir arada kullanılamaz. Çünkü karga ustalıkla ilgilenmez, sadece başlamakla ilgilenir. Ama atla leylek tercih edilebilir çünkü at zaten yaptığımız bir işin içinde yeni bir şey bulmamızı destekler.

Atla birlikte horoz da tercih edilebilir. Horoz büyük işler başarmakla ilgili olduğundan atın ustalığını taşıyabilecek sorumluluğu alabilir.

Ejderha yine sahip olduğumuz gücün farkına vararak elimizdekinin en iyisini ortaya koymamız ve yaşam enerjimizi desteklemesi açısından atla birlikte etkili bir şekilde kullanılabilir.

KARTAL

Kartallar genellikle yüksek kayalıklarda, dağlık alanlarda ve ormanlarda yaşarlar. Çok yüksek rakımlarda uçabilen güçlü kuşlardandır. Görüş kabiliyetleri çok keskindir. Bu sayede aşağıda gezinen avlarını kolayca belirleyip izleyebilirler. Avına doğru göklerden hızla dalışa geçen bir kartal saatte 350 km hıza ulaşabilir.

Kartallar hayatları boyunca tek eşle yaşamalarıyla ve aynı yuvaya bir ömür boyu sahip çıkmalarıyla da hayli dikkat çekici canlılardır.

Kartal arketipinin ilgili olduğu konular: Gelişmek, ruhsal güç, şekil değiştirmek ve özgürlük

Elementi: Hava

Kartal, hava elementini dengeleyen arketiplerden biridir. Hava elementinin özellikle "gelişmek, ruhsal güç, şekil değiştirmek, özgürlük, sınırları aşmak, ilişkileri gönülden bir bağa taşımak ve gücün gösterişli ifadesi" konularını çalıştırıp destekler.

Kartal, ruhsal alanları ve âlemleri anlatır. Fakat sadece belli şartlar yerine getirildiğinde bu alana dahil olmayı simgeler. Yani kartal gerekli olan kefareti ödediğinde ruhsal âlemlere tabidir ve özelliğinden dolayı sürekli gelişme çabası içindedir.

Kartal, gelişimi için bulunduğu formu terk etme ve şekil değiştirme yeteneğine sahiptir. Şekil değiştirme kabiliyeti ona özgürlük sağlar. Kartal bir formu, bir hali ya da durumu kolaylıkla terk ederek hayatında yeniye yer açabilir ve yeni alana hızla uyumlanarak şekil değiştirebilir. Sanki daha önce hiç başka formda var olmamış gibi yeni formuyla yaşamına devam edebilir. İşte bu kartalı özgürleştiren bir niteliktir. Kartal, sahip olduğu değişim yeteneğine rağmen kusursuz bir aile ilişkisi kurar. İlişki kurduğu kişiyi kendinin bir parçası haline getirir. Böylelikle yaşam alanı ve ilişkisi kalpten bir ilişkiye taşındığından zaten özgür bir alanı simgelemiş olur. Ne de olsa kalpten yaşanan bir ilişkide tüm sınırlar ortadan kalkmıştır.

Bulunduğu formu terk etme ve şekil değiştirme yeteneği ona astral alanda güç sağlar. Kartal bedenin ötesine geçilerek yapılan çalışmalarda ve yolculuklarda ustadır.

Kartal arketipi ruhsal güçle ilişkilidir. Ruhani yani çok güçlü olmakla birlikte, bu gücünü sürdürebilmek için sürekli bir kefaret ödemesi de gerekir. Kartal gücünü özgürleşmekten aldığı için sürekli kefaret ödemektedir.

Devam eden işleri geliştirmek, iyileştirmek, şekil değiştirmek isteyenlerin çalıştırabileceği bir arketiptir.

Yaşadığın şeyleri kabullenmekte zorlanıyorsan, olana uyum gösteremiyorsan, hayatında bir şeyler değişsin istediğin halde kendin değişmekten kaçınıyorsan içindeki kartal arketipinin uyanma zamanı gelmiş olabilir.

İçindeki kartal arketipini çalıştırmaya başladığında oradan aldığın niteliklerin gücüyle içinde bulunduğun her şartı kabullenmeyi başarır, şartların değişmesine ihtiyaç duymadan kendinde değişimi başlatarak uyumu bulabilirsin.

Kartalın beraberinde uyandırdığı kabulleniş hali sayesinde her şartta kendini yeniden var ederek, aksiyon alabileceğin alanı yaratabilirsin.

Kartal sadece kabullenişi getirmez, beraberinde memnuniyeti de getirir. Durum her ne olursa olsun, kartalın yarattığı güç sayesinde içinden geçtiğin süreçten memnuniyet duyarsın. Unutma ki memnuniyetin olduğu yerde mutluluk vardır. Memnuniyet duygusu ruhsal gücün merkezindedir.

Kartal arketipi nerede, nasıl çalıştırılmalıdır?

Halihazırda yapmaya devam ettiğin ve artık geliştirmeyi istediğin her konuyla ilgili kartal arketipini çalıştırabilirsin. Elindeki işlerin ya da belki hayatının şekil değiştirmesi konusunda kartal sana çok destek olacaktır. Bunu yaparken, gelişime engel olan her şeyden özgürleşmene de kapı açacaktır.

Hayatında değişimler yaşamak istiyorsan kartal sembolleri taşıyan aksesuvarlar veya kıyafetler tercih edebilirsin. Kartalı üzerinde taşımak bu arketipin sürekli aktif hale gelmesi için zihni uyandıracaktır. Yine yoga pratiğinde uygulanan kartal duruşu özellikle belli aralıklarla yapıldığında bilinçaltındaki kartal arketipini hızla uyandıracaktır.

İkili ilişkilerde daha gönülden bir bağ kurmak isteyenler için kartal arketipi oldukça güçlü bir destekçidir. Bu arketip çalıştığında ilişki yüzeysel alandan daha derin bir alana taşınır. Kalbe taşınmış bir ilişki artık hava elementinin kalıpları yıkan dinamiğiyle yaşanıyor demektir. Dolayısıyla partnerler artık birbirlerini özgürleştirici ve yükseltici tavırlar sergiliyordur. Ruhsal güce ihtiyaç duyulduğunda kartal arketipini çalıştırmak çok doğru bir seçim olacaktır.

Bulunduğu alandaki sınırları geliştirmek ya da genişlemek isteyenlerin de en kıymetli tercihidir.

Günah çıkarmak ve yüklerden kurtulup özgürleşmekle de ilgili olduğu için itiraf edip kefaretini ödeyerek içsel bir gelişmeye de fırsat verir. Olmasını istediğin bir şey için belli bir süre oruç tutmak, bir karmanın karşılığını bilinçli bir şekilde ödemek için sosyal bir hizmet vermek gibi kefaretler ödemek kartalın yüklerinden özgürleşme yoludur.

Öğrencilerime de pratikte sıkıştıklarında ve ilerleme sağlayamadıklarında nasıl bir yükten dolayı bu sıkışmayı yaşadıklarını, ilerlemek için hangi kefareti ödemeleri gerektiğini fark etmeleri ve bu kefareti ödemeleri için kartal arketipini çalıştırmalarını öneririm.

Öğrencilerim bu arketiple çalışmaya başladığında öncelikle sınırlarını genişletebilmek için nerede sıkışıp kaldıklarını fark ederler. Ardından kendilerini neyin sıkıştırdığını görmeye başlarlar. Tüm bu farkındalıkların ardından sınırları aşabilmelerinin ve neye dönüşmeleri gerektiğinin nasıl bir kefaretle mümkün olduğu yatıyordur.

İleri seviyelerde beden ötesi deneyimler yaşamak için kartal arketipi muazzam bir dosttur. Ruha adeta yuvasından uçan bir kartal gibi yükselmesi için yol gösterir. Doğru alanda kullanıldığında, ruhta etkili bir güç olarak hissedilebilir.

Kartal arketipi nerede, neden çalıştırılmamalıdır?

Üzerinde gelişmek istemediğin, zamanı geçmiş olan ya da artık sana hizmet etmeyen konularla ilgili kartal arketipiyle çalışılmamalıdır. Ayrıca ortaya yeni çıkmış, henüz gelişime hazır olmayan konular için de uygun olmayabilir. Yani bir işi geliştirirken kullanılması yersizdir. Geliştirilmiş işlerin sınırlarını genişletmek için kullanılması doğrudur.

Hangi cümleleri sıklıkla tekrarlayanlar kartal arketipini çalıştırmalıdır?

"Çok vicdan azabı çekiyorum!"
"Üzerimde yaptıklarımın ağırlığını taşıyorum!"
"Gelişmeye ihtiyacım var!"
"Bu konuda ne yaparsam yapayım gelişemiyorum!"
"Artık işimde sınırları genişletmemin zamanı geldi!"

Kartalın ortaklık kurabileceği hayvanlar: Kartal arketipiyle kendini geliştirirken elbette niteliklerinin farkında olman ve niteliklerini en iyi şekilde kullanman gerekecektir ki bunun için de inek arketipinden destek almayı tercih edebilirsin. Aynı şekilde zürafa da destekleyici olacaktır. Çünkü zürafa gelişmek için öğrenme ve araştırma niteliklerini çalıştırır.

CENNETKUŞU

Cennetkuşlarının dikkat çeken ilk özellikleri elbette ki muhteşem tüyleridir. Göreni kendine hayran bırakan güzellikte tüylere sahiptirler. Çiftleşme zamanlarında nefes kesici ritüeller yaparlar. Cennetkuşlarının aile hayatları yoktur. Sadece çiftleşme zamanlarında bir araya gelirler.

Cennetkuşu arketipinin ilgili olduğu konular: Denge ve iletişim

Elementi: Hava

Cennetkuşu, hava elementini dengeleyen arketiplerden biridir. Hava elementinin özellikle "denge ve iletişim" konularını çalıştırıp destekler.

Yukarısıyla aşağısının, önle arkanın, somutla soyutun dengesini ifade eder cennetkuşu. Dengeyi yakalamak için sahip olduğumuz şeylere bazen farklı bir açıdan bakmamız gerektiğini, her daim elimizde olanın aslında bir denge noktası olduğunu hatırlatır. Denge noktasını bulabilmek için hem elimizde olanla hem de kendimizle iyi iletişim halinde olmamız gerekir. Dolayısıyla cennetkuşu iletişimin de temsilcisidir.

Cennetkuşunun ifade ettiği iletişim, katiyen sıradan değildir. Zıtlıklar arasında, topluluklar içinde gerçekleşen bir iletişimden söz eder cennetkuşu... Böylece zıtlıkların birbiriyle denge kurmasını amaçlar. Doğru ve yanlışı, iyi ve kötüyü, olmuşu ve olmamışı birbirine bağlar. Bu nitelikteki iletişim, aynı zamanda kişinin topluluklarla olan iletişimini de kapsar. Topluluk içindeki kişinin kendi dengesini ne kadar koruyabildiği ve bunu yaparken toplulukla arasındaki dengeyi ne ölçüde sağlayabildiğiyle de ilgilenir.

Cennetkuşu, anın güzelliğiyle ilgili de çalışır. Bir konuda güzel bir adım atmak istiyorsak, öncelikle şu anın güzel olmasını sağlamalıyızdır. Şu anda bir denge yaratılmadan, başlayacak olan şeyde dengeyi bulmak zor olacaktır çünkü... Bu yüzden yürüdüğümüz yol, şu anda atmakta olduğumuz adımlarla şekillenmektedir.

İnsanlarla iletişim kurmak üzerine iş yapanlar açısından önemli bir arketiptir cennetkuşu. Firmayla müşteri arasındaki iletişimi sağlayanların çalıştırabileceği ve destek alabileceği bir arketiptir. Çünkü cennetkuşu çözümcüdür ve mutlaka dengeyi bulur. İletişim gerektiren işlerde değerli bir destekçidir.

Okurla iletişim kurmakta da, yazarlık ve gazetecilikte de kullanılabilir tabii ki.

Cennetkuşu, kişinin olmak istediği yeri ancak kendi yarattığında "orada" olacağını simgeler. Bu açıdan yaşamak istediğimiz hayatın bekleyerek hiçbir zaman oluşmayacağını, ancak dengeli, uygun adımlar atarak yaşamak istediğimiz hayatı ortaya çıkarabileceğimizi ifade eder.

İyiye ya da kötüye çok çekiliyorsan, doğrunun ya da yanlışın taraftarı olup hareketini kısıtlıyorsan, zıtlıklar arasında birinin taraftarı olmadan, dengeyi bularak hareket etmeye ihtiyacın varsa içindeki cennetkuşunun kanatları sana destek olmak için açılmaya başlamıştır.

Her şeyin içinde bir hoşluk olduğunu unutanlar iyiye ya da kötüye yapışıp kalırlar, bir taraf seçerler. Cennetkuşu, hava elementinin ortaya çıkardığı hoşgörüyü artırır. Böylece olan her şeyin içindeki hoşu görme becerisi kuvvetlenir.

Cennetkuşu uçlarda değildir, her şeyin denge noktasındadır. Ne sıcağa çok çekilir ne soğuğa... İkisinin ortasında, ikisinin birlikte var olabileceği yerde uçmakta ustadır. Bu özelliği sayesinde, her şeyden önce ilişkilerinde yaşadığın şeylerin seni bir köşeye ya da bir tarafa sürüklemesine engel olursun. Dengeyi bularak doğru iletişimi sağlarsın. Karşındakini hoş görerek yol kat edersin.

Hoş olanı görüyor olmak, ona tahammül ediyor olmak değildir. Hoş olanı görüyor olmak karşındakinin güzelliğini gerçekten görmektir. Bir şeye tahammül ediyorsak aslında onun olumsuz tarafına bakıyoruzdur. Yani ikisi arasındaki temel fark baktığımızda ne gördüğümüzdür. Cennetkuşunun ortaya çıkardığı hoşgörü sayesinde ilişkilerinde iletişim kurmanın yolunu her zaman bulursun. Doğrunun ve yanlışın arasında sakız olup bir tarafa doğru çekilmediğinde, ilişkinin merkezinde kalarak sağlıklı bir denge yakalarsın.

İş hayatında da dengeler sürekli bozuluyorsa cennetkuşuyla çalışmayı tercih edebilirsin. Bu arketipin ortaya çıkaracağı farkındalıkla şu anı güzelleştirirken, iş hayatına da güzellikler taşıyarak dengeyi her türlü şartta sağlayabilirsin.

Danışanları ile aralarında uyum ve denge yakalamak için psikologların ve psikiyatrların çalıştırmayı tercih edebilecekleri bir arketiptir cennetkuşu... Ofislerinde cennetkuşunun biblosunu, duvarda şık bir tablosunu bulundurabilirler mesela.

Cennetkuşu arketipi nerede, nasıl çalıştırılmalıdır?

Hayatta denge aradığın her konuyla ilgili cennetkuşu arketipiyle çalışabilirsin.

"Şöyle olsa daha iyi olacak" dediğin konularda bile yardımcın olacaktır.

Cennetkuşu daha iyisiyle veya daha kötüsüyle ilgilenmeden, işler nasıl dengeye gelecekse o şekilde ortaya çıkmasına yol gösterecektir. Bu süreçte maddi kaygıları da ortaya çıkararak görülmesini sağlayıp, maddi alanda da bir denge yaratmana yol gösterir.

Kurduğun her türlü iletişimdeki engellerin fark edilmesine de yardımcı olacaktır. Bazen iletişim şeklimizi değiştirmek, tüm ilişkimizin seyrini değiştirir. İki kişinin birbirini anlaması iletişim yoluyla mümkündür. İletişimde farkında olmadığın engellerin varsa; bir şeyi ortaya koyarken doğru ifade edememek, karşındakini değersiz hissettirerek iletişim kurmak ya da iletişimde şiddet göstermek gibi deneyimle yaşanabilir. Cennetkuşu tüm bunların üzerinde bir farkındalık oluşturarak, iletişimin şifalanmasını sağlar.

Cennetkuşu arketipi nerede, neden çalıştırılmamalıdır?

Cennetkuşu her zaman her alanda gönül rahatlığıyla çalıştırılabilecek bir arketiptir. Çünkü ne de olsa hayatın temeli denge üzerine kuruludur. Hiçbir konuda dengede olmanın riskli bir yanı olamaz.

Cennetkuşu, aile ilişkilerindeki dengeleri de sağlar. İletişimsizlikten kaynaklanan sorunları hoşgörüyü artırarak çözer.

Hangi cümleleri sıklıkla tekrarlayanlar cennetkuşu arketipini çalıştırmalıdır?

"Hiçbir konuda hoşgörülü olamıyorum!"
"Doğrularımdan vazgeçemiyorum!"
"Bazı iletişim sorunları yaşıyorum!"
"İletişim kurmakta güçlük çekiyorum!"
"Kendimi doğru ifade edemiyorum!"
"İlle taraf tutmak zorunda mıyım?"

Cennetkuşunun ortaklık kurabileceği hayvanlar: Dengeyi sağlamak için fil arketipi cennetkuşuna eşlik edebilir. Fil, açık kalpliliği sağlayarak engelleri fark etmeyi kolaylaştıracaktır, böylece doğru iletişim ve denge yakalanacaktır.

Güvercin de soyut ve somut arasındaki dengeyi sağlayan bir arketip olduğundan cennetkuşunun denge kabiliyetini destekleyecektir. Birlikte kullanılması çok iyi olur.

FİL

Filler çok zeki hayvanlardır. Karada yaşayan en büyük hayvandır. Çok amaçlı kullandıkları hortumlarıyla dikkat çekicidirler. Büyük ve geniş kulakları sayesinde vücut ısılarını kontrol edebilirler. Doğadaki diğer hayvanlar çoğunlukla fillerden çekinirler ve bu yüzden onlardan uzak dururlar. Yırtıcılar da sadece yavru fillere saldırırlar. Fillerin oluşturduğu aile grupları zaman zaman akrabaların da bir araya gelmesiyle çok daha büyük ve güçlü topluluklara dönüşürler. Fillerin öz farkındalığı çok yüksektir.

Fil arketipinin ilgili olduğu konular: Güç, engelleri fark etmek, fedakârlık, açık kalplilik ve iletişim

Elementi: Hava

Fil, hava elementini dengeleyen arketiplerden biridir. Hava elementinin özellikle "güç, engelleri fark etmek, fedakârlık, açık kalplilik, iletişim, yolundan emin olmak, kendinden ve eylemlerinden emin olmak" konularını çalıştırıp destekler.

Fil, en büyük güç simgesidir. Doğasından gelen büyük güç, fiziksel olarak her şeyi aşabilme yeteneğini anlatır. Fakat filler zihinsel olarak dar alanlara kolaylıkla sıkışabilirler. Çok güçlü olmalarına rağmen, küçük bir korku ve endişe yüzünden hareketlerinin yönü sapabilir, değişebilir.

Fil, gücü simgelediği gibi, bu gücün önüne çıkabilecek engelleri de anlatır. Filin gücüne erişebilen birinin, günün sonunda aşamayacağı hiçbir engel yoktur. Çünkü fil engellerin de, bu engelleri aşmak için yapılması gerekenlerin de farkındadır. Fedakârlıkla ve açık kalplilikle hareket etmenin sembolüdür.

Fedakârlığın en güçlü arketipi fildir. Kendinden fazlasıyla verebilir ve kendinden verirken zarar bile görebilir. Fil, tolore edebileceği kadar zarara rahatlıkla göğüs gerer. Kazanacaklarına odaklanarak, kaybedeceklerini kurban edebilme bilincindedir. Fedakâr yapısının bir getirisi olarak fazla açık kalplidir. Böylece günbegün daha da kalpten yaşamaya çekilir.

Fil arketipi, iletişimi de simgeler. Aktarmayı ve aracı olmayı temsil eder. Aktardığı şeyin olması gerektiği haliyle yerine ulaşması için hem gücünü hem fedakârlık niteliğini çalıştırır. Gücü sayesinde aktardığı şeyin yükü altında ezilmez.

Bazen fazla bencillik ettiğini düşünüyorsan, kimse için bir şey yapmak istemiyorsan, kendinden bir şeyler vermekten kaçınıyorsan, belli ki ateş elementin yüksek çalışıyordur. Bencillik; yaşamın bize sunduklarını açık kalplilikle karşılayamamamıza neden olur. Fikirlerimizle, düşüncelerimizle ve tavrımızla bize sunulanı kirletiriz. Kendi dünyamızda, kendimizle sıkıştığımızda en çok ihtiyacımız olan şeylerden biri içimizdeki fil arketipinin uyanmasıdır.

Fil böylesi durumlarda büyük bir koruyucu güçle gelir ve bizi kendimizden bile korur. Elbette kendimizi düşünüyor olmamız normal, fakat sadece kendimizi düşünerek hareket ettiğimizde etrafımızda olan biten hiçbir şeyle sağlıklı ilişki kuramayız. Bütünlük hissimizi yitiririz.

Dışarıdakine verdiğimiz özen içeriye verdiğimizin bir yansımasıdır. Kendine önem veren, etrafındaki her şeye önem verir. Bunu bir görev gibi yapmaz, bu zaten onun doğal yansıması olarak gerçekleşir.

Fil, dışarısıyla sağlıklı bağlar kurmamızın yolunu bilir. Gerektiği kadar fedakârlık göstererek "ben"den "biz"e doğru kapılar açar. Biz haline ulaşmak, belki de yaşanan tecrübelerden dolayı kapanmış olan kalpleri açmamanın yolunu gösterir. Başkası için bir şey yapmak, kendine emek vermektir. Başkasına verdikçe kendine nefes alacak alan yaratırsın. Vererek hiçbir zaman eksilmezsin. Fil bunu en iyi bilen hayvandır.

Bazen yürüdüğün yoldan emin olamazsın. İlişkinden, işinden ya da aldığın karardan emin değilsindir. Bu durumda sağa sola yalpalanırsın ister istemez. Aldığın kararların arkasında durma, attığın adımların peşinden gitme gücünü uyandıracak olan arketip kesinlikle fil olacaktır.

Unutma ki hava elementinin niteliklerinden biri destektir.

Fil, aldığın kararların arkasında durman konusunda sana destek olacaktır. Filin sorumluluk alma becerisi öylesine yüksektir ki her sonuca hazırdır. İçindeki fil uyandığında attığın adımların arkası gelir, her birinin sonuçlarını da sırtlanabilirsin.

Fil, açık kalpliliği uyandırması sayesinde her sonucu kabul ederek adım atmaya devam eder.

İşi ya da ilişkisindeki engellerin ne olduğunu fark edemeyenler de engelleri aşmak için fil arketipiyle çalışmayı tercih edebilirler.

Ganeşa, çok önemli bir fil figürüdür. Fil görünümlü ilahi bir canlıdır ve amaçlarından biri de var olan tüm yazıtların korunması ve sürdürülebilirliğidir. Tüm eski yazıtların ve öğretilerin nesilden nesile bozulmadan aktarılması için çalışır.

Ganeşa bir gün bir yazıtı kaleme alırken, kalemi çalışmaz. Ganeşa'nın süresi kısıtlıdır ve "Bu yazıtı insanoğluna yarım yamalak bırakıp gidemem" der ve dişlerinden birini kırıp kalem olarak kullanmaya başlar. Ardından yazıtın aktarımını tamamlar ve gider.

Onun bu davranışı bize çok şey anlatır. Bir işi gönülden yapmak demenin ne olduğunu, fedakârlığı ifade eder. Dişinin kırılması onun kaybı değildir, kazancıdır.

Fil arketipi nerede, nasıl çalıştırılmalıdır?

Özellikle önemli projelerle ilgili fil arketipiyle çalışmak iyi sonuçlar doğurur. Fil, ne türden engelle karşılaşırsa karşılaşsın hepsini aşıp geçmenin yolunu bulur. Akılcı ve analitik bir yapı sergilemeyi, gerektiğinde fedakârlıklarda bulunmayı başarır. Üstelik bütün süreci açık kalplilikle yönetir. Duygudan duyguya savrulmanın önüne geçer. Bu sayede kişi hem yaptığı işle hem de kendiyle iyi bir iletişim kurabilir.

İletişim gerektiren işlerin kalitesini artırmak için de etkili bir arketiptir. Kitap yazanların, podcast yapanların, radyoculuk veya gazetecilik yapanların kıymetli tercihi olabilir.

Kitap, blog, köşe yazısı yazanlar, fil sembolünü yazarken kullandıkları araç gereçlerde tercih edebilirler. Böylece eylem anında fil sembolünü görerek fil arketipini uyandırabilirler.

Radyoculuk yapanlar veya podcast hazırlayanlar fil sembolünü mikrofonlarında ya da yayın yaptıkları masalarda kullanabilirler. Hatta konuşma dosyası hazırlayanlar, dosyaların üzerine fil sembolü yerleştirebilirler.

Yogada fil arketipi oldukça zor bir duruşla çalıştırılır. Çünkü filin sunduğu niteliklerin uygulamaya geçmesi çok da kolay değildir. Yoga pratiği yapıyorsan fil pozundan faydalanarak beden yoluyla bu arketipi bilinçaltında çalıştırabilirsin.

Fil arketipi nerede, neden çalıştırılmamalıdır?

Fil olağanüstü güçlü bir arketiptir. Bir şeyleri bitirmek ya da yıkmak isterken ve bu süreçte Anka kuşuyla çalışıyorken fili kullanmak direnç yaratır. Çünkü fil engellere rağmen devam etmeye çalışır. Bu süreçte Anka kuşunu da bir engel olarak algılayacağından onu aşmak isteyecektir. Böylece iki arketipi aynı anda çalıştıran kişiye zarar verecektir.

Yeni başlanılan ve devam etmek konusunda henüz kararlı olunmayan işlerde fil arketipi tercih edilmemelidir. Fil yürünen yoldan emin olmayı getirir. Bu yüzden öylesine denemek amacıyla başlanılmış bir işte bu türden bir güç kullanılmamalıdır.

Hangi cümleleri sıklıkla tekrarlayanlar fil arketipini çalıştırmalıdır?

"Bunu neden yapamadığımı anlayamıyorum!"

"Yapacak gücüm var ama ne yapacağımdan emin değilim!"

"Yaptığım işlerin arkasında duramıyorum!"

"Yaşadığım olayları kabullenemiyorum!"

"Yazdığım kitaba bildiklerimi tam olarak bir türlü aktaramıyorum!"

"Destek almakta ve destek vermekte zorlanıyorum!"

"İlişkimin yolunda gitmesine engel olan bir şeyler var ama ne olduğunu bilmiyorum!"

Filin ortaklık kurabileceği hayvanlar: Fil, cennetkuşuyla desteklendiğinde denge sağlanacağı için, dengesizliklerin nerede yaşandığı kolaylıkla fark edilecektir.

GEYİK

Geyikler, gösterişli, güzel ve hızlı hayvanlardır. Başlarını süsleyen boynuzlarıyla insanoğlunun dikkatini her daim üzerlerine çekmeyi başarmışlardır. Geyiklerin boynuzları her yıl düşer ve yenilenir. Boynuzlarının iyileştirici bir etkisi de vardır.

Geyikler bulundukları alana kolaylıkla uyum sağlayabildikleri için dünyanın hemen her yerinde yaşayabilirler. Gözleri 310 derecelik bir görüş açısına sahip olduğundan gayet geniş bir alan taraması yapabilirler. Şafakta ve alacakaranlıkta çok iyi görürler.

Geyik arketipinin ilgili olduğu konular: Koşulsuz sevgi, zarafet, iletişim, sıra dışılık, sihir ve büyü

Elementi: Hava

Geyik, hava elementini dengeleyen arketiplerden biridir. Hava elementinin özellikle "koşulsuz sevgi, zarafet, iletişim, sıra dışılık, sihir, büyü, uyum, çekicilik, alım ve görkem" konularını çalıştırıp destekler.

Geyik öylesine güçlü bir zarafet simgesidir ki yanlışın içindeki zarafeti bile ortaya çıkararak büyüler. Geyiğin zarafetinin temelinde kusursuz bir iletişim yeteneği de yatar. Geyiğin kusursuz iletişimi hem kendi kusursuz doğasıyla hem de var olan her şeyin doğasıyla uyum içinde gerçekleşir. Hem kendiyle hem temas ettiği her şeyle muazzam bir ahenk içinde, dans halindedir.

Somutla soyut arasındaki bağlantıları kuran hava elementinin iletişim niteliğini üzerinde taşıyan geyik arketipi, sihrin ve büyünün dünyasına kadar uzanan bağlar da kurar. Bu niteliği sayesinde olacak olana, olmayacak olana ve hatta olmakta olana başka bir açıdan temas etmeyi keşfederek maniple edebilir. Geyiğin manipülasyon yeteneği, objeler, kavramlar ve insanlar üzerinde de çalışır.

Geyik kusursuz iletişim yöntemleriyle başkalarının iradesini etkilemeyi hatta davranışlarını kontrol etmeyi sağlar. Üstelik bunu soyut alanda yaptığı gibi somut alanlarda da yapabilir. Bu yetenek, geyiğin doğasının bir armağanıdır. Bu armağan iyi niyetle de kötü niyetle de kullanılabilir. Fakat şunu unutmamak gerekir ki büyü, karma yaratır. Çünkü büyü, dharmaya müdahale eder. Dharmaya müdahale etmek, en büyük karmadır.

Geyik aynı zamanda koşulsuz sevgiyi de ifade eder. Sevgiyle olan saf ilişkisi sayesinde elementler dünyası üzerinde ustalık, dolayısıyla büyü ve sihir yeteneği de kazanır. Sevgiyle kurulan dengesiz ilişki beraberinde elementlerle de dengesiz bir ilişki ortaya çıkarır. Elementlerin dengesi, koşulsuz sevginin sürekli olarak deneyimlenebilmesi sonucunu doğurur.

Sıra dışılık; geyik arketipinin bir diğer önemli niteliğidir. Geyik hiçbir şeyi tekrarlayıp durma çabasında değildir. Başka bir şeyin doğasına uyumlanmanın ona benzemek olmadığının da bilincindedir. Çünkü kendiyle kusursuz bir iletişimi vardır. Kendini öylesine iyi duyar ki kendinin olmayan her şeyi hemen ayırt edebilir.

Uyumlanma becerisi, geyikte biraz farklı çalışır. Geyiğin sahip olduğu alım, gösteriş ve çekicilik nitelikleri, uyum özelliğini karşısındakine uyumlamak yerine onu kendine uyumlamak üzerinedir. Bir nevi karşısındakini büyüleyerek kendine uyumlu hale getirir.

İnsanın sevgisi genel olarak hep birtakım şartlara bağlıdır ve sürdürebilmesi de bu yüzden çoğu zaman zordur. İnsan, beklentisi karşılanmadığında, sevmemek için çabalamaya başlar. Oysa sevmek çaba gerektirmez, sevmemekse çaba ister.

Sevgide sıkıştığında, hayatında nefret ya da kin duyguları ağır bastığında, hiç kimseyi ve hiçbir şeyi affedemediğinde içindeki geyiğin uyanması gerekiyor demektir. Geyik uyandığında hayatına affediciliği de getirecektir. Öylesine zarif bir hayvandır ki sevmek onun için adeta bir sanattır. Geyik, sevmenin bir yolunu her zaman bulur.

İçindeki geyiği uyandırdığında, sevmenin yarattığı büyülü hale de şahitlik edersin. Sevginin koşulsuzca yaşandığında nasıl eşsiz bir deneyim olduğunu tadarsın.

Herkes bazen iletişim sorunları yaşayabilir. Ne dediği anlaşılır, ne duyduğunu, ne de okuduğunu doğru anlayabilir. Geyik arketipinin uyanmasıyla birlikte hava elementinin sunduğu iletişim kabiliyeti artar. Geyiğin iletişim kabiliyeti çok yüksektir. İçimizde geyiğin çalışması için yeterince yer açtığımızda büyüleyici bir konuşmacı ve yine büyüleyici bir dinleyici çıkar ortaya. Geyik öyle iyi bir dinleyicidir ki aynı zamanda karşısındaki hiç ifade edemeyeceğini sandığı hislerini bile geyikle paylaşmayı tercih eder. Geyiğin bu yanı da adeta sihirli gibidir.

Hayatındaki insan sana artık eskisi gibi heyecanla bakmıyorsa, geyik arketipini çalıştırmaya başlayabilirsin. Geyik zarafeti, çekiciliği ve alımıyla sadece iletişimin kalitesini yükseltmez, davranışlarını, tarzını, jest ve mimiklerini de değiştirir. Geyiğin getireceği çekiciliği ve alımı doğada çok az hayvan getirebilir.

Bu özelliğinden dolayı düzenli olarak çıkardığımız *YogaKioo* dergimizin içinde ilk günden beri hep geyik görseline yer vermeye çalışıyoruz. Derginin ruhunda bu muazzam hayvanın özelliklerini çalıştırmaya ve okuyucuyla bu muazzam arketipi buluşturmaya özen gösteriyoruz. Geyik görselini kullandığımız köşenin başlığı da bu bilgilerden sonra hiç şaşırmayacağın üzere *Büyülü Orman*.

Geyik arketipi nerede, nasıl çalıştırılmalıdır?

Özellikle sevgi konusunda sınava tabi tutulduğunu hissettiğin durumlarda geyik arketipini çalıştırmak, sevginin bir karşılığı olmadığını hatırlamana yardımcı olur. Geyik arketipi sıra dışı işler yapmaya çalıştığın alanlarda oldukça destekleyici bir rol oynar. Bir konuda tekdüze işler ortaya çıkarıyorsan, geyik arketipini hayatına alarak, belki geyiğin resmini ya da biblosunu çalışma alanına katarak, sıra dışı işlere imza atabilirsin.

İlişkilerde geyik çok destekleyicidir. İlişkiyi zarif, görkemli ve uyumlu bir boyuta taşır. Özellikle uzun süreli ilişkilerde, ilişkiyi daha muazzam bir alana taşımak için geyik arketipi çalıştırılabilir. Bu arketip ne kadar vakit geçerse geçsin, iki tarafın da hâlâ birbirini çekici bulmasını destekler.

Kendini duyamadığın, duysan da da dinleyemediğin, yani kendinle bağını yitirdiğin dönemlerde geyikten yardım alabilirsin.

Kutsal öğretilerle ilgili enerji çalışmaları ya da pratikler yapanlar için de besleyici bir arketiptir. Özellikle pranayama yani enerji çalışmalarında geyik arketipi tercih edilebilir. Enerji çalışmaları insan için sihirli bir alandır. Enerjiyle uyum içinde hareket etmek ve enerjiyi kontrol etmek, bu alanda çalışmalar yapanların temel amacıdır. Geyik bu konuda da ustadır. Enerji çalışmalarına yeni başlayanlarda çok etkili çalışmayacak olsa da, düzenli enerji çalışmaları yapanlarda geyik arketipi uyandırıldığında derinlikli çalışmalar ortaya çıkacaktır.

Enerji çalışmalarına yeni başlayanlarda geyik arketipinin çok destekleyici olmamasının nedeni, hava elementinin başlangıç süreciyle ilgilenmiyor olmasıdır. Başlamak ateşin işidir. Hava elementi zaten halihazırda yapılan işleri geliştirmekle ilgili çalışır.

Buda'nın aydınlanma sürecinin ardından deneyimini ve öğretisini insanlara ilk aktardığı yer geyiklerle dolu bir parktı. Etrafı geyiklerle çevrili Buda, öğretisini paylaşırken, kendisini dinleyen herkes duyduklarıyla adeta büyülenmişti.

Geyik arketipi dinleyen herkesin koşulsuz bir sevgiyle ve uyum içinde onu duymasını sağlamıştı. Buda'nın da kendini büyük bir görkem ve zarafet içinde ortaya koymasını desteklemişti geyikler.

Buda'nın öğretilerini aktardığı süreçte yoğun olarak çalıştırdığı bir arketip geyikti. Hatta Buda'nın konuşurken yanında geyiklerin de görüldüğü resimler bile yapılmıştır. Günümüzde halen Budist manastırları geyik arketipini çalıştırır. İsimlerinde "Deer Park" ifadesi geçer ya da manastırın içinde geyik heykellerine, görsellerine yer verilir.

Koşulsuz sevgi ve uyum her öğretinin temelindeki güçtür.

Geyik arketipi nerede, neden çalıştırılmamalıdır?

Büyü ve sihirle amatörce uğraşanların veya bu alanlara merakı olanların geyik arketipinden uzak durmalarında fayda vardır. Büyü ve sihir kulağa ne kadar ilginç ve merak uyandırıcı gelse de, kişiyi altından kalkamayacağı bir yükün altına sokar.

Ayrıca geyik arketipi birinin davranışlarını ya da düşüncelerini maniple etmek amacıyla da kullanmamalıdır. Zira geyiğin gücünün çalışmasıyla birlikte işler, hesap edildiğinden çok daha büyük boyutlara evrilebilir.

Hangi cümleleri sıklıkla tekrarlayanlar geyik arketipini çalıştırmalıdır?

"Karşılıksız sevgi sunamıyorum, hep beklenti içindeyim!"

"Ne yaparsa yapsın onu sevmek bana çok zor geliyor!"

"Çok iyi işler yapıyorum ama zarafeti ve sunumu doğru yapamıyorum!"

"Yaptığım her şey çok sıradan gerçekleşiyor!"

"Ne kadar iyi bir iş yapsam da kimseye çekici gelmiyor!"

"Yanlış anlamışım sanırım. Son zamanlarda kendimi bile anlamıyorum!"

"Uyum konusunda güçlük çekiyorum!"

Geyiğin ortaklık kurabileceği hayvanlar: Geyik sahip olduğu uyum niteliği sayesinde birçok hayvan arketipiyle birlikte çalışabilir. Lakin sıra dışılığa engel olabilecek güçteki boğa arketipiyle zihinsel bir çekişme hali yaratacağından birlikte tercih edilmemelidir.

GÜVERCİN

Güvercinler, kafatası ile beyin arasında bulunan ferromanyetik bazı parçacıklardan oluşan sistemleri sayesinde yerin manyetik alanındaki değişimleri sezebiliyorlar. Bu sistem sayesinde çok uzaklardan bile salıverilseler yönlerini kolaylıkla bulabilirler.

Güvercinler, tehlike sezmedikleri barışçıl ortamlarda insanlara yaklaşırlar. Aksi durumlarda insandan uzak dururlar. Gruplar halinde uçan kuşlar olmalarına rağmen, havada ya daha küçük gruplarla ya da tek başlarına uçmayı tercih ederler.

Güvercin arketipinin ilgili olduğu konular: Barış, ilham, uyum, soyutla somut arasındaki denge ve içgörü kabiliyeti

Elementi: Hava

Güvercin, hava elementini dengeleyen arketiplerden biridir. Hava elementinin özellikle "barış, ilham, uyum, soyutla somut arasındaki denge, içgörü kabiliyeti, dürüstlük ve güvenilirlik" konularını çalıştırıp destekler.

Güvercin, ruhun saflığının simgesidir. Ruhtaki saflık, insanın geçmişiyle şu anı arasındaki barışı ve uyumu ortaya çıkarır. Güvercin var olan her şeyle uyum içindedir. Hava elementinin tüm itme ve çekme nitelikleri hep bu uyumun bir parçasıdır. Güvercin, dengenin kurulabilmesi için "bir şeyler yapmak" gerekmediğini, olan her şeye tam şu anda sadece uyumlanmak gerektiğini bilir. Bu yüzden güvercin eylemci değil, eylemsiz bir tutum takınır. Çünkü her eylemin, yeni bir eylem doğuracağının ve bunun da giderek çığa dönüşeceğinin farkındadır. Ancak üzerine koymayı bıraktığımız noktada, yani durduğumuzda eylemlerin çığa dönüşmesinin önüne geçebiliriz.

Güvercin aynı zamanda savaş ya da çatışma içinde olan ikiliklerin arasına da barışı getirir. Fakat güvercinin barışı uzun soluklu değildir. Güvercin ancak geçici olarak barışa ilham olabilir. Hava elementinin doğası gereği konular havada sona ermez. Kalıcı bir barış, ancak bütünleşmeyle veya şifayla gelir ki bu da hava elementinin değil, su elementinin konusudur.

Güvercin arketipi, soyutla somut arasında dengede olmayı ifade eder. Hem ayakların yere basmasını hem de gerektiğinde uçabilmeyi anlatır. Hem bilgiye sahip olmayı hem bilgiyi pratikle bedenlendirmeyi ifade eder.

Güvercin içgörü kabiliyetini de artırır. Böylece kişi hem kendi sözlerinin ve eylemlerinin hem de yaşamda başına gelenlerin derinindeki öze yakın bir yerden bakıp görebilir.

İnsan sadece etrafıyla kavgalı olmaz, kendiyle de kavgalı olur zaman zaman. Hatta kendiyle kavgalı olanın yaşadığı çatışma hayatındaki her şeye sirayet eder. Kendiyle kavgası olan, cezveyle bile sorun yaşar. Bu tutumun temelinde elbette anlayışsızlık yatar. İnsan, anlamadığı şeyle çatışma içindedir. İşte bu noktada güvercin iç barışı sağlamak için içimizde uyandırılmayı bekliyordur. İçimizdeki güvercin arketipini uyandırdığımızda, anlayışı da uyandırmış oluruz. Anlayış da beraberinde barış getirir.

Savaşın durmasıyla içimizde bir sessizlik ve sükûnet oluşur. İnsanın içi savaş alanına dönmüşken içgörü kabiliyeti de doğal olarak çok zayıflar. Güvercin arketipinin çalışmasıyla birlikte gelen anlayış sayesinde, içgörü kabiliyeti de ortaya çıkar.

Dürüstlük kolay bir meziyet değildir elbette. Fakat güvercin uyandıysa eğer, dilin sözleri taşıması kolaylaşır. Güvercin olanı olduğu gibi kabul eder. Sözü yalanla süslemek hiçbir şekilde işine gelmez.

Evet, gerçekler bazen ağırdır ama güvercinin kaldıramayacağı kadar değil. Gerçeğin sana ağır geldiği zamanlarda en çok ihtiyacın olan hayvanlardan biri güvercindir kuşkusuz. Gerçekle ve olanla kalabilme gücünü artırarak, olmuş olanla savaşmayı bırakacak gücü kazandırır sana. Barışı sağlamak, savaşmaktan daha büyük bir ruhsal güç gerektirir.

Güvercin arketipi nerede, nasıl çalıştırılmalıdır?

Kendini savaş içinde bulduğun her alanda, barışı ortaya çıkarmak için güvercin arketipiyle çalışmayı tercih edebilirsin. Savaştığın her cephe enerjini hiç durmadan emer. Her savaşta kaybetmekten başka bir şey yapmış olmazsın aslında. Gerçek güç, tüm enerjiyi içeride tutanlarındır.

Somut ve soyut arasındaki dengeyi kaybettiğin alanlarda yine güvercinden destek alabilirsin. İçgörü kabiliyetinin biraz da olsa kuvvetlenmesi herkesin faydasınadır. Lakin içgörü kabiliyeti sadece güvercin arketipiyle ortaya çıkarılamayacak kadar büyük ve geniş bir niteliktir. Düzenli şekilde hava elementi çalışmaları yapmak ve çeşitli öğretilerin pratiklerini uygulamak bu yolda fayda sağlayacaktır.

Yogada içgörü kabiliyetini artırmak için güvercin pozu çalışmalarına çokça yer verilir. Yoganın hem temel pozlarında vardır güvercin hem de ileri seviyedeki pozlarında. Çünkü yaşamla barış içerisinde olmak, somut ve soyut arasındaki dengeyi bulmak, içgörü kabiliyetini kullanmak yaşamın her safhasında önemlidir.

Önce temel bir poz olan Kapotasana (Güvercin Duruşu) ile güvercin arketipi uyandırılarak savaştığımız cephelerde barışa gitmeyi öğrenir, kendimize ve yaşama karşı dürüst oluruz. Ardından içgörü kabiliyetimizi kullanmaya başlarız. Sonrasında da daha derin bir poz olan Raja Kapotasana ile somut ve soyut arasındaki o muazzam dengeyi bulur, uyum içinde bir varoluş hali ortaya çıkarırız.

Güvercin erdem dolu nitelikler uyandırdığı için yaşamda da zaten sıklıkla karşımıza çıkar. Şehir hayatında bolca güvercinle karşılarız. Varoluş da bizim bu niteliklerimizi sıkça kullanmamızı ve daha erdemli olmamızı istediğindendir ki bu arketipi sürekli olarak çalıştırabilelim diye güvercinleri karşımıza çıkarır.

Güvercin arketipi nerede, neden çalıştırılmamalıdır?

Güvercin, her koşulda insana fayda getirecek arketiplerden olduğu için sakıncalı değildir. Her zaman tercih edilebilir, hayatı kolaylaştıran güçlerden biridir.

Kişinin yaşamla, dışarısıyla hatta kendiyle olan savaşına son verebilir, büyük bir uyum açığa çıkararak farkındalığı uyandırabilir.

Hangi cümleleri sıklıkla tekrarlayanlar güvercin arketipini çalıştırmalıdır?

"Sürekli işimle ve insanlarla savaş halindeydim!"
"Kendimle derdim bitmiyor!"
"Yaptığım hiçbir şeye uyum gösteremiyorum!"
"Manevi şeyler bana çok boş geliyor!"
"Dünyevi şeyler bana çok boş geliyor!"
"Bir türlü kendi içime dönüp bakamıyorum!"

Güvercinin ortaklık kurabileceği hayvanlar: Güvercin uyumu ortaya çıkaran bir arketip olduğundan birçok hayvanla ortak çalışabilir. İhtiyaca göre diğer elementlerin de hayvanlarıyla rahat ve güçlü birliktelikler sağlayabilir. Sadece somut ve soyut dengesi sağladığından, somutu veya soyutu tek taraflı yoğun çalıştıran hayvanlarla birliktelik kuramaz.

İNEK

İnekler toplu halde yaşayan sosyal hayvanlardır. Sürüler halinde dolaşırlarken bile her biri kendi kimliklerini de ortaya koyar. İletişim yetenekleri çok kuvvetlidir. Duygusal hayvanlardır ve duygularına göre çıkardıkları sesler değişmektedir.

Her ineğin kendine özgü karakteristik bir sesi vardır. İnekler güçlü hayvanlardır. İnsanoğlu uzun yıllar boyunca ineği tarlaları sürmekte, yük taşıtmakta kullandıkları gibi sütünden, derisinden ve etinden de faydalanmıştır. İnsanlara her açıdan faydasının dokunuyor olmasından dolayı bazı ülkelerde kutsal sayılmışlardır.

İnek arketipinin ilgili olduğu konular: Elindeki bütün niteliklerin hakkını vermek ve kutsallık

Elementi: Hava

İnek, hava elementini dengeleyen arketiplerden biridir. Hava elementinin özellikle elindeki tüm niteliklerin hakkını vermek, kutsallık, destek olmak, toplumun içinde bulunduğu alanın yararına her şeyi olduğu gibi sunmak ve vericilik konularını çalıştırıp destekler.

İnek kişinin sahip olduğu bütün niteliklerin hakkını vermeyi simgeler. Gerekli gereksiz, değerli değersiz demeden sahip olduğu her niteliği en iyi şekilde çalıştırmakla ilişkilidir. Zaten bu niteliği ineği kutsallaştırmaktadır. Elindeki niteliklerin hakkını veren insan, ulaşabileceği en yüksek kutsallığa ulaşmış demektir.

İnek arketipi açısından bakıldığında, yemek tabağının içindeki bir pirinç tanesi bile ziyan edilemez çünkü o pirinç tanesi, tüm pilavın kendisidir.

İnek arketipi kutsal konular üzerinde de çalışır. Dinler, öğretiler, kutsal olan her şey ineğin çalışma alanıdır.

İneğin olduğu yerde kutsallık kendiliğinden ortaya çıkar ya da diğer bir deyişle kutsallığın olduğu her yerde inek belirir.

Bazen elindekileri verdiğinde eksilecekmiş gibi hissedebilirsin. Sanki sende olan başka hiç kimsede olmamalıymış gibi gelebilir. Oysa verme yeteneğini ne kadar kaybedersen o kadar sığlaşır, eksilirsin. Paylaşamadığın için, destek veremediğin için kendine de alamaz hale gelirsin bir süre sonra. Bu gibi durumlarda içindeki ineğin uyanmasına ihtiyaç duyarsın işte. İçindeki ineği uyandırdığında, şefkat ve anlayış da beraberinde uyanır. Böylece paylaşmak, elindekileri aktarmak, sunmak kendiliğinden gerçekleşir.

İnek vermek ister. Çünkü verdikçe elindekilerin azalmayacağını, tam tersine artacağını bilir. Kutsallık duygusu tam da bu noktada ortaya çıkar zaten. İçindeki inek uyandığında, ilahi bir bağlantının kurulduğunu hissedersin. Paylaşmaktan doğan birlik hissidir bu. Paylaştıkça etrafındaki herkesle ve her şeyle bağın güçlenirken, evrenle kurduğu ilişki de kuvvetlenir.

Toplumdan uzaklaşmak istediğinde ya da kendini toplumun içinde değersiz hissettiğinde içindeki ineğe nefes alabileceği bir yer aç. İnek, temas ettiğin her şey için ne kadar değerli olduğunu ve hepsinin hayatındaki yerinin ne kadar özel olduğunu en derinden hissettirecektir sana.

İnek arketipi nerede, nasıl çalıştırılmalıdır?

Sahip olduğun niteliklere sahip çıkmak ve hepsinin hakkını vererek kullanmak için içindeki ineği uyandırabilirsin. İnek hava elementinin bir arketipidir. Bu noktada elinde olanı kullanmak ve hakkını vermek için tüm niteliklerini en iyi şekilde ortaya çıkarmak üzere seni desteklemeye devam edecektir.

Sürekli alma halinde olan, alma-verme dengesini oturtamamış kişiler inek arketipini çalıştırarak verme halini destekleyebilirler. Böylelikle ineğin vericiliği sayesinde alma ve verme dengesi oluşturulabilir.

Elindeki bilgileri, yetenekleri, değerleri paylaşamayan, hepsini kendine saklayan kişilerin elindekini başkalarının yararına sunabilmesi için inek arketipinden destek almalarında fayda vardır. Çünkü paylaşılan bir değer büyür ve genişler. Paylaşan kişiyi de büyütür. Bu bakımdan kişinin sahip olduğu bilgiyi ve yeteneği kendine saklaması, elindekileri sığlaştırır. Paylaşması ise elindeki bilgiyi ve yeteneği derinleştirir.

Öğretmenlik yolunda ilerleyen öğrencilerime özellikle inek arketipini çalıştırırım. Öğretmenlik sürecine geçtiklerinde hem bir yoga duruşu olan "İnek Duruşu" ile bedensel olarak hem de hayatlarında inek görsellerine yer vererek, bu arketipi kendilerinde sıkça uyandırmalarını isterim. Böylelikle öğrendiklerini hakkıyla, kendilerine saklamadan aktarabilirler.

İnek arketipi nerede, neden çalıştırılmamalıdır?

Kutsallığın tam olarak ne olduğunu bilemeyen ya da kavrayamayanlar için inek arketipi sadece tapmayı ve tapınmayı tetikleyebilir. Dolayısıyla ruhani açıdan cahil kişilerin inek arketipiyle çalışmaları kör inanışlara ve kör tapınmalara yol açabilir. Kullanılmamasında fayda vardır.

İnek yapısı gereği vericidir. Henüz alma-verme dengesini sağlamamış, daha çok verici olan kişilerde de vermeyi daha fazla destekleyeceği için dinamiklerin bozulmasına neden olabilir. Bu durumda inek arketipini çalıştıran kişi almayı bir türlü beceremez olur. Oysa almak, karşındakine verebileceği bir alan sunmaktır. Sürekli verme çabası içerisinde olan biri, karşısındakine verebileceği bir alan bırakamaz. Böylece karşısındaki kişinin nitelikleri gölgede kalır.

Hangi cümleleri sıklıkla tekrarlayanlar inek arketipini çalıştırmalıdır?

"Yaptığım işlerin hakkını tam olarak veremiyorum!"

"Sahip olduğum yetenekleri kullanamıyorum!"

"Sahip olduğum nitelikleri çalıştıramıyorum!"

"Elimdekileri paylaşmak konusunda sıkıntı yaşıyorum!"

"Hep talepkârım ama verme konusuna gelince harekete geçemiyorum!"

İneğin ortaklık kurabileceği hayvanlar: İnek arketipiyle çalışacak olanlar "Acaba ne iş yapsam da elimdeki niteliklerin hepsini kullanabilsem?" diyemez. Halihazırda zaten bir iş yapıyorlardır ki işin hakkını vermek isterler. "Resimle mi ilgilensem yoksa müzikle mi?" diye düşündüğünde inek arketipi sana yol göstermeyecektir. Arayış içindeyken ejderhadan destek alabilirsin. İnek arketipi, potansiyelini fark ettikten sonra çalışır. Tabii ki potansiyelini tam olarak kullanmak adına ineği ejderhayla destekleyebilirsin.

İnek sahip olduğu özelliklerden dolayı birçok hayvanla birlikte çalışabilir. Özellikle at gibi, yaptığı işi ustalık boyutunda yapan hayvan arketipleriyle muhteşem bir uyum yakalayabilir. Aynı zamanda horoz gibi büyük işler başarabilecek, fikirleri, planları somuta dönüştürebilecek bir arketiple de şahane sonuçlar verir. Horoz bir planı somuta getirmek için hareket ederken, inek de o işi hakkıyla yapmayı sağlar. Böylelikle ortaya çıkan iş hakkı verilmiş bir iş olur.

TİMSAH

Timsahlar, sürüngen ailesinin en iri türüdür. Sıcak bölgelerdeki akarsularda, nehirlerde, su kenarlarında ve bataklıklarda yaşarlar.

Vücutlarında sert ve kemiksi plakalar bulunur ve genellikle yaşadıkları bölgenin besin zincirinde en üst sırada yer alırlar. Yani timsah her şeyi yiyebilirken timsahı yemek çok da mümkün değildir.

Üstün avlanma yeteneklerine sahiptirler ve daha pek çok ilginç özellikler barındırırlar bünyelerinde. Güçlü dişleri zarar gördüğünde yerine yenileri çıkar. Ağızlarını açmaya yarayan kasları zayıftır. Yetişkin bir insan timsahın ağzını elleriyle kolaylıkla kapalı tutabilir. Altçenelerine zarla bağlı olan dillerini, ağızlarından dışarı uzatamazlar. Hantal vücutlarıyla karada güçlükle yürüseler de suda oldukça hızlı hareket edebilirler. Hem karada yürümeye hem de suda yüzmeye yarayan kısa ama güçlü bacaklara sahiptirler. Gereksiz her türlü hareketten kaçınan bu avcılar, doğaları sayesinde aylarca aç kalabilirler.

Timsah arketipinin ilgili olduğu konular: Gözlemlemek, sabır, duygusal saklanış ve olumsuzlukları hesap edebilme

Elementi: Hava

Timsah, hava elementini dengeleyen arketiplerden biridir. Hava elementinin özellikle "gözlemlemek, sabır, duygusal saklanış, olumsuzlukları hesap edebilme, doğru anı bekleme" konularını çalıştırıp destekler.

Timsah gözlemcidir. Bütün olumsuzlukların daha gerçekleşmeden nereden gelebileceğini uyanık bir bilinçle gözlemler. Ayrıca gördüklerini anlayarak gardını alabilir. Sabır timsali bir hayvandır.

İnsan bilincinde gardını alma ve sabır gösterme hali, duygusal bir saklanış olarak ortaya çıkabilir. Duygularını belli etmemek ya da duygularına göre davranamamak gibi... Örneğin kişiyi öfkelendirecek bir olay olduğunda, sinirlenmemiş gibi davranması ya da üzüleceği bir davranışa maruz kaldığında sanki bu davranıştan hiç etkilenmemiş gibi tepkiler vermesi gibi...

Timsah olumsuzlukları hesap edebildiği için aklı ve gücü temsil eder. Timsah aklını fiziksel bir güçle çalıştırabilmenin de ifadesidir. Timsahın ilgilendiği konular genelde dünyevidir.

İlişkide kullanılması sakıncalı olabilir Sürekli karşı tarafı gözlemlemekle ilgili olan timsah arketipi bir süre sonra fazla gözlemciliğiyle karşı tarafı rahatsız edebilir. Ayrıca duygusal saklanışlar ilişkiler açısından derin bir mutsuzluk kaynağı olabilir. "Mutlu mu değil mi belli değil, seviyor mu sevmiyor mu belli değil..." belirsizliği ilişkileri zora sokar.

Sabırsız olduğunu düşünüyorsan, her şey hemen olsun istiyorsan ya da olan şeylerin yeterince büyümesine izin veremiyorsan, bu yolda sabır gösteremiyorsan, hem içindeki sabrı ortaya çıkarmak hem de akıllıca doğru hareket edebilmek için içindeki timsahı uyandırabilirsin.

Timsah sadece sabrı getirmez, duygusal yoğunluklarda duyguları bastırmayı da beraberinde getirir. Duygularını kontrol edemeyen biri, yaşananların sonuçlarını doğru hesap edemeyeceği gibi, duygularının etkisine kapılıp gidebilir de. Timsah, yoğun duyguların içinde bile hareket edebilme kabiliyeti kazandırır. Yoğun duygulardan geçtiğin dönemlerde, farkındalığını artıracak güçtedir.

Timsah arketipi nerede, nasıl çalıştırılmalıdır?

Yoğun duygusallıklar yaşayanlar timsah arketipiyle çalışmayı tercih edebilirler. Duyguları gözlemlemek ve sabredebilme becerisi kazandırmak timsahın işidir.

Yeterince gözlemleme, anlama ve hesap yapabilme imkânı sunması açısından önemlidir. Doğru zamanda hareket etme kabiliyeti kazandırır. Timsah, doğru anı beklemek konusunda ustadır.

Yaptıkları işte duygularını gizlemek zorunda olanların tercih edebileceği bir arketiptir. Örneğin psikologlar ya da psikiyatrlar danışanlarıyla birlikte gülüp ağlayamayacakları için, duygularını gizlemek zorunda oldukları için bu alanda eğer zorlanıyorlarsa kesinlikle timsah arketipiyle çalışmalıdırlar.

Eski zamanlarda tapınaklarda, kiliselerde bile kullanılan bir semboldü timsah. Şeytanın zincirlenmesini ve kötülüğün kontrol altına alınmasını simgeliyordu. Sebebini bile hatırlamadıkları önemsiz bir tartışma sırasında istemsizce cinayet işleyen insanlara bunu neden ve nasıl yaptığı sorulduğunda çoğunlukla "Sanki o an içime bir şey girdi, bir an gözüm döndü!" diyerek durumu anlatmaya çalışırlar. O an içlerine bir şey girmemiştir tabii ki lakin içlerindeki öfke hem bedenlerini hem de ruhlarını kaplamıştır. Dolayısıyla artık akıldan kopmuş şekilde hareket ediyorlardır. İşte kutsal öğretilerde ifade edilen şeytanın zincirlenmesi ve kötülüğün kontrol edilmesi tam da budur.

Öfkenin zapt edilmesi, duyguların kontrol edilerek aklın kullanılması çok önemlidir. Duygular durum bildirmek ve ihtiyacı göstermek için ortaya çıkarlar. Bu ikazı fark etmeyip duyguya kapılarak hareket ettiğimizde aklı gölgede bırakmış oluruz. Bu yüzden kutsal öğretiler için timsah arketipi çok kıymetlidir.

Timsah arketipi nerede, neden çalıştırılmamalıdır?

İçekapanık, kendini ifade etmekte zorlanan insanların kaçınması gereken bir arketiptir. Timsah arketipi duygulardan saklanmayı destekleyeceği için içekapanık insanlarda fazla duygusal yüklenmelere yol açabilir. Yani kişi her şeyi içine atacağı için bir yerden sonra kendine zarar verebilecek duygusal yükler altında bulabilir kendini. Dolayısıyla yaşayacağı stres yüzünden fiziksel hastalıklar bile oluşabilir.

Hangi cümleleri sıklıkla tekrarlayanlar timsah arketipini çalıştırmalıdır?

"Doğru zamanı hesaplayamıyorum!"
"Olumsuzlukları gözlemleyemiyorum!"
"Duygularımı gizleyemiyorum!"
"Duygularıma yenik düşüyorum!"

Timsahın ortaklık kurabileceği hayvanlar: Timsahın sahip olduğu nitelikler sayesinde başka hayvanlarla ortaklık kurmaya ihtiyacı yoktur. Tek başına kullanılması yeterlidir.

KAPLAN

Kaplanlar, yetenekli yüzücülükleriyle de bilinen kedigillerdendir. Genelde tek başlarına yaşayan kaplanlar, zorunda kalmadıkça gruplar halinde dolaşmazlar. Kaplanlar açısından doğada tehlike arz eden bir hayvan türü olmadığından, doğadaki diğer tüm hayvanlar için kendileri tehlike arz ederler zaten.

Kaplanlar yaşadıkları bölgeyi korumak konusunda çok iyidir. Bölgelerine giren başka erkek kaplanlara tahammülleri yoktur. Bedenlerindeki çizgiler sayesinde kendilerini kamufle edebilirler.

Kaplanlar saldırmaya hazır değilken avlarıyla göz göze geldiklerinde, kendilerini belli ettikleri için geri adım atarlar, saldırmazlar. Çünkü avlayamayacakları bir avın peşinden koşmak onları gereksiz yere yoracağı için, başka bir avın peşinden koşmaya kalktıklarında yorgun olacaklardır. Bu yüzden başarısız olacaklarını bildikleri bir avı kovalamazlar.

Avlarını yakınlarına çekebilmek için avladıkları hayvanlar gibi davranarak onları taklit ederler.

Kaplan arketipinin ilgili olduğu konular: Adanmışlık, denge, ustalık ve esneklik

Elementi: Hava

Kaplan, hava elementini dengeleyen arketiplerden biridir. Hava elementinin özellikle "adanmışlık, denge, ustalık, esneklik, konsantrasyon, yaşamdan zevk alma" konularını çalıştırıp destekler.

Adanmışlık, kaplan için her şeyin üzerindedir. Adandığı yolda, başına gelebilecek her ihtimale rağmen yürümeye devam eder. Bu tutumu ona ölmeyi bile göze alan geniş bir hareket alanı sunar. Kaplan için yürüdüğü yolun ifade ettiği anlamların önüne ölümün korkusu bile geçemez. Ölüm korkusu toprak elementiyle ilgilidir. Kaplan arketipi, hava elementinde çalışır.

Kaplan ruhsal inançlarından güç alır ve bu gücü, fiziksel alana da taşır. Kaplan bedensel güce çok inanır. Bedeni bir mabet gibidir onun için. Orayı hem inançla doldurur hem de varoluşun gücüyle... Kaplan kendini evrenin bir yansıması olarak görür ve bunun hakkını vermeye çalışır. Kendiyle evren arasında bir denge kurarak, elindekini ortaya koyar.

Kaplan hava elementinin ustalık özelliğini en yoğun şekilde ortaya çıkaran arketiptir. Üzerine gittiği ve kendini adadığı her konuda ustalaşmayı başarır. Kaplanın ustalığı hem manevi hem de maddi alanda oldukça dengeli bir halin ürünüdür. Bu yüzden diğer tüm ustalıkların ötesindedir.

Kaplan aynı zamanda çok esnektir. Elbette esneklik adanmışlığından ileri gelir. Adandığı yolda şüphesiz bir varoluş hali sergilediğinden, kurallara katı bir bağlılık göstermek yerine, gerektiğinde esnemeyi tercih eder ki bu yeteneği onu kusursuz kılar. Esnekliği öylesine incelikli bir halden ileri gelir ki bunu ancak kaplan kadar güçlü ve dengede bir adanmış sağlayabilir ancak.

Yapıyor olduğun işte ustalık arıyorsan, içindeki kaplanın uyanması gerekir.

Kaplan arketipi nerede, nasıl çalıştırılmalıdır?

Kendini adamak istediğin, üzerinde derinleşerek ustalaşmayı arzuladığın her konuda ve her alanda kaplan arketipini çalıştırabilirsin. Önemli olan söz konusu alanlarda zaten çalışıyor olmandır. Yeni başlangıçlar defalarca tekrarladığım gibi ateş elementini ilgilendirir. Yeni başlangıçlarda kaplan arketipini çalıştırmak hiçbir işe yaramaz.

Kaplan çok güçlü bir arketip olduğu için, ruhun, kaplanın ustalığını taşıyabilecek kadar ustalaşmak istediğin konuyla ilgili yeterince toprağa sahip olmalıdır. Yani ustalık aradığın konuyla ilgili yeterince sürdürülebilirlik yakalamış olmalısındır.

İnsan bazen yaşamdan zevk alamaz hale gelir. Memnuniyetsizliği hayatının her alanına sirayet edebilir. Memnuniyeti artırmak ve yaşamın sunduğu her şeyden zevk alabilmek için içindeki kaplanı uyandırması gerekir. Hatırlayacak olursak boğa da günlük yaşamdan, rutinlerden, yeme ve içmeden keyif almakla ilgiliydi. Ancak kaplan boğadan farklı çalışır. Kaplan rutinlerle ilişkili değildir. Yaşamın kendinden zevk almakla ilgilidir. Her günün yeni bir gün olduğunu hatırlatarak, heyecanla uyanmayı bilir.

Kaplan arketipi, hava elementinin memnuniyet duygusunu besler. Zor zamanlarda bile, yaşamın içindeki güzellikleri yakalamayı sağlar. Kaplan, doğumla ölüm arasındaki ince sürecin bilincini uyandırır. Böylece var olduğumuz her anın kıymetini biliriz.

İşine ya da ilişkine tüm dikkatini veremediğini hissettiğinde kaplan arketipi sana çok iyi gelecektir. Adanmışlık hissini çalıştıracaktır. Bir konuya adanabildiğinde artık tüm dikkatini oraya verebilirsin.

Kendini ilişkine tam olarak veremediğinde, hayatındaki insanla aranızda birtakım sorunlar ortaya çıkacaktır. Engeller oluşacaktır. Adanmış bir ilişkideyse iki taraf da canıgönülden, tamamen kendini ilişkiye vererek yaşar. Kaplan, adanma niteliği sayesinde, ilişkilerde derinliğin oluşmasına imkân verir. Derin adanmışlıklarla yaşanan ilişkilerde "Sen benim karım/kocam/sevgilimsin" tanımlarının çok üzerinde "Sen hayatımda bambaşka bir anlama sahipsin" duygusu oluşur. Anlamlı bir adanma yaşanıyordur.

Kaplanın esneklik yeteneği, ilişkilerde karşı tarafı gerektiğinde rahat bırakabilmeyi de sağlayacağı için çok kıymetlidir.

Kaplan arketipi nerede, neden çalıştırılmamalıdır?

Adanmaya hazır olmadığın hiçbir konuda kaplanla çalışmamalısın. Kaplan öylesine güçlü bir arketiptir ki basit bir konu üzerinde bile derin bir adanmışlık hali ortaya çıkarabilir.

Hangi cümleleri sıklıkla tekrarlayanlar kaplan arketipini çalıştırmalıdır?

"Bu işte ustalaşamadım bir türlü!"
"Kendimi hiçbir şeye adayamıyorum!"
"Her gün bir diğerinin aynısı gibi geliyor!"
"Fikirlerim ve hareketlerimde esneyemiyorum!"

Kaplanın ortaklık kurabileceği hayvanlar: Ustalığa engel olan nedenlerin kolayca fark edilebilmesi için kaplana, fil eşlik edebilir. Fil ustalığın neden ortaya çıkamadığını kaplana göstererek nokta atışı adımlar atmasını sağlayabilir.

İnek de tüm niteliklerimizi en iyi şekilde kullanmamızı sağladığı ve elimizdekini paylaşmayı tetiklediği için kaplana ustalaşma yolunda yardımcı olur.

Bir öğretmen düşünelim. Çok iyi eğitim görmüş, birçok seminere katılmış ama henüz kimseye hiçbir öğretmemiş. Sahip olduğu bilgiler kusursuz ama bilgileri paylaşıma açılmamış.

Öğretmen ne zaman ki bilgisini aktarmaya başlar, işte o zaman öğretmenlikte ustalık ortaya çıkar.

Bu noktada daha fazla şey öğrenmeye devam etmesi onu iyi bir öğretmen yapmayacaktır. Ancak öğretmeye başladığında ve elindeki bilgiyi paylaştığında ustalaşacaktır.

KUĞU

Kuğular kendi aralarında çok güçlü bağlara sahiptirler. Tekeşli yaşarlar ve genellikle eşleriyle bir ömürlük bağ kurarlar. Kuğular su kaynaklarına bağımlı bir hayat sürerler. Bu yüzden sulak bölgelerde yaşarlar. Su üzerinde zarafetle ve yavaşça süzülseler bile aslında çok hızlı hareket edebilme kapasiteleri vardır.

Kuğu, her şeyle gönülden birliktelik kurmak demektir. İç güzelliği ortaya çıkarmaktır.

Kuğu arketipi insan olarak fiziksel açıdan da güzel görünmeyi sağlar.

Kuğu arketipinin ilgili olduğu konular: İç güzellik, zarafet, gönülden birliktelik, sanat ve şefkat

Elementi: Hava

Kuğu, hava elementini dengeleyen arketiplerden biridir. Hava elementinin özellikle "iç güzellik, zarafet, sanat, şefkat, eşler arasında derin bağ, duruluk, içtenlik ve doğallık" konularını çalıştırıp destekler.

Kuğu, iç güzelliğin ifadesidir. Kuğunun su üzerinde süzülmesi gibi, insan da duygularının ve düşüncelerinin üzerinde süzülmeyi başararak dengeye kavuştuğunda iç güzelliği çıkar ortaya.

Kuğu aynı zamanda şefkatin de simgesidir. Merhamet etmeyi ve destek olmayı da besler. Kuğu gelişmiş duyguları beslediği için kişinin iç güzelliğini ortaya çıkarabilir.

Kabul görmek ya da onaylanmak için çoğu zaman rol yapmak ya da olmadığı biri gibi davranmak zorunda kalır insan. Kuğu doğallığı tetikleyen bir arketip olarak, kişinin kendi olmasına, içten davranmasına, samimiyete kapı açar. Kişinin kendine şefkat göstermesi yoluyla bu alanı çalıştırır.

Yaptığın hatalardan ya da başarısızlıklarından dolayı kendini sürekli suçluyorsan, aldığın kararların sonuçlarından dolayı kendine tahammülün kalmadıysa, içindeki kuğunun uyanması gerekiyordur.

Kuğu uyandığında, şefkat duygusu da uyanacaktır. İnsan hata yapabilir. Aldığı kararların sonucunda istemediği tecrübelerle karşılaşabilir. Kendine kızmak, kendini aşağılamak ve yaşam motivasyonunu yok etmek günün sonunda kimseye hiçbir şey kazandırmayacaktır. Uyuyan kuğu uyandığında ortaya çıkacak olan şefkat duygusu sayesinde, bütün bu alanlarda kişinin kendini kabulü gerçekleşecektir. Böylece sonuçları sindirmek daha da kolaylaşacaktır.

Kuğuyla uyanan şefkat duygusu sadece kendimize karşı değil, varlıktaki her şeye karşı çalışır. Böylece iç güzellikler de çıkar ortaya.

İçindeki kuğuyu uyandırdığında hayatındaki insanla aranızda daha derin bağlar kurabilmenin yolları belirir önünde.

Kendini sürekli eleştiren, hiç beğenmeyen, aynalara küsmüş, kendine karşı acımasız ve zalim davranan, her fırsatta estetik ameliyatlara koşan insanların bedenlerine kuğu dövmesi yaptırmaları ya da bu arketipi çalıştıracakları kuğu sembolleriyle yoğun bir şekilde muhatap olmaları yerinde bir seçim olabilir. Kuğu, kendine şefkat göstermesini sağlayacaktır. Kendindeki güzellikleri keşfettirecektir.

Kuğu arketipi nerede, nasıl çalıştırılmalıdır?

İç güzelliğini ortaya çıkarmak için gönül rahatlığıyla tercih edebileceğin bir arketiptir. Sanatla ilgilenen insanların yeteneklerini de destekler.

Bale dediğimizde aklımıza ilk gelen imgenin *Kuğu Gölü* balesi olması tesadüf değildir. Güzelliğin, zarafetin ve sanatın bir araya geldiği bu eşsiz eser, bütün bu nitelikleri ihtiva eden hayvanla destekliyor bizde oluşan duyguları.

Eşler arasında derin ve gönülden bir bağ kurmak için de oldukça etkili çalışan bir arketiptir kuğu... Yatak odasında, ilişkinin yaşandığı ortak alanlarda, eşlerin birbiriyle mesajlaştıkları programların duvar kâğıtlarında bir kuğu görseli kullanmak, çok işe yarayacaktır. Ayrıca eşler bir arada kuğuları izlemeye giderek, onlara canlı olarak da arkadaşlık edebilirler.

Göz kuğu görseliyle ne kadar yoğun ilişki kurabilirse, kuğunun niteliklerini uyandırmak o denli kolaylaşacaktır.

Kuğu arketipi nerede, neden çalıştırılmamalıdır?

Kuğu, çok sakin bir enerji formuna sahiptir. Destekleyici bir yapısı olduğundan ataklık ve mücadele gerektiren alanlarda ters etkiler yaratabilir.

Hangi cümleleri sıklıkla tekrarlayanlar kuğu arketipini çalıştırmalıdır?

"Kendimi hiç beğenmiyorum!"
"Kimseyle kalpten bir birliktelik kurmuş gibi hissetmiyorum!"
"Kendime şefkat gösteremiyorum!"
"Başkalarına şefkat gösteremiyorum!"

Kuğunun ortaklık kurabileceği hayvanlar: Mücadele, ataklık ve yoğun bir hareket doğurmayan hayvanlarla ortaklık kurabilir. Bu hayvanlarla kuracağı ortaklık enerjisini keseceği için çok fayda sağlamayabilir. Kuğu gönülden birliktelik kurma niteliğine sahiptir. Bu yüzden diğer hayvan arketipleriyle gerektiğinde tercih edilebilir.

ÖRÜMCEK

Örümcekler tek başlarına yaşarlar, içlerinde topluluk güdüsü yoktur. Ördükleri ağ olağanüstü bir teknolojiye sahiptir. Hem çok esnek hem de çok sağlamdır. Bu sayede büyük kelebekleri bile ağlarına düşürüp yakalayabilirler. Bazı örümcekler ördükleri ağa bağlı olarak avlanırlarken bazıları serbest de avlanabilirler. Örümcekler dünyadaki pek çok farklı ekosisteme adapte olabilmiş canlılardır. Yeryüzünde her bölgede yaşamaktadırlar.

Örümcek arketipinin ilgili olduğu konular: Kader ve ilim

Elementi: Hava

Örümcek, hava elementini dengeleyen arketiplerden biridir. Hava elementinin özellikle "kader, ilim, bilincin genişlemesi, mevcut alanın genişletilmesi ve kendi sınırlarını büyütmek için çalışmak" konularını çalıştırıp destekler.

Örümcek, yaptığımız her şeyin bugünümüzü yarattığını hatırlatır. Bu yönüyle kaderin en güçlü temsilcisidir. Aynı zamanda ilimle de ilişkilidir. İnsan bildiğinin sınırları içerisindedir. Örümcek de bu sınırları genişletmek için çalışan arketiptir. Özellikle ilimsel alanları genişletmek, dinlerin ve öğretilerin üzerine çıkmak için çalışır.

Kader dediğimizde, kontrolümüzün dışında gerçekleşen şeylerden söz ederiz. Kontrolümüzün dışında olan biten her şey için iki şeye ihtiyacımız vardır: sabır ve anlayış.

Kaderin bizi zorlu sınavlardan geçirdiği zamanlarda içimizdeki örümceği uyandırmamız, aslında içimizdeki kader ustasını uyandırmak gibidir. Örümcek kaderin getirdiği her şeye karşı anlayışlıdır. Kaderinde beklemek de olduğu için, büyük bir sabır ustasıdır da aynı zamanda. Kader örümcek için iyi veya kötü değildir. Olması gerektiği gibidir. Bu yüzden olanın olmasını büyük bir sabırla beklerken, olmakta olana da anlayış sunar.

Kaderin getirdikleri karşısında kendini sıkışmış ya da boğulmuş hissediyorsan hayatında örümceğe yer açmalısındır. Bırak örümcek yaşanmakta olanı ilmik ilmik işlesin senin için...

Örümcek dövmesi yaptırmak kaderle barışmış olmaktır aslında. Kaderin farkında olmak ve akışa güvenip teslim olmaktır. Dolayısıyla hiçbir zaman hiçbir açıdan kötü değildir.

Örümcek arketipi nerede, nasıl çalıştırılmalıdır?

İlim üzerine yaptığın her çalışmada, örümceğin kazandıracağı ustalıktan faydalanabilirsin. Bilincinin sınırlarını genişletmek istediğinde, örümcek arketipi sınırların ötesine doğru yol gösterir. Böylelikle öğretilerin aktardığı yeni kalıplara seni sıkıştırmak yerine, sınırları yıkmak ve genişletmek için çalışır. Yeni öğrendiğinin üzerine çıkma yeteneği verir.

Karma konusunda örümcek arketipiyle çalışmak oldukça derin uyanışlar sağlar. Yaptığımız şeyin kaderimizde ne sonuçlar uyandıracağı yani etkilerimizin tepkilerini fark etmemize olanak sağlar. Bu yüzden örümcekler sıkça evlerimizi, işyerlerimizi, hatta arabalarımızı ziyaret ederler. Yaptıklarımız konusunda bizi uyandırmak için çalışırlar ki yapacaklarımızı daha büyük farkındalıkla gerçekleştirebilelim. Ancak davranışları üzerinde ustalık kazanmış biri kaderi üzerinde ustalık kazanabilir. Aksi takdirde kader, bilinçsizce gerçekleştirdiğimiz davranışların bir eseridir. Bu durumda kader bilinemez. Oysa örümcek arketipiyle çalışan kişi için kader bilinebilirdir. Çünkü ne yaptığını ve ne yapmakta olduğunu bilirsen her birinin getireceği sonuçları da bilirsin.

Hz. Muhammed'i yakalamaya çalışan müşrikler Sevr Dağı'nda onu aramaya gitmişlerdi. Hz. Muhammed'in bulunduğu mağaranın önüne geldiklerinde mağaranın girişinin örümcek ağlarıyla kaplı olduğunu gördüler. Bunun üzerine mağaraya girmeye gerek olmadığını düşündüler.

Aktarılan bu hikâyedeki örümcek ve örümcek ağı, Hz. Muhammed'in kendi kaderinin efendisi olduğunu ve başkalarının onun kaderine müdahale edemeyeceğini anlatır.

Kendi kaderinin efendisi olmuş biri ancak kendi seçimlerinin sonucudur, başkalarının seçimlerinin sonucu değildir.

Manevi alanda kendini geliştirmek isteyenlerin mutlaka örümcek arketipiyle çalışmalarını öneririm. Kaderle olan bu yoğun etkileşimi sayesinde kişide teslimiyet duygusunu ortaya çıkartacaktır. Bu sebeple kontrol delileri için gayet uygun bir arketiptir. Akıntıya karşı kürek çekenler, saçma inatlara kapılanlar için de öyle keza...

Örümcek arketipi nerede, neden çalıştırılmamalıdır?

Bilinci hava elementinde çalışacak düzeyde olmayanların, yani farkındalıkları düşük olanların örümcek arketipinden uzak durmalarında fayda vardır. Aksi takdirde kadercilik ortaya çıkar ve kişi yapmak istediği şeyler için gereken adımları atamaz.

"Olacağı varsa olur!" der ama olmasını istediği şey için aksiyon alamaz. Mesela bir iş kurmak ister ama bu iş için ne gerekli birikimi yapar ne de gerekli altyapı araştırmalarını.

Neden bunları yapmadığı sorulduğunda da "Kaderimde varsa zaten olur!" der. Böylesi bir tutum ne teslimiyetten ileri gelir ne de akıldan. Bu tutum tamamen aklı kullanmayı bırakmanın bir sonucudur.

Hangi cümleleri sıklıkla tekrarlayanlar örümcek arketipini çalıştırmalıdır?

"Acaba bu benim kaderimde yok mu ve ben boşuna mı zorluyorum şartları?"

"Bunu yapmak kaderimde var mı?"

"Bu yaptığımın sonuçları ne olacak?"

"Ben ne yaptım da bunları yaşıyorum?"

Örümceğin ortaklık kurabileceği hayvanlar: Örümcek arketipi doğal bir süreç olan kaderle ilişkili olduğundan, birçok hayvanla kolaylıkla uyum gösterebilir. Lakin boğa gibi sabitliği destekleyen hayvanlarda "Olacağı varsa olur!" düşüncesini tetikleyeceği için, çabaya mâni olabilir.

ZÜRAFA

Zürafalar günün büyük kısmını beslenerek geçirirler. Bacakları çok kuvvetlidir ve ayakta uyuyabilirler. Uysal ve sakin hayvanlardır. Hassas kulaklara ve gözlere sahiplerdir. Uzun boyunları sayesinde, bulundukları bölgeye kolayca hâkim olurlar. Çok uzaktaki tehlikeleri bile fark edebilirler. Her ne kadar hızlı hayvanlar olsalar da bir aslan kadar süratli olamazlar. Yine de büyük cüsseleri, güçlü bacakları ve uzun boyunları sayesinde tehlikelere direnebilirler.

Zürafa arketipinin ilgili olduğu konular: Öğrenme, araştırma, bilgelik ve orijinallik

Elementi: Hava

Zürafa, hava elementini dengeleyen arketiplerden biridir. Hava elementinin özellikle "öğrenme, araştırma, bilgelik ve orijinallik" konularını çalıştırıp desteklerler.

Zürafa öğrenme kabiliyetiyle ilişkilidir. Bir konu üzerinde çalışarak öğrenmeyi, öğrenmenin tamamlanabilmesi için gerekli araştırmaları yapmayı ifade eder. Zürafa söz konusuysa orada üstünkörü bir öğrenmeden söz edilemez. Bir konuyu tam anlamıyla öğrenmekten söz edilir.

Zürafanın öğrenme becerisi onu bir bilgeye dönüştürür. Sadece işine yarayacak kadarını bilmez, derin ve çok yönlü bir bilme hali içindedir. Tıpkı bilge gibi...

Zürafa orijinalliğin simgesidir. Kişinin kendini "başkalarının" gözünden değil, kendi gözünden özgün bir tavırla ortaya koymasını simgeler.

Başkalarının senin hakkındaki sözleri ya da yaptığın işlerle ilgili düşünceleri, kendinle ilgili düşüncelerini etkiliyor olabilir. Hatta olduğun kişiye karşı memnuniyetsizlik duymana bile neden olabilir. Böyle durumlarda insan kendi gibi olmakta çok zorlanır hatta giderek başkası olmaya bile başlar. İnsanların ondan beklediği kişi olur. Başkalarının istediği kişiye dönüşen hiç kimse hayatı boyunca mutlu olamaz. Başkası gibi olmak sürdürülebilir değildir.

Dışarıdan gelen seslere ve tepkilere fazla önem verip içeride olan bitene sağırlaştığımız noktada içimizdeki zürafanın uyanması gerekiyordur. İçimizdeki zürafa uyandığında, ne hakkımızda düşünülenlerin önemi kalır ne de başkalarının bizden bekledikleri...

Zürafa için önemli olan tek bir şey vardır: Kendin olabilmek...

Zürafa kendine karşı öz şefkat sunmak konusunda çok yeteneklidir. Ayrıca ondan başkası gibi olmasını bekleyenlere anlayış gösterebilecek kadar da bilgedir.

Kendin gibi olmakta, yani orijinal olmakta zorlandığın an, içindeki zürafayı uyandır.

Zürafa arketipi nerede, nasıl çalıştırılmalıdır?

Yaptığın işlerde orijinalliğini ortaya çıkarmak için zürafa arketipiyle çalışmayı tercih edebilirsin. Özgün taraflarını ortaya çıkarmakta zorlandığında da yine zürafadan yardım alabilirsin. Akademisyenler ya da eğitim gördükleri alanda unvan sahibi olmak isteyenler, öğrenme sürecine zürafa arketipini alarak bu deneyimin kalitesini artırabilirler.

Zürafa, ilişkilerde hiçbir şekilde çalışmaz, sadece herkesin kendi gibi olmasını, özgün olmasını sağlar. Bunun sonuçlarıyla ilgilenmez.

Zürafa arketipi nerede, neden çalıştırılmamalıdır?

Zürafanın araştırmacı yanı basit konuların üzerinde çok vakit kaybetmene neden olabilir. Bir çamaşır makinesi almak için günlerce hatta haftalarca bütün programların nasıl çalıştığıyla ilgili araştırmalar yapıp zamanını bu lüzumsuz bilgileri öğrenmeye harcayabilir, çamaşır makinesi almak isterken makineyi üretecek kadar bilgiye sahip olabilirsin ki bu hayli yorucu bir sonuç olacaktır. Bu yüzden basit konular üzerine zürafa arketipi çalıştırılmamalıdır.

Hangi cümleleri sıklıkla tekrarlayanlar zürafa arketipini çalıştırmalıdır?

"Kendimi başkalarını taklit ederken buluyorum!"
"Bildiklerim yetersiz gibi geliyor!"
"Daha fazlasını öğrenmem gerekiyor!"
"Kendim gibi olamıyorum!"

Zürafanın ortaklık kurabileceği hayvanlar: Hava elementinin birçok hayvanı gibi zürafayı da birçok hayvanla birlikte çalıştırmak mümkündür. Örneğin geyiğin sıra dışılık ve kendini olduğu her haliyle sevebilme niteliğiyle zürafanın özgünlüğü bir araya gelerek, güçlü bir ittifak oluşturabilir.

Kargayla birlikte kullanıldığında karganın başlattığı konu üzerinde zürafa çokça vakit harcayarak hem gerekli araştırmayı ve öğrenimi sağlar hem de karganın ortaya çıkardığı şeyin özgün olmasına imkân sağlar. Zira karga sadece gebe bırakır, başlatır. Başlayan şeyin özgün olup olmayacağıyla ilgilenmez. Bu tamamen zürafanın çalışma alanıdır.

HAYVANLAR VE ELEMENTLER

IV

SU ELEMENTİ

Su hiç bakmadığın bir alana çevirir dikkatini.
Bakmakta olduğun alan ne kadar derin olursa olsun,
bakmadığın sürece eksik ve sığ kalmaya devam edecektir.
Su, tırtılı kelebek yapan güçtür.
Sınırlandırılamaz bir dönüşümün kaynağıdır.
Buzdağının görünmeyen kısmı da suda saklıdır.
Ve suyun bilgeliği manadan gelir.

SU HAYVANLARI

ARKETİPLER, GÜÇ DENGESİ VE DESTEK

Deneyimler, derinleşme, içselleştirme, tefekkür, şifa ve sezgiler su elementinin başlıca ilgilendiği konulardır. İkili ilişkiler, tamamen su elementinin sağladığı zemin üzerinde yer alır.

Su elementi diğer elementlerden farklı olarak, manevi alanda çalışır. Bu yönüyle bambaşka dünyaların kapılarını açar bambaşka hislerle...

Su aynı zamanda fiziksel olarak bir arada olmayı sağlayan elementtir. Bu nedenle birliğin ve tefekkürün de elementidir.

Nitelikleri; akışkanlık ve kohezyondur.

Yoğun arzular yaşıyorsan, bağlılık yerine bağımlılık geliştirme eğilimindeysen, duygusal bir iştah içindeysen, melankolik hissediyorsan, ikili ilişkilerinde fazla çabalıyorsan, hayatındaki insana çok anlamlar yüklüyorsan, hep bir yanın yarım kalmış gibi ayrılıklar yaşıyorsan, yaptığın şeylerin daha derin manalarıyla muhatap olmak istiyorsan, sezgilerini doğru şekilde çalıştırmak ve daha yoğun kullanmak ihtiyacındaysan, su elementinin hayvanları seni fazlasıyla destekleyeceklerdir.

AKREP

Akrep, doğada çoğunlukla sıcak ve nemli bölgelerde yaşayan, vücudu sert bir tabakayla örtülü, kıvrık ve kalkık kuyruğunda zehir taşıyan bir eklembacaklıdır. Karlı bölgeler dışında hemen her yerde, ormanlık bölgelerde, çöllerde, taşlık ve kayalık alanlarda yaşar. Fazla sıcaklığa duyarlı ve neme bağımlı olduğu için her zaman ılık ve nemli yerleri tercih eder. Geceleri oldukça aktiftir. Avcılıkta uzmanlaşmamıştır.

Havadan ve yerden gelen titreşimlerle algıladığı avının peşine düşmek yerine, sabırla pusuda bekleyerek avlar. Metabolik hızı hayli düşük olduğu için az yiyecekle yetinebilir ve aylarca hatta daha da uzun bir süre açlığa dayanabilir. Besinlerden aldığı sıvıdan dolayı uzun süre susuz da kalabilir.

Akrep arketipinin ilgili olduğu konular: Derindekine ulaşmak, ruhsal kontrol, değerleri korumak, gizli olanı açığa çıkarmak ve manipülasyon

Elementi: Su

Akrep, su elementini dengeleyen arketiplerden biridir. Su elementinin özellikle "derindekine ulaşmak, ruhsal kontrol, değerleri korumak, gizli olanı açığa çıkarmak, manipülasyon, sezgisellik, etkileyicilik, cinsel çekim ve bulunduğu alanı kontrol etme yeteneği" konularını çalıştırıp destekler.

Akrep gücünü dengeden alır. Bu dengeyi de ruhsal kontrol sayesinde kurar. Akrebin içsel olarak yarattığı denge, fiziksel alanda da oldukça güçlü bir varoluş sergilemesine kaynak oluşturur. Akrebin sunduğu ruhsal kontrol ancak niteliklerinin farkında olan birinde mümkün olabilir. Bu yüzden akrep arketipi, kişinin sahip olduklarını görmesini sağlayan, yani kişiyi buzdağının altına götürebilecek güçtedir. Kişinin belki de sahip olduğunun bile farkında olmadığı gizli niteliklerini ortaya çıkarır. Bunun sonucunda ruhsal dengeyi bulmak mümkün olur zaten. Akrep kişinin farkındalığını artırır. Kişinin kendi üzerinde veya olaylar üzerinde yoğunlaşmasını ve derinleşmesini sağlar.

Akrep içgüdüsel olarak kontrolcüdür. Kontrolcülüğü sayesinde herhangi bir şey için lazım gelen alanı kolaylıkla yaratabilir. Alanın yaratılması için ne gerekiyorsa, içinde bulunduğu durumu maniple ederek bile şartların ortaya çıkmasına imkân tanır.

Akrep manipülasyon yeteneğini ilişkilerinde de kullanabilir. Kendi dengesini korumak ya da gizlenmiş olan şeyleri açığa çıkartmak için karşısındaki insanı maniple edebilir. Akrep arketipiyle karşılaştığımız noktalarda manipülasyonlara özellikle dikkat etmemiz gerekir. Akrep gerçek bir yönetici olmasa da manipülasyon yeteneği sayesinde yine de bir çeşit yönetim sergiler.

Akrep, korumacıdır. Amacı uğruna her türlü harekete hazır olsa da, koruması gereken değerlere her zaman sahip çıkar.

Bütünü değerlendirmek için gizli kalmış ne varsa açığa çıkmasına hizmet eder. Bu sebeple akrep, suyun yüzeyinde kalmak yerine içine dalarak derinlere ulaşmak ister. Derin manalara ulaşmaya çalışanların akrep arketipiyle çalışması oldukça faydalıdır.

Bazen yaptığın şeylerde ne kadar ustalaşsan da, ilişkilerini görünürde ne kadar iyi yaşıyor olsan da, hepsinin içinde bir mana eksikliği varmış gibi hissedebilirsin.

"Evet, her şey çok iyi gidiyor ama sanki bir şeyler eksik..." dediğin noktada, gizli kalan manayı keşfetmenin yolu içindeki akrebi uyandırmaktır.

Akrep derindeki manayı ortaya çıkarırken, üzerinde derinleştiğin şeyin değerlerine sahip de çıkar. Akrebin doğası zarar vermek üzerine değildir, olanı korurken görünmeyen manalarını da üzerine ekleyerek genişletmek üzerinedir.

İçindeki akrep uyandığında, ruhsal kontrolünü de eline almanı sağlar. Akrep için zevklerin peşine takılıp sürüklenecek vakit yoktur. Neye ihtiyaç varsa, onun üzerinde yoğunlaşarak derinleşmek gerekir.

Akrep, enerjisini emen her şeyi kendi ihtiyacına göre maniple ederek dönüştürebilecek güce ve yeteneğe sahiptir. Enerjini emen şeyleri Anka kuşu gibi yakıp yok etmez, maniple ederek kontrol altına alır. Böylece onların hayatında sahip olduğu değerler de zarar görmez.

Akrep arketipini çalıştıran biri, karşısındakini dürterek gizli sırları ortaya çıkartır, anlatılmayacak şeyleri bile anlattırır. Karşısındakini ustalıkla maniple eder.

Akrep arketipi nerede, nasıl çalıştırılmalıdır?

Özellikle içini görmediğin, derinlerine inmek istediğin konularla ilgili akrep arketipini hayatında çalıştırabilirsin. Akrep sana bütünsel olarak bakmaya ihtiyacın olan şeylerle ilgili görünmeyen alanı irdeleme motivasyonu ve çabası kazandıracaktır. Akrep, su elementinden olduğu için, konuların üzerinde hepsinin manalarına ulaşabileceğin kadar kalman gerektiğini hatırlatır.

Su elementi yapısı gereği derinliklidir ve bu yüzden kimileri için bu arketipi çalıştırmak diğer ateş ve toprak elementi hayvanlarını çalıştırmaktan daha zordur. Yogada akrep arketipini çalıştırdığımız "Akrep Duruşu" yoganın en zorlu pozlarından biridir. Elbette bir konunun derinlerine, görünmeyen alanlarına inmekten daha zor değildir.

Sahip çıkmak istediğin değerlerin üzerinde akrep arketipiyle çalışabilirsin. Mesela işinle ilgili ödün vermeyeceğin şeyler söz konusuysa ilgili konuları içeren dosyaların üzerine bir akrep görseli yerleştirebilirsin. Çalışma masanda akrep görselleri veya objeleri kullanabilirsin.

Kitap yazıyorsan ya da habercilik yapıyorsan; kimsenin inemediği derinliklere inmek ve bilgiyi açığa çıkarmak için akrep arketipini çalıştırmayı tercih etmen yerinde olacaktır.

İlişkisinde cinsel olarak zayıflamış olduğunu hissedenler ya da cinsel çekiciliğini artırma ihtiyacında olanlar da akrep arketipini çalıştırmalıdır.

Ruhsal kontrolü artırmak için de yine yaşamında akrebe yer verebilirsin. Günlük hayatında üzerinde taşıdığın eşyalarda veya cep telefonunun ekranında akrep görseli kullanarak ruhsal kontrolü ve dolayısıyla su elementini destekleyebilirsin.

Akrep arketipi nerede, neden çalıştırılmamalıdır?

Üzerinin tamamen kapatılmasını istediğin konularla ilgili akrep arketipini kullanmamalısın. Aksi halde sen konuyu kapatmak istedikçe, akrep konunun derinlerine inmek için, içinde hep bir çabalama ihtiyacı doğuracaktır.

Değişmesini ya da esnemesini istediğin değerler varsa, bu alanlarda akrep arketipinin çalıştırılması değerlerin değişmemesine sebep olur. Özellikle değişime ihtiyaç duyulduğu veya değişime açık olunan konularda akrep arketipi çalıştırılmamalıdır.

Hangi cümleleri sıklıkla tekrarlayanlar akrep arketipini çalıştırmalıdır?

"Hayatımda hâlâ cevaplanmamış sorular var!"

"Bazı şeylerin neden böyle olduğunu anlamıyorum!"

"Bu olayın altındaki manayı göremiyorum!"

"Ruhsal olarak kontrolümü tamamen kaybetmiş ve dengesiz hissediyorum!"

"Değerlerimden ödün vermek istemiyorum!"

Akrebin ortaklık kurabileceği hayvanlar: Derin dinlenme hali yarattığı için akrebi kirpiyle desteklemek mümkündür. Kirpi oluşturduğu dinlenme hali sayesinde akrebin derinlere inmesine müsaade eder.

Akrep arketipi tavus kuşuyla kullanılmamalıdır. Tavus kuşu gizemle beslendiği için merak uyandırıp güç yaratır. "İnanamayacaksınız ama öyle heyecanlı bir film geliyor ki yakında!" der ama göstermez. Bilgiyi saklar. Akrepse sürekli bilgiyi paylaşır ve ortaya çıkarır. Bu niteliğiyle tavus kuşuyla çatışır.

AYI

Ayılar iri yapılı ve kısa bacaklı hayvanlardır. Keskin görme kabiliyetlerine rağmen pek iyi duyamazlar. Buna karşılık koku hisleri öylesine yüksektir ki etraftaki hayvanların seslerini iyi işitemeseler de kokularını algılayabilirler.

Bacakları vücutlarına kıyasla kısadır ve bu bacaklar üzerinde yükselerek iki ayak üzerinde durabilirler. Ayılar iri cüsselerine rağmen gayet iyi yüzerler ve iyi tırmanabilirler. Yaz aylarında iyi beslenirler. Kış geldiğinde inlerine kapanarak çoğunlukla uyurlar, dinlenirler.

Ayı arketipinin ilgili olduğu konular: Bilgelik ve bilmekten gelen güç, inziva ve içedönüş, manalar

Elementi: Su

Ayı, su elementini dengeleyen arketiplerden biridir. Su elementinin özellikle "bilgelik ve bilmekten gelen güç, inziva ve içedönüş ile manalar" konularını çalıştırıp destekler.

Ayının etki alanını ve gücünü düşünecek olursak, durdurulamaz bir güce sahip olduğunu söyleyebiliriz. Ayının gücü deneyiminden ve bilgideki derinliğinden gelir. Ayı, yaptıklarından, yediklerinden, söylediklerinden beslenmeyi ifade eder. Öyle ki kişi yediği ufacık bir şeyden bile bilgi edinebilir. Konumuz ayıysa eğer, hiçbir şey boşa gitmez, ayıda her şey deneyimle bilgeliğe dönüşür.

Ayının gücü, su elementinin içe dönebilme kabiliyetinden ileri gelir. Kendini bilen, her şeyi bilir. Böylesi bir gücün karşısında bütün silahlar güçlerini kaybederler.

Ayıların mağaraya çekilmesi gibi, bilgeler de karanlık odalarda meditasyonlara çekilirler. Özellikle Uzakdoğu'da kış zamanları keşişler manastırlara gelerek uzun süre meditasyon yaparlar.

Ayı, karanlık zamanlarda inzivaya çekilerek, insanın içindeki karanlığı aydınlatmayı, içe dönerek dışarıda olanı içeride bulmayı temsil eder. Tıpkı bilge kişilerin oruç tutması gibi, ayılar da kış uykusu dönemlerinde az beslenirler.

Ayı manalarla ilgilidir. Suyun görünmeyen alanla ilgili yoğun ilişkisinden dolayı ayılar bilgiyle muhataptır. Ayı ne bildiğinin farkındadır, bilgiden gelen gücünün de...

Birine "Ayı!" diye seslenmek, hakaret içermez aslında. "Bir bilge gibi davran, ayı gibi ol da, dönüp şu hareketine bak!" beklentisi içerir "Ayı!" hitabı...

Bazen insanın kendi başına kalmaya ihtiyacı vardır. Neden olduğunu bilmeden kendi içine kapanmak istiyorsan, depresif hissediyorsan içindeki ayıyı artık uyandırabilirsin demektir. Ayı, ortaya çıkardığı derin inziva ve tefekkür haliyle seni bilinmezlikler içinde kendinle baş başa bırakmak yerine muazzam bir öz farkındalık yaratır.

Eğer hayatın seni sürekli yalnızlaştırdığını ve kendinle baş başa kalmaya ittiğini, böylece seni güçsüz düşürdüğünü düşünüyorsan içindeki saklı gücü sana en iyi şekilde hatırlatacak olan arketip kesinlikle ayı olacaktır.

Ayı arketipi nerede, nasıl çalıştırılmalıdır?

Depresyon su elementinin dengesizliği durumunda ortaya çıkan bir dinlenme ve kendini dinleme halidir. Depresif bir süreç geçirdiğinde ayı arketipini çalıştırmak, su elementini yönetmeye yardımcı olur. Ayıdan alınan destek bu süreçte yaşadığın olayların manalarını görmeni sağlayacaktır. Böylelikle bu süreci daha kolay ve anlamlı geçireceksindir.

Bilgelik ihtiyacı duyduğun her alanda ayı arketipini çalıştırabilirsin. Derinden gelen bir gücün arayışı içindeysen ve kendinle baş başa kalman gerekiyorsa ayıdan destek alabilirsin. Bu sayede aradığın derinleşmeyi yakalayabilirsin. Özellikle manevi çalışmalar yapan, içindeki bilgeyi uyandırmaya çalışanlar ayı arketipini çalıştırabilirler. Böylece bilgiyle muhatap olabilmek için kendilerini bir alana kapatabilme fırsatı bulurlar, yalnızlaşabilirler, dışarıyla olan ilişkilerini en aza çekebilirler. Ayı, bu süreçte edineceğin bilgiyle ne yapacağını anlaman konusunda içe dönmeni sağlayacaktır.

Bilgiye sadece sahip olmak yeterli değildir. Onunla ne yapacağını bilmek çok daha değerlidir. Bilgelik dediğimiz şey de zaten budur. Sahip olduğun bilgiyle ne yapacağını ve ne yapmayacağını bilmek...

Ayı bu yolda ayırt etme kabiliyeti kazandırır. Ayırt edici bilginin geliştirilmesiyle, bilgelik ortaya çıkmaya başlar. Ayıya ruhunda yer veren kişiden başka kimse bilemez bu deneyimi.

Ayı arketipi nerede, neden çalıştırılmamalıdır?

Toplumla ve çevresiyle ilişki kurması gerekenler ayı arketipinden uzak durmalıdır. Kişinin kendi içine kapanarak etrafından uzaklaşmasına neden olabilir. Ailesine ve etrafına yabancılaşarak sorumluluklarından kaçmasına da yol açabilir.

Yoğun şekilde içedönüşe ve yalnızlaşmaya hazır olmayanlar için ayı arketipi doğru bir seçim sayılmaz. Hızlı veya hareketli olmak gereken bir dönemden geçenleri hayli yavaşlatacağı için ayı arketipi kullanılmamalıdır.

Hangi cümleleri sıklıkla tekrarlayanlar ayı arketipini çalıştırmalıdır?

"Kendimle baş başa kalmaya ihtiyacım var!"
"Acele etmek istemiyorum!"
"Biraz yavaşlayıp düşünmem gerekiyor!"
"Bu bilgiyle ne yapacağımı bilemiyorum!"
"İçe dönmek, kendimle olmak istiyorum!"

Ayının ortaklık kurabileceği hayvanlar: Kertenkele tefekkürü sağladığı ve rüyaları derinleştirdiği için ayının bilgi üzerinde yoğunlaşmasını kolaylaştırabilir. Ayı, üzerinde yoğunlaştığı bilginin sadece kelimelerinden değil, kertenkele sayesinde her harfinden bile farklı manalar çıkartabilecek yetenektedir. Aynı zamanda bu süreçte kertenkele sayesinde gördüğü derin rüyalarla da konu üzerinde farkındalıklar kazanmaya devam edecektir.

BAYKUŞ

Baykuşlar, gündüzleri pek ortalarda görülmeyen, gecenin yırtıcısı kuşlardır. İşitme ve görme duyuları çok keskin olduğu için ışığa pek ihtiyaç duymazlar. Baykuşlar uçarken neredeyse hiç ses çıkarmazlar. Tüyleri adeta susturucu görevi görür, kanat seslerini engeller.

Baykuşların gözleri çok büyüktür ancak göz, yuvası içinde hareket edemez. Tıpkı araba farları gibi sabittir. Bu yüzden etrafı geniş görebilmek için boyunlarını 270 derece kadar çevirebilir, geniş bir alan taraması yapabilirler.

Baykuşlar harabeler, kuleler, terk edilmiş kuş yuvaları gibi artık kullanılmayan yerlerde yaşamayı severler. Antarktika dışında dünyanın her yerinde yaşamaktadırlar.

Baykuş arketipinin ilgili olduğu konular: Bilgelik, soyut, takıntı ve ölüm

Elementi: Su

Baykuş, su elementini dengeleyen arketiplerden biridir. Su elementinin özellikle "bilgelik, soyut durumlar, takıntı, ölüm, sezgisel yetenekler ve koruma" konularını çalıştırıp destekler.

Baykuş bilgi yolunda olmayı simgeler. Bilgi insanın önündeyken bile bazen ona ulaşamayabilir. İçini ve manasını göremediği için bilgiye karşı kör kalabilir. Baykuş özellikle kişinin halihazırda yaşamında olan bilgiye başka bir bakış açısıyla ulaşmayı temsil eder. Başka gözle derinden bakmayı, her zaman duyduğu şekliyle değil de, başka bir halden dinlemeyi ifade eder.

Baykuş hem somut hem de soyut olarak ölümle ilişkilidir. Kişinin edindiği hiçbir bilgiyle eskisi gibi kalamayacağını, bu dönüşümle eski halin ölümünü, yeni benliğin doğumunu anlatır.

Baykuş su elementinin tüm soyut konularıyla ilgidir. Bu sebeple büyüler ve psişik konuları da kapsar. Baykuş arketipiyle fazla muhatap olmak psişik yetenekleri kullanmaya ve büyüye karşı merak uyandırabilir.

Nerede acı varsa bil ki su elementi orada bir bilgiyi çalıştırıyor demektir. Örneğin bedeninde bir yerinin acıması bedenin gönderdiği sinyallerdir aslında. Acı bir şeyin bilgisini açığa çıkartmaya çalışıyordur. Hiç acı hissetmesen ne kadar süre hayatta kalabilirdin acaba? Bedeninde bir sorun oluştuğunda acı yoluyla bu bilgiyi almasan sorununu nasıl iyileştirebilirsin?

Ortada acı varsa ve bu acının içinde ne olduğu bir türlü görülemiyorsa, uyuyan baykuşu uyandırmanın zamanı gelmiştir.

Baykuş arketipinin ilişkiler üzerinde çalışan olumlu ya da olumsuz hiçbir yanı yok. Sadece yaşam üzerinde çalışır.

Baykuş arketipi nerede, nasıl çalıştırılmalıdır?

Baykuş arketipini özellikle soyut konularla ilgili kullanmak yerinde bir seçim olacaktır. Baykuş bize görünmeyeni, elle tutulamayanı fark ettirir.

Doygunluğa ulaştığımız her konuyla ilgili baykuş arketipini kullanmak fayda sağlayacaktır. Böylece her konuda daha önce hiç bakmadığımız bir alana bakıyor oluruz. Neden o konularla muhatap olduğumuzu, aslında hayatımızda ne türden işleyişleri olduğunu daha derinden görebilir hale geliriz. Kısacası bir konu üzerinde doygunluğa ulaştıysan şimdi o konuda ne yapabileceğine bakabilirsin. Baykuş bu niteliği sayesinde bilgeliği de ortaya çıkarmaktadır.

Kendimden bir örnek verecek olursam, bütün hayatıma yayılan yoga yolculuğum, aslında sadece kendi bireysel pratiğimi ilerletmek amacıyla başladığım bir tecrübe. Manastıra ilk gidişimdeki amacım daha çok şey öğrenerek pratikte derinleşmekti. Türkiye'ye döndüğümde öğretmenlik yapmak ya da öğrendiklerimi paylaşmak gibi bir niyetim yoktu. Zaten dediğim gibi gidiş amacım da bu değildi. Zaman içinde sahip olduğum bilgide ve pratiğimde doygunluk ortaya çıktığında, edindiğim bilgilerle hayatımda neler yapabileceğim de kendini şekillendirmeye başladı. Yani içimdeki baykuş arketipi aktive oldu. Elbette o dönem yaşadığım binanın çatısına baykuşların gelip yuva yapmaları tesadüf değildi. Akşamları baykuşlarla sıklıkla yüz yüze geliyordum. Sonrasında elimdeki bilgilerle hayatımda ne yapacağımı keşfettim...

Bir konu üzerinde uzun soluklu eylemlerde bulunduktan sonra "Bu konu üzerinde yeterince vakit harcadım. Artık bu konuyla ilgili ne yapmalıyım?" sorusunu soran öğrencilerimin baykuş arketipini çalıştırmalarını öneriyorum çoğunlukla. Böylece neden o konuyla bu kadar uzun süre muhatap olduklarını keşfedebiliyorlar çünkü...

Takılıp kaldığın ya da bir türlü aşamadığın düşüncelerle ve konularla ilgili baykuş arketipini çalıştırabilir, bütün bu düşüncelere neden takılıp kaldığını çözümleyebilirsin. Takıntılarının sana soyut olarak ne anlatmaya çalıştığını fark edebilirsin. Ne de olsa hiçbir takıntı durup dururken ortaya çıkmaz ve altındaki manayı görmeden de kaybolup gitmez...

Korumak istediğin alanda bir baykuş objesi ya da görseli yerleştirmen faydalı olacaktır. Evin girişinde, balkonda ya da ruhani çalışmalar yaptığın alanlarda baykuş arketipi kullanmak, o alanı dışarıdan gelecek etkilere karşı koruyacaktır.

Baykuş arketipi nerede, neden çalıştırılmamalıdır?

Somut dengesi olmayan, ayağı yere sağlam basmayan kişiler için baykuş arketipi çok da faydalı olmayabilir. Baykuş su elementinin soyut konularını ön plana çıkaracağı için, kişi soyutta fazla yoğunlaşacaktır. Somut alanda ayakları yere sağlam basmıyorsa aklı bir hayal dünyasının içinde savrulmaya başlayacaktır.

Baykuş arketipini kullanmadan önce somutla ilişkinin sağlıklı kurulduğundan ve yaşama iyi köklenildiğinden emin olmak gerekir. Aksi takdirde yaşamsal bir kargaşa ortaya çıkar. Bu yüzden kişinin somut alanla ilişkisi zayıfsa öncesinde boğa gibi güçlü bir toprak hayvanıyla çalışılabilir. Boğa toprak elementinin somut ve yüzeysel hislerini muazzam bir şekilde çalıştırır. Bu sayede kişi ayaklarını yere sağlam bir şekilde bastığını hissedebilir.

Hangi cümleleri sıklıkla tekrarlayanlar baykuş arketipini çalıştırmalıdır?

"Çok takıntılıyım!"

"Taktım mı takarım!"

"Hiç sonu gelmeyecekmiş gibi geliyor!"

"Bütün bu olan bitenin arka yüzünde ne var çok merak ediyorum!"

"Bu konuda doydum artık!"

"Bu işi yeterince süre yaptığımı düşünüyorum. Artık başka bir şeyin zamanı geldi sanki!"

Baykuşun ortaklık kurabileceği hayvanlar: Baykuş arketipi kendi alanında oldukça güçlü çalışan bir arketiptir. Başka hayvanlarla çok fazla bir arada çalışmaya ihtiyaç duymaz. Lakin bazen insanın doygunluğa ulaştığı konularda ne yapabileceğini bulması için bir içedönüş sürecine ihtiyacı vardır. Kişi çok dışadönükse ve bir türlü içe dönmek konusunda sabitlenemiyorsa, ayıdan destek alarak içedönüş sürecini kolaylaştırabilir.

KEDİ

Kediler anatomik olarak güçlü ve esnek bir bedene sahiptirler. Duyarlı refleksleri sayesinde oldukça hızlı hareket ederek küçük avları kolayca yakalayabilirler. Kulakları oldukça geniş bir frekans aralığını işitebilir. Karanlık ortamlarda bile görüş kabiliyetleri yüksektir. Tek başlarına avlanmayı tercih etseler de gayet sosyal hayvanlardır. İletişim yetenekleri çok gelişmiştir. Beden dillerini de çok iyi kullanırlar.

Kedi arketipinin ilgili olduğu konular: Gizli güçler, gizli âlemler, yüksek farkındalık, dişil enerjinin beslenmesi ve şifa

Elementi: Su

Kedi, su elementini dengeleyen arketiplerden biridir. Su elementinin özellikle "gizli güçler, gizli âlemler, yüksek farkındalık, dişil enerjinin beslenmesi, şifa, sezgiselliğe geçiş, bilincin boyut değiştirmesi ve konsantrasyon" konularını çalıştırıp destekler.

Kedi gizli güçleri ve gizemi ifade eder. Her insanın fark etmese bile derinlerde çalışan güçleri vardır ki bu güçler insan doğasının bir parçasıdır aslında. Kedi sahip olduğumuz ama üzerinde hâkimiyetimizin olmadığı güçleri tetikler. Güçlerimiz tetiklendikçe, yüksek bir farkındalık oluşur. Güçlerimizin üzerindeki perdeleri bu farkındalıkla kaldırdığımızda şifa da açığa çıkar.

Antik Mısır'da kediler ve kedi sembolleri çok dikkat çekicidir. Kedilerle ilahi olan arasında önemli bir bağlantı bulurlar Antik Mısır'da ki bu bağlantı da kedilerin davranışlarını gözlemleyerek keşfedilmiştir. Kedilerin tavırları ve davranışları tanrısal bir ifadeyi ortaya koyuyordu onlara göre. Bu yolla kendilerindeki tanrısal özellikleri ve ilahi olanla bağı kurabileceklerine inanıyorlardı. Kısacası kedi arketipiyle çalışmanın ne demek olduğu, insan ruhunda uyanan bir kedi arketipinin yaşama neler sunabileceği henüz o yıllarda bile üzerinde hassasiyetle durulan bir konuydu.

Evlerde, sokaklarda sayısız kediyle iç içe olmamızın en büyük nedeni, gizli kalmış güçlerimizi ortaya çıkarmamızı, içimizdeki ilahi yanı keşfetmemizi, yeniden tüm yeteneklerimizle var olmamızı bizim kadar kedilerin de istiyor olmasıdır.

Peşinde koştuğumuz arzulardan ve kimlik arayışlarından dolayı nasıl bir kudrete sahip olduğumuzu kolayca unutuyoruz aslında. İçimizdeki kedi, ona bir adım attığımızda bize beş adım gelmeye hazır. Kediler bize kendimizi yeniden hatırlatmak, kendimize sahip çıkmak ve bu yolla yaşamımızı şifalandırmak üzere rehberlik ederler.

Kedi, diğer âlemlerle olan bağımızdır da aynı zamanda. Görünen sınırlı algının ötesine geçmeyi sağlamak için diğer âlemlerin perdelerini aralar. Bu bağlantı sayesinde, görünen ve görünmeyen arasındaki ilişkiye şifa gelir.

Kedi, dişil enerjiyi besleyen güçlü bir arketiptir. Bu özelliği sayesinde üretimi, besleyiciliği ve daha birçok dişil gücü destekler.

Yaratıcılığını kaybetmiş hissediyorsan, her ne yapsan yap gözüne güzel görünmüyorsa, kendini her şeyi sorgularken buluyorsan, içindeki kedinin uyanmasıyla ortaya çıkacak olan dişil enerji hayatını değiştirebilir.

Kedi, dişil enerjiyi artıran bir hayvan olduğu için, yaratma ve üretme kabiliyetini desteklerken, ortaya çıkardığın her şeye de senden bir güzellik katar. Sürekli sorgulama halindeysen eğer kedi bu sorgulama halini ortadan kaldırır. Sorgulamak yerine, zevk ve keyif almaya bakar. Kedi yaptığın her işin içinde zevk arar, bulur ve ortaya çıkarır. Bu sayede yaptığın her şeyden keyif almaya başlarsın. İlişkileri ve işi keyifli bir alana taşımak için güç verir.

Kedi arketipi nerede, nasıl çalıştırılmalıdır?

Kedi her şeyden önce farkındalığı artıran bir arketiptir. Bu sayede yaşamı daha yoğun şekilde deneyimlemeye katkıda bulunur. Kedi arketipini çalıştırmak için evde ya da sokakta kedi beslemek özellikle dişil enerjiyi şifalandırır. Dişil enerjinin barındırdığı bütün konuları besler. Sahip olduğumuz ama farkında bile olmadığımız güçleri ortaya çıkarmamıza yardımcı olur. Kimliklerimizin ötesine, daha kudretli bir varoluş haline bizi yükseltir.

Yogada pratiklerin henüz ilk evrelerinde kullanılan bir arketiptir kedi. "Kedi Duruşu" ile bilinçaltındaki kedi arketipi uyandırılır. Bu poz genel olarak herkese iyi hissettirir. Çünkü bastırdığın bütün ilahi özelliklerini sığdırabileceğin yeni bir alan açtığını hissettirir sana.

İnsan kendi ilahi yönünden korkar aslında. Kendi sahip olduğu şeyleri kabullenmek çoğu zaman ağır gelir... Bu yüzden kediyi çalıştırırken ilk zamanlarda yanında inek arketipini de çalıştırırız. Böylelikle kişinin içindeki kutsallığı kabul etmesi ve sahip olduğu niteliklerin hakkını vermesi mümkün olur.

Genel olarak hastalıklarda şifaya ihtiyaç duyuluyorsa, ilişkilerde şifalanması gereken konular varsa kedi çok iyi bir tamircidir. Mesela erkek kadını dinleyemiyorsa, kadının duygularını göremiyorsa ya da kadın ilişkide dişil özelliklerini kullanmıyorsa kediden yardım almak oldukça isabetli bir seçim olacaktır.

Kedi aynı zamanda ilişkilere keyif ve neşe getirir. Bir eve kedi alındığında, eşler sadece onu izleyerek, onun yaptıklarını konuşarak bile ilişkilerine neşe katarlar. İlişkinde şifalanmaya, keyfe, neşeye ihtiyaç duyuyorsan ya da daha iyi bir dinleyici ve izleyici olma halinin ortaya çıkmasını arzu ediyorsan, kedi bu yolda en büyük destekçin olacaktır, bir kedi sahiplenmekte fayda var demektir.

Kedi arketipi nerede, neden çalıştırılmamalıdır?

Kedi arketipi genel olarak birçok durumda çalıştırılabilir. Lakin kedi dişil enerji ağırlıklı çalıştığından çok fazla hareket ettiğimiz, çok fazla eylemde bulunduğumuz dönemlerde kedi arketipi hızımızı azaltabilir. Bu bakımdan ihtiyacımıza destek olamayabilir.

Hangi cümleleri sıklıkla tekrarlayanlar kedi arketipini çalıştırmalıdır?

"Dişil enerjimi kaybetmiş gibiyim!"
"Bence benim bile fark etmediğim yeteneklerim var!"
"Farkındalığım çok düşük!"
"Sezgilerimi kullanabilmek istiyorum!"
"Karşımdakine alan bırakamıyorum!"
"Keyfim ve neşem yok!"
"İçimdeki ilahi yanı keşfetmek istiyorum!"
"İyileşmem lazım!"

Kedinin ortaklık kurabileceği hayvanlar: İnek, kedi ile birlikte muazzam çalışan bir semboldür. Kedi arketipi çalışırken ortaya çıkan ilahi yetenekleri kabullenmeyi kolaylaştırır çünkü inek tüm niteliklerin hakkını vermekle ilgilidir. Kedi hakkı verilmemiş yetenekleri ortaya çıkarırken inek de bu yeteneklerin hakkını vermek için kişiyi çalıştırmaya başlar. İkisinin birlikteliği rüzgârın dalga yaratması gibidir... Havayla suyun eşsiz dansı...

KERTENKELE

Kertenkeleler soğuğa karşı dayanıksızdırlar ve bu yüzden genellikle sıcak ve kurak bozkırlarda yaşarlar. Kertenkelelerin birbirinden oldukça farklı özelliklere sahip türleri vardır. Bazı türleri toprak altında yaşayabilir, bazı türleri ağaçlarda yaşayabilir, hatta bazı türleri de suyun üzerinde yürüyüp koşabilirler. Bazı türleri de bulunduğu ortama hızlı bir şekilde uyum sağlamak için renk bile değiştirebilirler.

Kertenkeleler rejenerasyon yeteneğine sahiplerdir. Kendilerine yapılan bir saldırıda dikkat dağıtmak ve kaçabilmek için kuyruklarını bırakabilirler. Rejenerasyon özellikleri sayesinde kaybettikleri kuyrukları daha sonra yeniden oluşur. Kış uykusuna yatan canlı türlerindendirler. Kışın başlayan uykuları, ilkbahara kadar sürer.

Kertenkele arketipinin ilgili olduğu konular: Rüyalar, bırakış, tefekkür ve kehanet

Elementi: Su

Kertenkele su elementini dengeleyen arketiplerden biridir. Su elementinin özellikle "rüyalar, bırakış, tefekkür, kehanet, yenilenme ve bağımlılık" konularını çalıştırıp destekler.

Kertenkele düşünce alanlarını, rüyayı ve semboller aracılığıyla "görüler" edinmeyi simgeler. Su elementinin doğasından dolayı ince alanlarla ilişkisi yoğun bir arketiptir. Özellikle rüyalarla derin ilişki içindedir. Rüyaları takip etmek, rüyalara tanıklık etmek, rüyayla gelen mesajları algılayabilmek konusunda ustaca çalışır.

Kertenkele zihin alanının derinliklerini ifade eden bir arketip olduğundan "bırakmakla" ve "bırakışla" ilgilidir. Zihni ağırlaştıran ve harekete engel olan her türlü deneyimi, anıyı ve düşünceyi bırakmak üzerine çalışır. Bir nevi zihni temizleyici bir rol üstlenir. Zihne yük olan, içimizi ağırlaştıran her şeyi bırakmaya meylettirir. Bu özelliğiyle insanın kendini eksik hissetmesine neden olan her şeyden kurtulmasına imkân tanır.

Kertenkele tefekkürün temsilidir. Durmayı, bir kavramla ya da bir objeyle uzun uzadıya kalarak onun altındaki derin manalarla buluşmayı ifade eder. Bir kertenkelenin her yere girebileceği gibi, kertenkele arketipi de aklın her türlü mana derinliklerine ulaşabileceğini anlatır.

Geleceği çeşitli simgeler yoluyla görme yeteneği bazı insanlarda doğuştan gelen bir niteliktir, bazıları da bu beceriyi sonradan pratikler yoluyla elde eder. Kişinin simgeleri takip edebilmesinin bir tekniği vardır. Hayat her daim olmakta olanı, olmuş olanı ve olacak olanı fısıldar. Bu fısıltıyı okuyabilmek için sadece dinlemeyi bilmek gerekir. Kertenkele, gözü ve kulağı doğru tarafa yönelterek, zihindeki düşünceleri bir köşeye bırakır ve hayatın sesine kulak verir. Bu özelliğiyle kertenkele, kehanet yeteneğini de çalıştırır.

Melankoli ya da depresif bir hal içindeysen, ruhsal bir dengesizlik yaşıyorsan, hayatında bağımlısı olduğun şeyler artık üzerinde karanlık bir enerji oluşturmaya başladıysa, içindeki kertenkelenin artık uyanması gerekiyordur.

Kertenkele, bütün bağımlılıklara meydan okuyacak kadar güçlüdür. Bağımlılıklardan özgürleşerek hepsini bambaşka şeylere dönüştürebilir. Kertenkelenin bırakamayacağı hiçbir şey yoktur. Yeter ki gerekli zaman ona sunulsun. Bu özelliği sayesinde ruhun içinde sıkıştığı her şeyi terk ederek ruhsal dengesizlikleri ortadan kaldırabilir.

Tefekküre, ruhsal olarak derinleşmeye ihtiyaç duyduğunda ruhuna en iyi gelecek arketiplerden biri kesinlikle kertenkeledir.

Kertenkele arketipi nerede, nasıl çalıştırılmalıdır?

Kertenkele çok incelikli bir arketiptir. Bu yüzden özellikle enerji çalışmaları yapanların kullanmasını tavsiye ederim. Enerji çalışmalarıyla ilgilenmeyenlerin maddi alanla kurduğu dengeyi kertenkele arketipi bozabilir. Enerji çalışması yapanlar, daha derin rüyalar görmek ve rüyalarının farkında olmak için kertenkeleyle çalışabilirler.

Kertenkele unutulamamış ve bir türlü bırakılamamış deneyimlerin ve takıntıların bırakılmasına imkân verir.

Üzerinde tefekkür edilecek konularla ilgili kertenkele arketipi çalıştırılabilir. Takıntıya dönüşmüş konularla ilgili de kullanılabilir.

Alkolü, sigarayı, kahveyi bırakamıyorsan her birinin paketi üzerine kertenkele görseli yapıştırabilirsin.

Takılıp kaldığın bir konuyu, bir düşünceyi ya da belki biten ilişkini, üzerinde kertenkele görseli olan bir defter sayfasına yazmaya başlayabilirsin. Takıntılı kaldığın duygunun içindeyken kertenkele arketipini gördüğün bir defter sayfasına kendini ifade edebilirsin. Kertenkele bu takıntıyla ilgili zihnini temizlemene destek olacaktır.

Yogada kertenkele duruşu büyük bir tefekkür hali yaratır. Kertenkele duruşu, bizim içinde uzun vakitler geçirdiğimiz bir duruştur. Bu duruşta kalarak kertenkele arketipini çalıştırır, takılıp kaldığımız alanların çözülmesini sağlarız. Kertenkele duruşu ne kadar uzun uygulanırsa, sonrasında o kadar büyük bir zihinsel rahatlık hissedilir. Takılıp kaldığımız ne kadar çok duyguyu çözümlersek zihinsel olarak o kadar rahatlarız.

Kertenkele arketipi nerede, neden çalıştırılmamalıdır?

Ruhsal pratiklerle uğraşmayanların ya da iradesi henüz takılıp kaldığı konularla yüzleşecek kadar güçlü olmayanların kertenkeleden uzak durmalarında fayda vardır. Aksi takdirde kertenkele arketipi yorucu bir zihinsel durum doğurabilir. Zira yüksek potansiyeldeki psişik yetenekler kullanılmadığında kişinin su elementini dengesizleştirerek onun birtakım bağımlılıklar geliştirmesine neden olabilir.

Hangi cümleleri sıklıkla tekrarlayanlar kertenkele arketipini çalıştırmalıdır?

"Aynı şeyleri düşünmekten kendimi bir türlü alıkoyamıyorum!"

"Zihnimi saplandığı yerden çıkarıp kurtaramıyorum!"

"Gördüğüm rüyaları hatırlamıyorum, ne anlama geldiklerini çözemiyorum!"

"Hayat sanki bana bir şeyler göstermeye çalışıyor ama anlayamıyorum!"

"Bırakmam gerekenler var!"

Kertenkelenin ortaklık kurabileceği hayvanlar: İnsan bazen neyi bırakması gerektiği konusunda net olamayabilir. Bazen bırakmaması gereken bir şeyi bırakması gerektiğini düşünürken bazen de bırakması gereken şeye ihtiyacı olduğunu zanneder. Bu noktada kertenkeleyle beraber sinek arketipini çalıştırmak faydalı olacaktır. Sinek, neyi bırakması gerektiğini göstererek kertenkeleyi destekleyecektir.

KİRPİ

Kirpiler oldukça ilginç ve şaşırtıcı hayvanlardır. Vücutlarındaki dikenlerle oldukça dikkat çekicidirler. Dikenleri sayesinde kendilerini düşmanlara ve dış saldırılara karşı koruyabilirler. Tehlike sezdiklerinde ya da çok kızdıklarında yuvarlak bir top şekline bürünürler. Genel olarak geceleri ortaya çıkarlar ve yine geceleri avlanırlar.

Kirpiler kış uykusuna yatan hayvanlardır Yaşamak için genellikle nemli toprakları ve bölgeleri tercih ederler.

Kirpi arketipinin ilgili olduğu konular: Acıdan gelen şifa, ödeşme, içsel hesaplaşma ve derin dinlenme hali

Elementi: Su

Kirpi su elementini dengeleyen arketiplerden biridir. Su elementinin özellikle "acıdan gelen şifa, ödeşme, içsel hesaplaşma, derin dinlenme hali, koruma ve intikam" konularını çalıştırıp destekler.

Kirpi, şifanın simgelerindendir. Fakat diğer şifa sembollerinden farklı olarak sıkışmış, saklı kalmış acının ortaya çıkmasına imkân sağlar. Ortaya çıkan acı, şifanın habercisidir. Konu kirpiyse, iyileşmek için acıya göğüs germek gerekir. Tıpkı kangren olan kolu kesmek gibi... Kolu kesmek elbette büyük acı verir ancak organizmanın canlılığını sürdürmesini sağlayacağı için değerli bir şifa hamlesidir. Bu özelliğiyle kirpinin getirdiği şifa, bir ödeşme ve hesaplaşma halinin sonucudur.

Kirpi aynı zamanda ödeşmeyi de ifade eder. Aldığının karşılığını vermeyi, yaptığının karşılığını görmeyi anlatır. Kapanmamış defterleri kapatabilmek için gerekli hesaplaşmayı ortaya koyar. Bu bazen dışarısıyla gerçekleştirilen bir ödeşme de olabilir, içsel bir hesaplaşma da...

Kirpi kendimizle yüzleşip defterini bir türlü kapatamadığımız bütün konuları ortaya döker. İçsel hesaplaşma, şifanın bir parçası olarak kendini gösterir. Kirpi için karma felsefesinin temsilcilerinden biri de diyebiliriz. Alacak da borç da içinde taşıdığı duyguya bakılmaksızın ödenecektir.

Kirpi aynı zamanda derin bir dinlenme halinin de habercisidir. Çünkü acıyla gelen şifa yorucudur. Şifa ancak acının dinmesinden sonra hissedilebilir. Kirpi bu noktada derin bir dinlenme hali yaratır. Bu süreçte ortaya çıkan acının yaşanması ve geçmesi için vakit sağlanmış olur.

Acı, ortada bir sorun olduğunun, bir şeylerin değişmesi gerektiğinin işaretidir. İşaretler hiç durmadan bedenimizde ve ruhumuzda ortaya çıkabilirler. Döner dolaşır kendimizi yine aynı acının içinde buluruz. İçimizde uyuyan kirpi, acılarımızı şifalandırmak için uyanmayı bekler.

İçsel hesaplaşmalar halinden, dönüp dolaşıp eski mevzulara takılıyorsan, her şeyi yeniden masaya yatırmaya çalışıyorsan, içindeki kirpinin bütün bunları canını yakarak da olsa söküp atma zamanı gelmiş demektir. Hayatında kirpiye yer açtığında, kirpi seni bir dinlenme sürecine sokarak içini boşaltmaya ve ruhunu temizlemeye başlar. Kirpi bu süreçte içini acıtır belki ama bu acının arkasından gelecek olan rahatlamayı da hatırlatarak ruhunu hafifletir. Kirpinin uyanmasıyla birlikte başlayan süreç çok zorludur ama öncesinden daha zor değildir.

Kirpi arketipi nerede, nasıl çalıştırılmalıdır?

Pişman olduğun bir şeyin sorumluluğunu ya da suçluluğunu hâlâ üzerinde hissediyorsan kirpi arketipini çalıştırman faydalı olacaktır. Kirpi, ihtiyacın olan içsel hesaplaşmayı gerçekleştirecektir. Parmağına batan dikeni çıkarmak kadar acı da olsa yaşayacağın süreç, sonunda dikenden kurtulmuş olacaksındır. Kirpi arketipi ruhuna saplanmış olan dikenlerin temizlenmesini sağlayacaktır. Amacı acı çektirmek değil, iyileştirmektir.

İlişkinde süregelen sorunlardan kurtulmak için, kangrene dönüşen kolu kesip atmanı göze alarak bir hesaplaşmaya ve arınma yaşamaya varım diyorsan, kirpi ilişkide yaşadığın acının kaynağına seni ulaştıracaktır. Acı da olsa ödeşerek kurtulmana fırsat verecektir.

Üzerinde kirpi simgesi bulunan bir günlüğe kurtulmak istediğin sorunları yazabilir, kangrene dönüşen alanın daha görünür hale gelmesini sağlayabilirsin. Kendinle baş başa kaldığında bu deftere yaşadığın her şeyi dürüstçe aktarmayı dene. Kirpi, süreç boyunca sana destek olmaya devam edecek ve önce acının fark edilir hale gelmesini ardından da yavaş yavaş çözülmesini sağlayacaktır.

Kirpi arketipi nerede, neden çalıştırılmamalıdır?

Acıyla yüzleşerek şifalanmak dayanıklılık ister. Kirpiyle çalışmayı seçtiğinde bu yüzleşmeye dayanacak güce sahip olduğundan emin olmalısın. Aksi takdirde kendini fazlasıyla yıpratacak bir süreç başlatabilirsin. Kendine karşı yeterince dürüst değilsen, acıdan halen kaçma eğilimindeysen kirpiyle çalışmaya henüz hazır olmayabilirsin.

Hangi cümleleri sıklıkla tekrarlayanlar kirpi arketipini çalıştırmalıdır?

"Eski defterleri bir türlü kapatamıyorum!"
"Sürekli günah çıkarma ihtiyacı içindeyim!"
"Bu çektiğim acıyı bitirmenin bir yolu olsun istiyorum!"
"İçsel çatışmalarım huzurumu kaçırır durumda!"

Kirpinin ortaklık kurabileceği hayvanlar: Kirpi arketipi oldukça yoğun bir arketiptir. İçe kapanma sürecinde karma ile yoğun bir muhataplık hali yaratacağından tek başına kullanılması yeterlidir.

YUNUS

Yunuslar zeki memelilerdir. Öz farkındalıkları çok yüksektir. Yunuslar uyku halindeyken bile bilinçlerinin bir kısmı açıktır. Yani insanlar gibi bir köşeye çekilip uyumazlar. Bu nitelikleri sayesinde kendilerini sudaki tehlikelerden her an korurlar. Yunuslar gelişmiş bir sonar sisteme sahiptirler. Çıkardıkları seslerle nesnelerin yerlerini bulabilirler. Hatta beyinlerinde o nesneleri görüntüye bile çevirebilirler.

Yunus arketipinin ilgili olduğu konular: Kalpten idrak, yaşamın bilgeliğine ve zarafetine açık olma, şifa

Elementi: Su

Yunus su elementini dengeleyen arketiplerden biridir. Su elementinin özellikle "kalpten idrak, yaşamın bilgeliğine ve zarafetine açık olma, şifa, yüksek algı ve yüksek zekâ" konularını çalıştırıp destekler.

Yunus en büyük şifa temsilcilerinden biridir. Özellikle anlaşılamamış, sindirilemeyen ve içeride derin yer etmiş konuların şifalanmasına yol gösterir. Yunus için idrak edilemeyecek hiçbir şey yoktur. Açılan her yara için yaşam şifasını da sunar. Fakat insan o acıyı öylesine yaşamak ister ki çoğu zaman şifaya kendisi sırt döner. Yunus bu şifanın da kabulünü sağlar.

Yaşamın bilgeliğine ve zarafetine açık bir kalbin işaretidir yunus. Su elementi, yaşamın bilgeliği ve zarafetiyle her daim dans halindedir. Yunus da bu dansa eşlik etmeye her an hazırdır.

Açık kalplilik, bilgelik ve olanı olduğu gibi kabul etmeye her ihtiyaç duyduğunda içindeki yunusu uyandırabilirsin. Yunus, kalbimizin kapılarını açar. Baktığımızı, gördüğümüzü sadece zekâmızla değil, kalpten bir idrakle görmemizi sağlar. Dışarıda olanı içimizde bulmamız için bize yol gösterir.

Özellikle ilişkiler açısından yunus büyük bir şifacıdır. Hayatımızdaki insanı olduğu gibi kabul etmeyi, onun varlığını kendi içimizde keşfederek bütünleşmeyi destekler.

Yunus ikili ilişkilerde kalpten kalbe giden bir yol bulur. Sözlerin daha iyi anlaşılmasını, her davranışın içindekini mananın kalpten görülmesini sağlar.

Yunus arketipi nerede, nasıl çalıştırılmalıdır?

Yunus, en büyük şifayı getiren arketiplerden biridir. İnsanın içinde yer eden, onu derinden inciten şeylerin şifalanması için tercih edilir. İdrak edilemeyen konulara, kalpten bir idrak sağlamak için yunus arketipi tercih edilebilir. Kalbimizi gördüğümüz ve görmediğimiz her şeye açtığımızda nelerin mümkün olduğunu hatırlatma vazifesi de yine yunusundur.

Ne yaşarsak yaşayalım, yunus olan her şeyin bizim hayrımıza olduğunu idrak etmemizi sağlar. Böylece yaraları da şifalandırır. Karşımıza çıkan tecrübeleri fırsata çevirme kabiliyeti kazandırır. Özellikle şifaya ihtiyaç duyduğumuz, incindiğimiz, zarar gördüğümüz, unutmadığımız, sindiremediğimiz konularda kıymetli bir destekleyicidir.

Yunus arketipi nerede, neden çalıştırılmamalıdır?

Yunus arketipinin risk oluşturabileceği hiçbir konu ve hiçbir alan yoktur neredeyse. Gönül rahatlığıyla kullanılabilecek arketiplerdendir.

Hangi cümleleri sıklıkla tekrarlayanlar yunus arketipini çalıştırmalıdır?

"Asla affedemiyorum!"
"Yaşam bana bunu neden yapıyor, bilmiyorum!"
"Başıma bunlar niye geliyor anlamıyorum!"
"Bu yaşananları bir türlü idrak edemiyorum!"
"Yaşamın sunduğu fırsatlara bir türlü güvenemiyorum!"
"Neden ben?"

Yunusun ortaklık kurabileceği hayvanlar: Yunus su elementinin birçok hayvanıyla birlikte çalışabilir. Sahip olduğu niteliklerden dolayı, birçok hayvandan destek alabilir ve destek verebilir.

KURBAĞA

Kurbağalar çift yaşayışlıdırlar. Bir kurbağanın yaşam döngüsü yumurta, larva ve yetişkinlik olmak üzere üç aşamadan oluşur. Kurbağa metamorfoz süreci geçirerek gelişir. Bu sebeple hayatının bir kısmını suda, bir kısmını da karada geçirir.

Hem karada hem suda yaşayan hayvanlara amfibiyen denir. Birçok kurbağa suyu ve havayı doğrudan derisinden alır. Kurbağanın bedenini saran bezler cildinin nemli kalmasına yardımcı olur. Arka ayakları uzun zıplayışlar yapabilmesini sağlayacak kadar kuvvetlidir. Kurbağalar, hem ciğerleriyle hem de derileriyle nefes alabilirler.

Kurbağaların çoğu sıcak ülkelerde, suda, ırmaklarda ya da su kenarlarında yaşarlar. Ancak suya hiç girmeyen kurbağalar da vardır. Bunlar sadece karada yaşarlar ve çiftleşme zamanlarında su kenarlarında bulunurlar.

Kurbağaların bazıları sadece ağaçlarda yaşarlar. Bu türden kurbağaların ayaklarında ağaçlara tutunabilmelerini sağlayan sıvı halde ince bir tabaka bulunur. Kış şartlarında, soğuk yerlerde yaşayan kurbağalar, kış uykusuna da yatarlar. Kış uykusuna yatmak için ya kazdıkları toprağın altına girerler ya da bir su birikintisinin dibinde çamura gömülürler.

Kurbağa arketipinin ilgili olduğu konular: Arınma, derinlik ve saflık

Elementi: Su

Kurbağa, su elementini dengeleyen arketiplerden biridir. Su elementinin özellikle "arınma, derinlik, saflık, gözlemleme ve tefekkür" konularını çalıştırıp destekler.

Kurbağa, saf olanı ortaya çıkartmaya çalışır. Bu yüzden arındırma yoluna gider. Saf olmayan her şeyin fark edilmesi ve arıtılması için çalışır. Arınma işlemi her anlamda gerçekleşebilir.

Kurbağa arındırırken, konuyla ilgili derinlerde ne varsa ortaya çıkarır. Su elementinin en iyi yaptığı şeylerden biri budur çünkü... Görülmemiş olan, fark edilmemiş olan ne varsa görünür hale gelir.

Kurbağa bunu şifacı olarak yapmaz. Fakat durumun getirdiği saflık, kişide mutlaka bir şifa hali yaratır. Ne de olsa su elementi şifacıdır da. Öyle ya da böyle yarattığı etkiler bir şekilde şifalandırır.

Bir konuyla ilgili tefekkür etmen ya da konunun görünmeyen dinamiklerini fark etmen gerektiğinde kurbağa sembolü sana kuvvetli bir alan açacaktır.

Hayatında ruhsal ve zihinsel bir temizliğe ihtiyaç duyuyorsan, içinde bazı şeylerin artık yerli yerine oturmasının zamanının geldiğini düşünüyorsan içindeki kurbağanın uyanma zamanı gelmiş demektir. Kurbağa zihnine ve ruhuna ağır gelen ne varsa atma eğilimi gösterecektir. Bu sebeple hayatının birçok alanına kolayca şifa getirecektir.

Kurbağa arketipi nerede, nasıl çalıştırılmalıdır?

Kurbağa arketipi deneyimlerin derinine inmek konusunda muazzam bir iş çıkartır. Neler yaşadın, yaşadığın olaylarda neler hissettin hepsini bir bir ortaya döker. Bunları şifalandırmaya çalışmaz, sadece görüp fark etmeni sağlar. Bütün bunları görüp fark ettikçe içine attığın duygulardan arınmaya başlarsın. Bu çok önemlidir...

Hislerimizi içimize attıkça duygusal olarak kendimize yüklenmeye başlarız. Yığılan hisler bedenimizde yer bularak, önce bedenimizi sıkıştırmaya, ardından zaman içinde ruhumuzu da sıkıştırmaya başlar. Zamanında yaşadıklarımızdan dolayı bugün sağlıklı kararlar alamaz, sağlıklı ilişkiler kuramaz hale geliriz. Bu yüzden hem içimizde sıkışmış duygulardan arınmak hem de yaşadığımız olayların derinine inerek onlarla kalabilmek oldukça önemlidir.

Yogadaki kurbağa duruşu çalışması insanın ruhundaki kurbağayı aktive etmek açısından en etkili yollardan biri. Bu pozu çalışırken içinde uzun süre dururuz çünkü bu pozda ne kadar uzun kalırsak o kadar derinleşme şansı yakalarız.

Kurbağa arketipi çalışırken genelde duygusal boşalmalar yaşanır. Kimi ağlar, kimi kahkahalar atar... İçimizde sadece hüzün ya da acı birikmez, bazen mutluluklarımızı da yaşayamadığımız, içimize attığımız olur. Bu arketipin aktive olmasıyla ifade bulamayan her his su yüzüne çıkmaya başlar.

Kurbağa arketipi saflaşmaya ihtiyacımız olduğunda da oldukça güçlü çalışır. Kirlendiğini hissettiğin niyetlerinin, düşüncelerinin, planlarının, eylemlerinin üzerinde de bu arketipi çalıştırabilirsin. Bazen sadece hobi amacıyla başladığın bir iş, zamanla amacından sapar ve para kazanma kaygısıyla hayatına yük olur, seni yoran bir eyleme dönüşür.

"Eskiden çok keyif alarak yapıyordum ama şimdi amacından saptı ve artık hiç keyif alamıyorum!" dediğin her ne varsa kurbağa arketipini çalıştırarak keyif aldığın saf haline süreci döndürebilirsin.

Kurbağa arketipi nerede, neden çalıştırılmamalıdır?

Hayatta her zaman her konunun derinine inmek istemeyebilirsin. Bazı şeylerin üzerinden üstünkörü geçmeye ihtiyacın olabilir. Bu durumda olanın üzerinde fazla vakit kaybetmemek için kurbağa arketipinden uzak durmakta fayda vardır.

Hangi cümleleri sıklıkla tekrarlayanlar kurbağa arketipini çalıştırmalıdır?

"Kafam çok dolu!"

"Üzerimde yaşadıklarımın izleri var!"

"Başıma gelen şeylerden dolayı özgürce seçimler yapamıyorum!"

"Eskiden bana yaptıklarını bir türlü unutamıyorum!"

"Bu konuyu biraz gözlemlemeye ve temeline inmeye ihtiyacım var!"

"Bu konu amacından saptı!"

Kurbağanın ortaklık kurabileceği hayvanlar: Kurbağa arketipinin çalışma amacına göre birçok su elementi hayvanından destek alınabilir. Örneğin derinlere inip eski deneyimlerle yüzleşmenin sonunda bir şifa arayışı içindeysen yunustan destek alabilirsin. Yunus neyi neden yaşadığını idrak etmeni sağlayarak, şifa getirecektir. Sadece gözlemci olarak kalmak ve bir içedönüş yaşayarak olan bitenin manasını görme niyetindeysen ayıdan destek alman faydalı olacaktır. Ayı içedönüş sürecini destekleyerek, ortaya çıkan derinlerdeki deneyimlerin manalarını görmene fırsat sunacaktır.

YILAN

Yılanlar büyüleyici hayvanlardır. Dayanıklı bir yapıya sahiptirler. Kulakları olmadığı halde derileriyle ve kaslarıyla titreşimleri içkulağa aktarırlar. Gözkapakları olmadığı için gözleri hep açık görünür. Yılanlar dilleriyle kokuları algılarlar. Üstelik dillerinin çatallı olması sayesinde kokunun hangi taraftan geldiğini de anlarlar.

Bazı yılan türleri hiçbir şey yemeden iki yıl hayatta kalabilirler. Yılanlar hayatları boyunca sürekli büyürler. Yaşlandıklarında büyüme hızları yavaşlar. Sağlıklı bir yılan yılda en az iki defa deri değiştirir.

Yılan arketipinin ilgili olduğu konular: Keşfedilmemiş olana bakabilme, şifa, açığa çıkarma

Elementi: Su

Yılan, su elementini dengeleyen arketiplerden biridir. Su elementinin özellikle "keşfedilmemiş olana bakabilme, şifa, açığa çıkarma ve maddi dünyada zenginlik" konularını çalıştırıp destekler.

Yılanın şifacılığı diğer şifacı hayvanlarınkinden biraz farklı çalışır. Yılanın şifası nar gibidir. Yani bir kişinin şifalanması yüzlerce kişiye şifa getirir.

Yılan kitleleri etkileyen bir yapıya sahiptir. Tıpkı yağmurun yağdığında düştüğü her yeri beslemesi gibi yılan da elde ettiği şifayla etrafındaki her şeyi besler. Bu açıdan bakıldığında dişil enerjisi oldukça yüksek bir arketiptir. Dolayısıyla kişinin dişil enerjisini yoğunlaştırır.

Yılan keşfedilmemiş, bakılmaya cesaret edilememiş olan her şeyle ilgilenir. Su elementinin derinde olanı açığa çıkarma özelliğini oldukça etkili şekilde çalıştırır. Yılan sır tutmaz. Tutulan sırları da açığa çıkartır. Bu bakımdan özellikle gizli konular üzerinde tutulan yılan arketipi, konuların gizli yönlerinin açığa çıkması için çalışıyor olacaktır.

Yılan maddi zenginlikler de getirir beraberinde. Fakat bunun bir bedeli de vardır. Zenginliği getirmek için görünmez olanı ortaya çıkarıp tabiri caizse ifşa eder. Saklanmış ve gizlenmiş olanı zenginliğe dönüştürür. Mesela bir ünlünün gizli kalması gereken özel fotoğraflarının ifşa olmasıyla birlikte ünlünün gündeme gelmesi, hakkında çok konuşulması, hayatına iş ve zenginlik yağmaya başlaması gibi...

İlişkilerinde, işinde, kendinle olan bağlantında, öğrenim hayatında yaralı olduğunu hissediyorsan, yılanın şifası sana iyi gelecektir. İçindeki yılanı uyandırıp ona nefes alabileceği kadar bir alan açtığında, yaralarının şimdiye dek fark edemediğin şifalarını görmeye ve iyileşmeye başlarsın.

Şifayı doğru yerde aramak kadar, doğru şeye şifa aramak da çok önemlidir. Yılan şifanın nereden geleceğini bildiği gibi, gerçekten şifaya ihtiyacı olan şeyin ne olduğunu da fark etmeyi sağlar.

Yılan arketipi nerede, nasıl çalıştırılmalıdır?

Şifa arayışındaki herkese iyi gelecek bir arketiptir yılan. Özellikle tedavi gören kişiler tedavi süreçlerini desteklemek amacıyla yılan arketipinden faydalanabilirler. Zaten sağlık sektörünün ve Türk Tabipleri Birliği'nin de sembolüdür yılan. İster istemez tedavi sürecinde yılan sembolüne maruz kalarak bu arketipi çalıştırıyor da olabilirsin.

Bakmaya cesaret edemediğin, gizli kalmış, keşfedilmemiş şeylere bakman gerektiğinde yılan arketipini kullanmak destekleyicidir. Örneğin nelerle karşılaşacağını bilmediğin, keşfedilmemiş olana bakacağın bir aile dizimi seansına katılırken yılan arketipinden destek almak faydalı olacaktır.

Sürekli önüne projeler gelen bir sektörde çalışıyorsan, henüz keşfedilmemiş değerli projeleri keşfetmek için fayda sağlar. Mesela bir editörsen ve önüne sürekli kitaplar geliyorsa, keşfedilmemiş kitapları bulup çıkarabilirsin. İnsan kaynakları, yetenek avcılığı gibi bir alanda çalışıyorsan, henüz yeteneği keşfedilmemiş kişileri fark edebilmek ve ortaya çıkarabilmek için yılan arketipi destekleyicidir.

Ben de yılan arketipini bu amaçla çalıştırıyorum çoğunlukla. Etrafımdaki kişilerin, belki henüz kendilerinin bile keşfetmediği yeteneklerini keşfetmek ve onları bu yetenekleriyle destekleyip geliştirmek için kullanıyorum. Ruhumda yılana yer vererek, onların ne yaptıklarından çok, asıl ne yapabileceklerini anlamaya çalışıyorum. Ardından yine yılanın yeteneklerinden biri olan "ifşa etme, ortaya çıkarma" yoluyla yeteneklerinin gizli kalmasına müsaade etmiyorum. Böylelikle etrafımdaki insanların kendi yeteneklerine sahip çıkmalarını destekliyorum.

Yılan arketipi nerede, neden çalıştırılmamalıdır?

Gizli tutulan ve saklı kalması gerektiğinden kesinlikle emin olunan hiçbir şeyle ilgili yılan arketipi çalıştırılmamalıdır. Aksi takdirde yılan o konunun başkaları tarafından duyulmasını ve görülmesini destekleyecektir.

Hangi cümleleri sıklıkla tekrarlayanlar yılan arketipini çalıştırmalıdır?

"Kendimi hasta hissediyorum!"
"Hayatımda sağlıklı gitmeyen şeyler var!"
"Bu olayların içine bakmaya cesaretim yok!"
"Artık bir şeylerin su yüzüne çıkması gerekiyor!"

Yılanın ortaklık kurabileceği hayvanlar: Yılan büyük bir şifacıdır ve çok güçlü bir arketiptir. Genelde yalnız başına çalıştırmakta fayda vardır.

TAVUS KUŞU

Tavus kuşu sülüngiller ailesindendir. Genellikle kapalı duran uzun ve gösterişli kuyrukları özellikle erkek tavus kuşu dişisine kur yaparken ihtişamla ve büyüleyici güzelliklerle açılır.

Erkek tavus kuşları, hayranlık uyandıran muazzam kuyruklarını gözler önüne sererek dişisini etkilemeye çalışır. En güzel kuyruklar zaten erkek tavus kuşlarında bulunur.

Güzel kuyrukları sadece erkek türlerine aittir.

Tavus kuşları gruplar halinde yaşarlar.

Tavus kuşu arketipinin ilgili olduğu konular: Gizemin yarattığı güç, sezgiler ve psişik güçler

Elementi: Su

Tavus kuşu, su elementini dengeleyen arketiplerden biridir. Su elementinin özellikle "gizemin yarattığı güç, sezgiler, psişik güçler, kendin istediğinde dikkat çekmek ve yine kendin istediğinde görünür olma" konularını çalıştırıp destekler.

Güzelliğini sürekli göstermeyen tavus kuşu, güzelliğin gizlenmesi gerektiğini anlatır. Güzellik gizlenmelidir ancak gerektiğinde de kullanılmalıdır. Böylece güzellik gerçek bir güce dönüşmüş olur. Aksi takdirde sürekli ortalarda var olan, kolay ulaşılabilir bir güzellik hemen sıradanlaşır.

Tavus kuşu bu yönüyle kişinin sahip olduğu yetenekleri geliştirmesi için belli perhizlerin gerekli olduğuna işaret eder. Enerji çalışmalarında ilerleyebilmesi için kişinin vejetaryen olması ve cinsel perhizler uygulaması buna örnektir. Yogada tavus kuşu pozu yoganın 3. basamağı olan asana çalışmalarının ileri seviyelerinde uygulanır. Ardından 4. basamak olan enerjinin pratik edildiği pranayama çalışması gelir. Tavus kuşu üzerinde çalışan ve bu arketipi kendinde uyandıran biri, hiç bilmese dahi pranayama aşamasına geçmek için hayvansal gıdalardan kendi kendine uzaklaşmaya başlar. İstemsizce cinsel perhizler uygular. Bu his ona kendiliğinden gelir. Böylelikle pratikte kişi enerjiyi hissetmeye başlayarak enerji çalışmalarına doğru yönelir.

Sıra dışı yetenekler ve psişik güçlerle tavus kuşu yoğun şekilde ilişkilidir. Tavus kuşu ilgiyi ve dikkati hangi noktaya toplamak istiyorsa oryaya toplar. Böylece geri kalan her şeyi gizemli tutabilir. Gizleyici yapısı sayesinde, kendi istediğinde görünür olur, istemediğindeyse fark edilmez bir hal alır. Bu da ona geniş bir hareket alanı sunar.

Arzularını kontrol edemediğini, sürekli birtakım beklentiler içinde olduğunu ve taleplerinin giderek seni yormaya başladığını hissediyorsan tavus kuşu eşsiz bir arzu kontrolcüsü olarak yardımcın olacaktır.

İş hayatındaki gereksiz arzularını da kontrol edecek olan tavus kuşu dikkatini gereken alana vermen konusunda rehberlik ederken sezgilerini de güçlendirecektir.

İlişkilerde fazla talepkârsan ve beklentilerin hayatındaki insanı zorluyorsa ya da ona zarar veriyorsa tavus kuşu arketipi gerçekten ne istediğini görmen ve arzularını kontrol altına alman konusunda çok fayda sağlayacaktır. Böylece ilişkilerinin olduğu hali görülür ve deneyimlenir.

"Ben gerçekten ne istiyorum?" sorusuna cevap bulunmuş olur çünkü...

Tavus kuşu arketipi nerede, nasıl çalıştırılmalıdır?

Özellikle ilimle uğraşıp öğretileri pratik eden kişiler açısından gönül rahatlığıyla tercih edilebilecek bir arketiptir tavus kuşu... Kişinin psişik konular üzerinde yol kat etmesi için doğal bir hal uyandırır. Kişi nasıl beslenmesi gerekiyorsa doğal olarak öyle beslenir, nasıl yaşaması gerekiyorsa içinden gelerek doğal olarak öyle yaşar. Aynı zamanda bu psişik güçlerin saklanarak genişlediğini ve büyüdüğünü de hatırlatır. Başkalarının gözüne sokulan bir güzellik hızla tüketilirken, saklanan güzellikler kıymetini korur.

Bir şeyin ortalığa dökülmemesi, çok bilinmemesi o şeye güç katar.

Mesela "Benim 2022 yılında çok büyük bir projem var" diyerek o tarihe kadar projeni tavus kuşu arketipiyle gizlemeye başladığında, projenin söylentisi viral şekilde dönecek ve projen henüz ortada olmadığı halde değer kazanacak, kendinden söz ettirecektir. Gizemden beslenen tavus kuşu, projeni belki de olduğundan fazla değerli sunacaktır.

Planlarını ve projelerini bir gizem yaratarak sunmak niyetindeysen tavus kuşundan mutlaka destek almalısın. Saklanan şeyin güzelliğini artırmak tavus kuşunun işi...

Tavus kuşu arketipi nerede, neden çalıştırılmamalıdır?

Tamamen görünür olmaya çalışan bir insanın görünürlüğünü sınırlandırabileceği için dikkatli çalıştırılması gereken bir arketiptir. Tavus kuşu her alanda görünürlüğü değil, gizemli ve cazip gelecek olan belli sınırları kapsayan görünürlüğü çalıştırır. Örneğin sosyal medyada bir içerik üretici iş konusunda tavus kuşu arketipiyle çalışmaya başladığında, bazı paylaşımları pek görünmezken, bazı paylaşımları da fazla dikkat çekecektir. Yani tavus kuşu ona sürdürülebilir bir görünürlük sağlamayacaktır. Tam tersi onu zaman zaman gizlemeyi tercih edecektir. Bu da içerik üreticisinin faydasına olmayacaktır çünkü o bütün içeriklerinin görünmesini isteyecektir.

Hangi cümleleri sıklıkla tekrarlayanlar tavus kuşu arketipini çalıştırmalıdır?

"Biraz gizeme ihtiyacım var!"
"Merak uyandırmam gerekiyor!"
"İşlerim açığa çıktığında değerini kaybediyor!"
"Enerji çalışmaları için gerekli perhizleri uygulamak bana çok zor geliyor!"
"Enerji çalışmalarını uygulamakta zorlanıyorum!"

Tavus kuşunun ortaklık kurabileceği hayvanlar: Tavus kuşu arketipini özellikle enerji çalışmalarında yol kat etmek amacıyla kullanan kişiler beraberinde kediden faydalanabilirler.

KELEBEK

Kelebekler metamorfoz geçirerek dünyaya gelen hayvanlardandır. Larvadan tırtıla dönüşerek başladıkları hayata kanatlı bir canlı olarak devam ederler.

Tırtıl dönemindeyken bir pupanın içine girerek beklemeye başlarlar. Etraflarına ördükleri kozanın içinden kanatlanarak çıkarlar.

Kelebekler yetişkinlik dönemlerinde çeşitli kırsallarda kendilerine bir hayat alanı oluşturabilirler. Kelebeklerin binlerce gözü vardır. Böylece etraflarını detaylıca algılayabilirler. Görüntüleri sayesinde bulundukları yere uyum göstererek kamufle olabilirler. Bazı türleri kış uykusuna da yatar.

Kelebek arketipinin ilgili olduğu konular: Ruhsal dönüşüm, güzellik, şaşırtıcılık ve coşku

Elementi: Su

Kelebek, su elementini dengeleyen arketiplerden biridir. Su elementinin özellikle "ruhsal dönüşüm, güzellik, şaşırtıcılık, coşku ve var olunan alanın değişimi" konularını çalıştırıp destekler.

Kelebek, saklı kalmış nitelikleri ortaya çıkararak, konfor alanından çıkarak yaşamda boyut atlamayı simgeler. Tırtıl formundayken gösterdiği çabanın sonucunda başka bir boyutta yepyeni bir formda yeniden ortaya çıkması gibi insanın gösterdiği çabayla dönüşümünü simgeler.

Kelebek insanın sahip olduğunun bile farkında olmadığı niteliklerini bulmasını anlatır. Bu süreç de beraberinde büyük dönüşümler getirir.

Hayatta var olduğun alanlarda etkili değişimler başlatır. Örneğin işte statü değişikliği ya da ilişkide sevgililikten evliliğe geçişi sağlar.

Kelebek konfor alanından çıkarak hiç beklenmeyen adımları attıran, ezber bozduran bir arketiptir. Kişinin hem çevresinin ondan beklemediği hem de kişinin kendinden beklemediği şaşırtıcı adımlar atmasına olanak verir.

Özellikle ezberleri bozmaya ve konfor alanının dışına çıkmaya ihtiyacın varsa, kelebek muazzam bir destektir. Lakin kelebek ruhsal dönüşümler konusunda hassastır. Konfor alanından çıkmaya hazır olmayan birini yani henüz kozalağından çıkmaya hazır olmayan bir tırtılın da kozalağından çıkması için onu zorlamaz. Ne de olsa her zaman konfor alanını terk etmek bir ihtiyaç olmayabilir. Bazen yeterli gelişimi sağlamak için konfor alanından da fayda sağlanır.

Ruhsal dönüşüm konusundaki bu hassasiyeti kelebeği kişisel gelişim ustası yapar. Kelebek hangi konulara doğru kanat çırpmamız gerektiğine ve hangi konuları terk etmemiz gerektiğine rehberlik eder. Lakin konu kelebek olunca, ruhsal dönüşümler hep çok büyük ve köklüdür.

Kelebek, güzellik ve ruhsal coşkunun da ifadesidir. Sahip olduğumuz güzelliği rahatlıkla ortaya koymamız için güç verir. Doğası gereği içimizdeki coşkuyu uyandırır. Güzelliğimize güzellik katan da içimizdeki bu coşkudur.

Kelebek için takabileceğimiz en değerli takı, yüzümüzdeki tebessümdür.

Kelebek arketipi nerede, nasıl çalıştırılmalıdır?

Kişisel gelişimle ilgilenen kişiler kelebeğin rehberliğinden faydalanabilirler. Konfor alanında sıkışmış olan ve artık konfor alanından çıkma ihtiyacı içinde olanlar için de kelebek muazzam bir yol göstericidir.

Köklü ruhsal bir dönüşüm sürecine girmeye niyetliysen, tırtıldan kelebeğe dönüşmekse hedefin, kelebek arketipinden mutlaka destek al. Ama tırtıldan kelebeğe dönüşecek kadar köklü bir dönüşüm yoluna girmek değilse niyetin o zaman karga arketipiyle çalışmak daha faydalı olacaktır.

Hayatında her şey yolunda gittiği halde coşkunu kaybettiğini hissediyorsan ve bir kısırdöngü içerisinde kendini buluyorsan kelebekten yardım alabilirsin. Kelebek arketipiyle çalışırken yaşam coşkunun hemen yükseldiğini sezersin. Kelebek o kısırdöngülerden nasıl çıkabileceğine dair yol da gösterir.

Kelebek arketipi ilişkilerde büyük destek sağlar. İlişkiye coşku katarken, ilişkinin formunu da partnerlerin ortak çıkarını gözeterek dönüştürür. İlişkiye yeni, güzel bir boyut katar.

Biten bir ilişkinin ardından kullanılmak, düşman olmak yerine dost kalmayı sağlar. O ilişkiden sana kalanlarla muhteşem bir dönüşüm sağlamana olanak verir. Böylelikle o ilişkiden, tıpkı bir tırtılın kozalaktan çıktığı gibi bambaşka bir halde çıkarsın.

Ezber bozmak, şaşırtıcı işler yapmak için de etkili bir arketiptir. Her zaman yaptığın şeyi bambaşka şaşırtıcı bir şekilde ortaya koyman için yol gösterir.

Kelebek arketipi nerede, neden çalıştırılmamalıdır?

Değişime kapalı konularla ilgili kelebek arketipinden uzak durmakta fayda vardır.

Hangi cümleleri sıklıkla tekrarlayanlar kelebek arketipini çalıştırmalıdır?

"Ezberleri bozmaya ihtiyacım var!"
"Kendimi güzel bulmuyorum!"
"Hayat coşkumu kaybettim!"

Kelebeğin ortaklık kurabileceği hayvanlar: Kelebeği genelde tek başına çalıştırmak oldukça yeterlidir. Büyük dönüşümlere sebep vereceğinden, bu sürecin mimarının sadece kelebek arketipi olması daha iyi olacaktır.

TURNA

Turnalar genelde bataklıklarda, göllerde, ovalarda ve deniz kenarlarında yaşarlar. Estetik açıdan etkili ve endamlı kuşlardır. Çoğunlukla sürüler halinde uçarlar.

Turna arketipinin ilgili olduğu konular: Kendini aşmak ve bilinenin ötesine geçmek

Elementi: Su

Turna, su elementini dengeleyen arketiplerden biridir. Su elementinin özellikle "kendini aşmak ve bilinen alanın ötesine geçmek" konularını çalıştırıp destekler.

Turna ruhsal gücün simgesidir. "Daha fazlasını yapamam!" ya da "Benden bu kadar!" dediğin noktanın çok daha ötesine geçmeyi ifade eder. Kendi alanında sıkışmış ve artık kendini aşmak isteyen herkesin tercih edebileceği bir arketiptir.

Elbette kendini aşmaktan söz ettiğimizde, cesur adımlardan da söz ediyor oluruz. Turna, insanın hayatına büyük hareket getirir. Değişmesi gereken her şeyin değişmesi için sorumluluk aldırır ve gereken adımın atılması için itekleyici olur.

Sorgulamaya ihtiyacın varsa, yaptığın şeylerden ya da deneyimlediklerinden, hatta denediklerinden utanıyorsan, içindeki turnanın uyanma zamanı gelmiş demektir.

Turna utanmadan arzularının, hayallerinin, ihtiyaçlarının peşinden gidebilir. İhtiyacı olan şey onun için bir utanç kaynağı olamaz. Bu niteliği turnaya, dolayısıyla içinde onu uyandırmış olan kişiye büyük bir hareket alanı sunar.

Turna sorgulayıcıdır. Bilmediği alanı bilmek için sorgular. Böylece yepyeni alanları keşfederek bambaşka şeylerle tanışır. Yeni alanlara ihtiyacın varsa, halihazırda içinde olduğun ilişkilerin, işlerin, olayların başka yanlarıyla muhatap olmaya niyetliysen içindeki turnayı uyandırabilirsin.

Turna arketipi nerede, nasıl çalıştırılmalıdır?

Yogada kullanılan Turna Duruşu en kilit duruşlardan biridir. İnsanın ruhsal gücünü uyandırır ve kendini aşması için tetikleyici bir rol üstlenir çünkü...

Turna duruşu kendini aşmaya niyet etmiş olanlar için çok değerlidir. Ruhsal gücün farkındalığını ve ruhsal gücü sahiplenmeyi destekler.

Tam bir kişisel gelişim hayvanıdır. Kişisel gelişime ihtiyaç duyulduğunda, turna muazzam bir rehber olur. Nasıl adımlar atılması gerektiğini fark ettirir. Büyük başarılar elde ettiği halde hayatın anlamını kaybetmiş olanlara da büyük faydası vardır.

Konfor alanında sıkışmış olanların da konfor alanlarından çıkmaları için turna itekleyici bir güç uygular. Üstelik bunu sadece konfor alanından çıkartmak için yapmaz. Gerçekten konfor alanından çıkmak kişinin gelişimine bir fayda gösterecekse bunu sağlar.

İlişkilerde çalışan bir arketip değildir.

Doygunluk seviyesinde anlamı kaybedenlere iyi bir rehberdir. Başarılı, varlıklı, kalabalık ve yoğun bir hayat yaşadığı halde anlamı yitirdiğini ve artık hiçbir şeyle mutlu olamadığını düşünenlere dosttur.

Turna arketipi nerede, neden çalıştırılmamalıdır?

Turnanın risk oluşturabileceği hiçbir alan yoktur, gönül rahatlığıyla kullanılabilecek arketiplerdendir.

Hangi cümleleri sıklıkla tekrarlayanlar turna arketipini çalıştırmalıdır?

"Her şeyim var ama hiçbir şeyim yok!"
"Yaptığım her şeyin içi boş ve yetersiz!"
"Kişisel olarak gelişime ihtiyacım var!"
"Kendimi aşmak istiyorum!"
"Bildiğim bir alanın içinde sıkıştım kaldım!"
"Konfor alanımı çok seviyorum!"

Turnanın ortaklık kurabileceği hayvanlar: Kişisel gelişim için muazzam bir yol gösterici olduğundan, turna yolda ihtiyaç duyulduğunda diğer birçok hayvan tarafından desteklenebilir.

SON SÖZ

Bu kitapta öğrendiğin bilgiler yaşamın başka bir kapısını aralayacak, yaşamla ilişkine yeni bir soluk getirecek. Bu kitapla, sadece hayvanlarla olan bağını ve bu bağların sende neleri çalıştırdığını öğrenmedin, aynı zamanda elementlerin sahip olduğu özelliklere de daha derin bir bakış kazandın. Elementleri derinden bilmek, yaşamı derinden duymayı getirir. Yaşamı farkında olduğumuz kadar yaşarız. Elementlerin ve hayvanların gizemli dünyasının bu bilgisi sayesinde, başına gelen olaylarda "Hayat bana ne anlatıyor?" diye sorduğunda artık daha kapsamlı ve daha derin bir cevap bulacaksın. Bu cevaplar yaşadığın olaylarda, kişilere ve kavramlara takılıp kalmaktansa olayların derinine inmene imkân sunacak.

Artık bir hayvandan korktuğunda asıl korktuğun şeyin hayvanın kendisi olmadığını, onun sende çalıştırdığı nitelikler olduğunu bileceksin. Bir hayvandan kaçtığında, kaçtığın şeyin kendi niteliklerin olduğunu gözlemleyecek ya da bir hayvana çekildiğinde hangi niteliklerin sende uyanmaya çalıştığını fark edeceksin. Rüyanda boğuştuğun hayvanın kendi niteliklerine karşı verdiğin mücadelen olduğunu anlayacak, sana iyi hissettiren bir hayvanın sana ihtiyacın olanı vermeye çalıştığından emin olacaksın.

Hayvanların muazzam niteliklerle dolu gizemli dünyalarına girerken, onların ruhuna saygı duymayı ve doğadaki varlıklarını onurlandırmayı sakın unutma. Onlara göstereceğin değer, tüm yaşama verdiğin değerdir. Doğadan destek alırken, elinden geldiğince doğaya destek vermeyi hatırla ki alma ve verme dengesinin eşsiz dansı hayatında hakikat bulsun.

Güvercinleri, kedileri, köpekleri hatta küçücük karıncaları bile besle, elinden geleni doğaya sun. Çünkü doğa kapılarını sana beklentisizce açıyorsa, sen de sadece ihtiyacın olduğunda değil, her daim bu birlikteliği onurlandır.